美的教育
MEIDEJIAOYU

主编 张桂明

北京日报出版社

图书在版编目（CIP）数据

美的教育 / 张桂明主编. -- 北京：北京日报出版社, 2017.9
ISBN 978-7-5477-2714-0

Ⅰ. ①美… Ⅱ. ①张… Ⅲ. ①小学－校园文化－研究－大兴区 Ⅳ. ①G627

中国版本图书馆 CIP 数据核字(2017)第 189007 号

美的教育

出版发行：	北京日报出版社
地　　址：	北京市东城区东单三条 8-16 号 东方广场东配楼四层
邮　　编：	100005
电　　话：	发行部：（010）65255876
	总编室：（010）65252135
印　　刷：	山东旺源印刷包装有限公司
经　　销：	各地新华书店
版　　次：	2017 年 9 月第 1 版
	2020 年 1 月第 2 次印刷
开　　本：	787 毫米×1092 毫米　1/16
印　　张：	18
字　　数：	252 千字
定　　价：	49.80 元

版权所有，侵权必究，未经许可，不得转载

编委会名单

主　编：张桂明

主　编：王秀娥　鲁美娜

编　委：杨小梅　胡志新　王允志　刘建伟

　　　　刘　乐　肖　洁　刘玉梅　安　淼

　　　　盖艳敏　杨媛元　苗京辉

序

在周而复始的纷繁琐事中，看惯了秋风春雨的来去匆匆，静下心来，卸去浮华与烦躁，撇开经典与奢华，翻开《美的教育》，在弥漫开来的油墨清香中，细数着那一个个熟悉的名字和一篇篇精美的论文。美的教育的理念一次次被轻轻唤醒，暖人的感动荡起一层层微澜。

平凡的语句倾诉出鲜活的故事，十小人心灵之泉淙淙流淌，收获着快乐，感动着平凡。细腻的段落，睿智的灵感和隽永的潇洒，评述着每个人的精彩。

学校在奋进中砥砺前行，厚德尚美，以美育美，各美其美，美美与共，学校的办学理念融入我们的思想，渗入我们的行为。瑰丽的远方在向我们招手，羽化为蝶任其在空中恣意漫舞，相信生活中有诗，更有远方……

目 录

尚美·文化篇

以美的教育为载体的学校新文化体系建设实践研究..........张桂明/3
舞动"美的"旋律，提升"美的"文化..........杨小梅/8

聚焦·探索篇

在语文实践活动中培养学生语文素养的研究..........安　淼/17
诵读《三字经》提升小学生语文素养..........杨媛元/21
习古诗研教学——培养学生诗文情怀..........姜玉红/24
在语文实践活动中培养学生语文素养的研究..........安莉娜/28
小学低年级古诗词歌赋校本教学初探..........张改芹/32
在实践活动中培养三年级学生的阅读素养..........田如侠/37
多彩的语文实践活动提升学生语文素养..........尹晶晶/43
日积月累学成语，语文素养得提升..........刘玉梅/47
传承传统文化，提升小学生语文素养..........张　征/50
在学科实践活动中有效提高学生语文素养..........李　静/57
多种形式展开识字教学..........苗京辉/60
小学语文阅读中指导学生积累词句的方法..........孙　姣/64
多姿多彩的语文实践活动提高学生语文素养..........吴国防/68
浅谈小学低年级音乐五线谱教学策略..........马　娜/72
开展评选"五星少年"的实践与思考..........胡志新/77
提高学生课堂参与度，培养数学学科素养..........王秀娥/85
激发兴趣，快乐参与..........盖艳敏/91
浅谈小学数学课堂教学中数学素养——数感的培养..........高文美/96
有效提高小学数学课堂学生参与度..........钱　欢/100

如何在小学数学复习课中提高学生课堂参与度 …………… 杨玉芳/103
注重个体差异，提高数学课堂参与度 …………………… 肖　洁/108
课堂因"错误"而精彩 ………………………………………… 盖艳敏/112
浅议民族艺术在学校的传承与保护 ……………………… 刘广清/119

践行·研修篇

敲开学生的兴趣之门——谈培养学生学习记叙文本的兴趣 …… 鲁美娜/127
学本课堂中的小组合作 …………………………………… 吴国防/131
学本课堂带给我的挑战 …………………………………… 安莉娜/135
初试"学本课堂"，小荷才露尖尖角 ……………………… 安　淼/140
结构化预习课堂精彩绽放的准备 ………………………… 曹桂茹/144
小组合作学习在小学英语课堂中的应用 ………………… 刘　涵/149
巧妙设计作业，快乐学习数学 …………………………… 张永兴/154
学本课堂的初步探索 ……………………………………… 赵凤辉/159
构建焕发学生生命活力的学本课堂 ……………………… 范亚利/163
在学习与探索中起航"学本课堂" ………………………… 姜玉红/168
"授人以鱼"不如"授之以渔" ……………………………… 于淑艳/172
探索学生参与学本课堂的有效途径 ……………………… 田如侠/175
学本课堂让课堂更精彩 …………………………………… 袁桂芝/180
"学本课堂"之我见 ………………………………………… 孙　玉/184
如何让学生成为语文课堂中的主人 ……………………… 汪　涛/188
"问题导学型"学本课堂带给我的思考 …………………… 孙　姣/193
浅谈小学语文阅读教学 …………………………………… 范亚利/197
如何提高孩子学习数学的兴趣 …………………………… 赵凤辉/201
走在探索拼音教学的路上 ………………………………… 刘玉梅/208
科学课导入环节的研究 …………………………………… 刘玉姝/215
培养空间观念从动手实践开始 …………………………… 王志永/219
新课程中学生自主学习能力的培养 ……………………… 吴　兵/224

努力创设情境，优化信息技术课堂教学 贾光敏/228

采撷·感悟篇

中小衔接课程：《学生意志的培养》 王允志/237
在实施中反思，在改进中提升——三年级劳动技术《剪纸》教学案例
 .... 王秀娥/241
巧设导入环节，激发学习兴趣 刘建伟/243
冲破自负的阴霾，扬起自信的风帆 聂精通/245
小游戏引发了大效应 贾光敏/248
描述多彩秋天，提高口语表达能力 杨媛元/250
培养学生问题解决能力的数学课堂教学设计 .... 孙　玉/252
精彩的课堂源于精选和巧设 贾光敏/259
浅谈形象法在小学音乐教学中运用 王月增/262
以爱为媒，润物无声 张改芹/265
课堂上的"意料之外" 韩金环/268
牵　手 李海燕/270
中小衔接课程：心理教育《学会坚持》 孙启龙/272

尚美·文化篇

　　"美"是北京市大兴区第十小学的办学特色。"美"的定位主要在于以下四个方面，一是美是充满阳光与活力的积极状态，不仅能够愉悦身心，同时也能照耀他人；二是美是对中华优秀传统文化的传承，同时赋予当下的时代特色，兼容并蓄；三是美同时做事遵循规律，做人恪守规范，处世遵守规则；四是美是一种和谐：身心健康自我和谐，与人友善相处和谐，敬畏自然生态和谐。从对人素质的要求来说，"美"则体现在"心灵美""处事美""创造美"三个方面，这也是学校对学生进行素质培养的方向。从美的精神文化进行精炼的描述，那么"美"则聚焦到两个维度：其一是"情"，内化于心的情感；其二是"能"，外显于形的能力。

以美的教育为载体的学校新文化体系建设实践研究

张桂明

摘 要： 开展"以美的教育为载体的学校新文化体系建设实践研究"，其目的是促进学生核心素养的全面培养，全面落实"立德树人"的教育方针。探索"美的教育"，一方面促进学生的综合素质发展，一方面以美的教育为载体创新和完善学校的新文化体系建设，主要涉及"理念文化、管理文化、教研文化、教师文化、学生文化、课程文化"等六大文化系统。为将美的教育更融洽地嵌入到学校的教育与管理体系中，本文通过对校园文化构建中美的精神文化的内涵阐述，对美的教育文化、美的校园环境、美的课程建设、美的教育评价体系建设进行全方位的实践研究和探讨。系统地阐述了"美"的教育的现实意义和实践路径。

北京市大兴区第十小学始建于1949年，是一所与共和国同龄的学校，2007年启用今名——大兴区第十小学。自建校以来，学校始终以社会主义核心价值观为尚美育人之初衷，历任校长以及执教教师都为学校发展学生发展注入了自己的智慧与心血，不断充实和完善着学校以美育人的教育思路，多年的文化积淀和情感融入，使我们不断接近"美"的真谛，使学校"美的教育"日臻完美。"美"是我们学校育人的初衷和追求。

一、美的精神文化

对美的教育活动的开展，首先是对"美"的精神文化的精准定位和深度剖析。在北京市大兴区第十小学小学学生综合素质的培养与学校文化体系建设中，"美"是办学特色，是学校文化的顶层设计。"美"的定位主要在于以下四个方面，一是美是充满阳光与活力的积极状态，不仅能够愉悦身心，同时也能照耀他人；二是美是对中华优秀传统文化的传承，同时赋予当下的时代特色，兼容并蓄；三是美是做事遵循规律，做人恪守规范，处世遵守规则；四是美是一种和谐：身心健康自我和谐，与人友善相处和谐，敬畏自然生态和谐。从对人素质的要求来说，"美"则体现在"心灵美""处事美""创造美"三个方面，这也是学校对学生进行素质培养的方向。从美的精神文化进行精炼的描述，那么"美"则聚焦到两个维度：其一是"情"，内化于心的情感；其二是"能"，外显于形的能力。所以说，"美的教育"即是教师德艺双馨，以正确的价值观和教学模式引导学生，使学生在感知美的存在与美的内涵同时培养自身的正确的价值观，以此为导向开展快乐丰富的学习活动与家庭生活。

结合以上对于美的精神文化内涵的理解，而具体到我校的小学教育阶段的育人和常规管理。我们一方面师生要齐抓共管，深度挖掘对"美"的内涵的认知，总体来说，应当以社会主义核心价值观为总的纲领，以培养学生的核心文化素养为总的任务，汲取中华传统文化的内涵来培育美的文化，美的校园环境，容集和培训美的师资，教授美的课程，开展美的活动，并用美的教育评价体系来以美育美，强调共性发展。另一方面，开展美的教育不是求大求全，脱离实际，而是要遵循教育客观规律，实事求是，结合我校的学生认知发展规律和性格特征，让真正的美能够在校园文化建设的过程中，让"美"落地、让"美"接近师生，接近社会发展的实际，接近学校课程管理的实际，接近师生平等相处模式的实际，基于对"美"的理解和"立德树人""生长教育理论""生活即教育""多元智能理论"，我们确立了"崇德尚美，以美育美，各美其美，美美与共"的"美的教育"育人思路，最终实现师生的共同发展，协调发展，和谐发展和全面发展。这有我们学校行政管理人员的教育情怀，更有教师肩上教书育人的责任。所以，我们小学在对学生小学义务教育的六年内，要重视对美的教育的输入，为孩子从小在心灵的沃土中种下真善美的种子，鼓舞学生对生活和学习充满热忱和希望。内化于心、外化于行，从而帮助学生树立美的理想、发展美的品格、培育美的情操、形成美的人格。"美的教育"追求要落实到实践中，须将美贯穿学校教育的方方面面，就需要重点解决好培养什么样的人、办什么样的学校、需要什么样的教师、建设什么样的课程、构建什么样的课堂、实施什么样的管理、形成什么样的文化几大问题。

二、美的校园环境

美的校园环境一方面是美的教育硬件设施，包括校园自然环境和建筑物的规划与管理，这将具体涉及我校校园的绿化面积、水电设施、清洁能源、垃圾分类，以及消防栓等安全设施等。另一方面美的校园环境的精神层面，硬件设施的日常维护离不开校园的环境制度建设。制度层面的建设是以师生环境意识和行为的提升。校园是学生成长的外部环境，是家庭之外的重要品质的养成环境，不仅仅是学生的课本知识的学习在校园，而是学生在小学入学之后的大部分时间都是在校园中生活和学习的，并在校园内认识更多同学和老师。所以校园环境中的文化、氛围都是对学生教育的无声表达，其熏陶和影响作用甚至比言行教育更加能够感化人、指引人。所以，"美"的教育指引的是一种环境友好型学校。重点的建设内容包括良好的环境行为培养、环境保护技能。

综合对美的校园环境在硬件设施与人文柔性管理的认知。在行动上要有章可循，围绕新版《中小学生守则》的学习，优化现有的学生守则以及学校管理规章制度，将教学秩序与环境保护秩序的体现在实施细则当中，并融合师生智慧，体现民主的人本情怀。同时，校园氛围的营造还应当注意严谨朴实办学氛围。对早读、大课间、盒饭、晚自习、住宿等常规的教学环节。

三、美的师资队伍

美的教育离不开教师的以身作则与上行下效，"美的教育"理念落地关键在教师。因为教师是教书育人的直接实施者和教学改革的先锋者，而在美的教育启动中，师资队伍则将直接决定教育水平。

为此，教师首先应当理解美的教育本身，同时应当不断加强自身的教学能力，做好做精教学备课的准备，积极参加教育部门的教育实践的培训活动，博学精专、敬业爱生，用自己的言传身教来引导学生追求真理、不断向善。同时学校也要在建设美的学校环境的同时，开展校本培训，建立教师人才流动的长效机制，调动起教师的成长积极性，通过专业的学科教学集体培训为教师成长创造条件，在做好校内培训的同时，实现专家引领教师的业务成长，聘请校外优秀教育专家，或者邀请专家进行专题讲座，与其他学校进行教学合作等方式，为教师成长提供全方位的平台。

四、美的文化活动

以丰富多彩的德育文化活动为载体，传播美的精神文化内涵，在常规课程——国家课程和市区级地方课程；特色课程——校本课程之余为学生丰富视野，校本课程围绕学校"美的教育"办学目标，积极打造三个主题活动：一是体魄之健。重视"健康第一"思想，开展校园集体舞、足球、篮球、跳绳、羽毛球、跆拳道、空竹等社团活动。二是艺术之美。开设了钢琴、绘画、书法、舞蹈、合唱、管乐团等课程。三是科技之光。在中高年级设置科技课程，聘请专家科普讲座，普及科学、安全、生活等常识，同时激发学生对自身能力和兴趣的认识，促进学生的全面发展。所以美的文化活动，一方面是向学生传播正能量的价值观，另一方面为一技之长的学生搭建展示自我的平台，为孩子树立自信。

开展主题德育课程，以传统节日为依托，为活动确定统一的主题，围绕自然、环境、家庭、校园、学生等开展，如国旗下的讲话、亲子运动会、野炊活动等，让孩子们感受爱、发现美，并增长自己的生活技能，学会付出爱、享受爱，让美的教育能够潜移默化，让美的教育从课堂纵深发展为课程，开设野炊课程、帮厨课程等贴近社会的实践课程，使学生在实践中增长社会生活技能、社会交往能力、团结写作能力与符合年龄的自理能力，以此来浸润学生的品格。

五、美的教育评价

学生综合素质的养成以及学校核心文化体系的建设，不是一朝一夕的事，美的文化活动以及课程想要得到预期制定的效果，需要有相适应的教育评价机制为其保驾护航，把激励评价标准细化分解，慢慢渗透。

适合美的教育的评价体系应当适应各年龄阶段和各年级学生的身心发展的客观规律，为此我校可采取分年级制订多级渐进式的教育评价标准。在评价内容上，一改过去的书面考核方式，而是将评价手册以学期为阶段，每册中含有不同的考核内容，涵盖德智体美劳五项。

每条目标虽简单明了，但也描述准确，能够令学生明确自身正确行为是怎样的。同时，考虑到每年级每学期的学生身心发育情况，以及社会能力情况。同时鼓励各班在学校评价标准的基础上，结合本班实际情况和学生的意愿再制定出适应本班情况的班级评价目标，从多维度形成网状结构的评价系统，系统地指导学生对照规范要求，找准各自的争创目标。

同时，在审视考评结果的同时要注意嵌入过程意识的思维，各学科教师在日常教学过程中，注意观察学生的进步和发展，关注学生的表现，进行随机评价、跟踪评价，"以评代促，开展星卡评价"。这种评价机制是以绿星卡为载体，采用赏识鼓励为主的方法，通过对全体教师对学生的课堂学习、学业水平、礼仪品德、行为习惯、遵守纪律、阳光体育活动、升旗做操等方面表现进行评价，全员参与，将他评进行到底，补充了综合素质评价手册注重自评和互评的评价方法，无论是班主任、科任、教学人员和后勤人员都有发放绿星卡的权利，对全体同学进行全过程的评价。

以"美的教育"为我校新文化体系建设和学生核心素养提升的统领，将"美的教育"渗透到校园环境、各项课程、文化活动中来，努力做到以美育人，各美其美，契合社会主义核心价值观，传承优秀的中华传统文化与当地文化的特色，打造出个性之美与自然之美的学校教育品牌，达成理想的教育效果，追求教育的理想境界。校园是结出美的文化的孕育场所，而为使其达到良好的美的效果，需要师生的共同努力，培养出优质的师资队伍，传承美，发展美。通过"美的教育"，让学生享受成长的快乐，教师实现专业的发展，学校提升教育的品位。

美的教育

舞动"美的"旋律，提升"美的"文化

杨小梅

摘 要：校园文化重在建设，它包括物质文化建设、精神文化建设和制度文化建设，这三个方面建设的全面、协调的发展，将为学校树立起完整的文化形象。《中共中央十八届三中全会关于全面深化改革若干重大问题的决定》明确提出"改进美育教学，提高学生审美和人文素养。"学校充分挖掘学校资源，开展美育活动，创设美的环境，统筹物质文化。追求美的教育，凝聚精神文化。发挥美的效能，规范制度文化。营造良好的育人环境，从而提升校园文化。

校园文化是一所学校内部形成的、为其成员所共同遵循并得到认同的价值观体系、行为准则和共同的思想作风的总和。校园文化重在建设，它包括物质文化建设、精神文化建设和制度文化建设，这三个方面建设的全面、协调的发展，将为学校树立起完整的文化形象。校园文化建设是学校综合办学水平的重要体现，也是学校个性魅力与办学特色的体现。所以学校都高度重视校园文化建设，努力营造良好的校园文化氛围，来提升学校办学品位，建设高品位的人文环境，形成学校的魅力和凝聚力，以期达到文化治校这一学校管理的最高境界，实现育人的目的。

中共中央、国务院《关于深化教育改革全面推进素质教育的决定》中指出："美育不仅能陶冶情操、提高素养，而且有助于开发智力，对于促进学生全面发展具有不可替代的作用。"如今，"改进美育教学"又赫然写进了党的十八届三中全会"关于全面深化改革若干重大问题的决定"中，现在，很多人一提美育就要把它和艺术教育相提并论，实际上是狭隘地理解了"美"的内涵，传统的美育观其局限性还在于不仅导致了美育内容的狭窄和简单化,而且在本质上把美育等同于一种知识教育、技能教育或观念教育。美育的目标不仅仅在于美的知识的获得、技能的发展、审美能力的培养、情感的陶冶,更主要的还应该包括人的本质、心性、价值、潜力、成就、人生的目标等一系列问题的终极性关怀。这些问题是以美为工具的"借美育人"是很不够的,要培养出全面发展,具有完美人格的人,教育必须自身立美,即使美充溢于整个教育,以美为灵魂来作用和影响学生,使学生的全部身心融于"美的教育"之中,使心灵受到熏陶和美化。这就是"立美育人"的美育,大美育观的美育。开展美育活动,营造良好的育人环境,从而提升校园文化。

一、创设美的环境　统筹物质文化

文化需要附着于外显的凭借,从而将其内在的精神和思想物化,这就是校园物质文化。校园物质文化建设是指学校建筑、教学设施、教室、图书馆、运动场、食堂、宿舍、校园美化、绿化的建设。

以大兴区第十小学为例,建校初期学校制定校园文化发展规划,以努力创设优美育人环境,让每处设计彰显"让爱与智慧伴随一生"的核心理念,力争把学校创建成:宁静的学园、多姿多彩的生活乐园、环境优美怡人的花园为目标。校园外,垂柳成行,百鸟争鸣;校园内,绿树成荫,鲜花吐艳……刚刚走近学校,就可以感受到这所学校在环境布置上的精心。学校认为,优美的校园环境是校园文化的外显内容,就好似微笑是一张最好的名片,可以让人置身于其中感到快乐与平和。

学校三座主体楼分别命名为立德、树人、思齐,在学校各个楼层根据学生年龄特点精心布置,低年级走廊命名为"成长路"、中年级为"笃学路"、高年级为"求索路",根据主题精心设计布置各楼层环境,使每一块墙壁都充满文化韵味的美,通过墙壁文化,结合简洁、温馨人性化的教室文化形成了学校特色的长廊文化。教室里、走廊旁、橱窗内、墙壁上到处展示着学校师生对"美"的追求。学校的墙壁文化上,有意趣盎然的想象画,为孩子展示奇妙、饱含无限的遐想空间;有以年级或班级为单位的展示空间,成为孩子们自主的舞台;有人文思辨的标语牌、名言警句、名人传奇。此外，金燕电视台、少先队殿堂、科技大厅的布置与投入使用更为校园增色不少。

校园内花团锦簇，绿草如茵，教室里、走廊里、橱窗里、墙壁上到处展示着学校师生对"美"的追求。到处融合着丰厚的文化底蕴，承载着学校师生怡情、养性、厚德的良好愿望。可以说学校以教育者独特的匠心，巧妙地因地制宜，真正做到了让每一面墙会说话，每一寸土地都有教育。完善的校园设施为师生提供了重要的阵地，使师生受到了潜移默化的启迪和教育。

二、追求美的教育 凝聚精神文化

精神文化是指一所学校在一定的社会历史条件下，为谋求生存和发展，达致既定的教育目标，在长期的文化创造过程中积淀、整合、提炼出来的，反映学校广大师生员工共同的理想目标、精神信念、文化传统、学术风范和行为准则的价值观念体系和群体意识。

（一）以人为本——营造和谐氛围

以教师的身心健康需要为着眼点，从教师的生活、学习、工作基本需要入手，尽最大可能为教职员工谋取各方面福利。创造适合教师和谐发展的环境，让他们有创新的火花与收获的喜悦。实行人性化管理，提高教师积极性。如每日为教师准备免费早餐；教师生日时献上贺卡，赠送生日礼物；为40岁以上教师配花镜；改善宿舍环境；设立领导与教师谈心日，沟通情感，了解教师心声；每月组织教师的文体活动，丰富教师的文体生活，增强集体凝聚力；建教工之家，每周安排固定时间活动；组织全校教师到人民大会堂观看专场音乐会，到中国美术馆看展览等外出活动；人性化的理念与工作方法，赢得教师们的心，使他们找到了自我，感受到了生活在和谐氛围里的最大快乐与幸福。

（二）研究美的课堂——让课堂教学充满情趣

美的课堂即充分挖掘教育教学中的美，并将美渗透到课堂教学各个环节，以美的语言教导人，以美的组织环节吸引人，以美的活动陶冶人，以美的问题启发人，以美的画面情境激发人，全面提高学生道德、文化、艺术等修养，从而使身心得到和谐发展。以爱为前提，课堂上师生平等和谐，教师仪表言行受到学生喜爱，传授知识提高技能过程自然达成，培养情感、态度、价值观目标在潜移默化中形成。

在创设了人文化、艺术化的优美校园环境后，要让学生体验学校学习之美，就必须要有美的教学。学校在学科教学中深入实施了在"美的教育"中优化学科教学的策略研究，构建了"美的情境——美的体验——美的创造"的课堂教学模式：以"美"的境界为目标，以"科学性、人本性"为出发点，以提升课堂教学的实效为核心，提高课堂教学质量。"美的课堂"以爱为前提，课堂上师生平等和谐，教师仪表言行受到学生喜爱，传授知识提高技能过程自然达成，培养情感、态度、价值观目标在潜移默化中形成。为真正达成并诠释这样的课堂定位，学校在关爱、培养教师方面也投入大量精力。突出人本管理，以教师的身心健康需要为着眼点，从教师的生活、学习、工作基本需要入手，尽最大可能为教职工成长搭建一个良好的平台。

（三）展示美的活动——让每次活动都成为经典

美的活动寓教于美，寓教于乐，使学生在美的感受中潜移默化地接受"善"的观念，从中受到文明的启迪和熏陶，逐步形成对自然美、社会美、生活美的向往，并按照美的规律去培养学生健康人格美。美的活动实现学生积极向上，快乐健康成长，在创设美的活动中展示师生的最佳精神风貌。

大到全校活动，小到一人活动，学校都提出要以实效性为第一要素，开展活动、参加活动都要展示师生最佳风貌，注重一言一行的表现，一字一纸的布置，遵守细节决定成败的原则。例如在"文明礼仪我先行"、"爱心节约行动"、"心灵直通车"等活动中，引导学生增强认识。每次活动，从启动仪式到校内实践，从家庭参与到社会宣传，学校形成了一整套网络式的活动模式。学校确立了"家校协作、共同教育"的办学模式。首先成立了家教协会，然后利用家长会、家长委员会（家教协会）与家长进行沟通，形成教育目标的一致性。同时学校还开展了家教大课堂，邀请著名专家、校长到校进行家教指导，良好的家校沟通为学校的发展奠定了很好的基础。

（四）培养美的习惯——让良好习惯伴随终身

美的习惯是培养师生内在美与外在美的高度统一，通过外显的一些优良形式，显示出个人的自身礼仪素质。美的习惯形成来自于关注点点滴滴的教育细节，来自于教师对学生倍加关爱和严格细致的管理，美的习惯是家校教育的根本任务目标，家庭、学校要形成合力，根据具体养成习惯目标，有步骤有计划持之以恒的培养学生良好习惯，提高学生综合素质。

为提高学生的文明素养，学校确定加强学生养成教育培养的目标，提出利用小学六年的时间培养孩子美的习惯。学校按照学生的年龄特点将培养目标合理细化分解在各年级具体实施培养，坚持每月一项养成教育培养重点。养成教育由学校、家庭、社会三部分同时实施。在学校德育办公室的指导下，各班加强习惯培养宣传教育，明确每月养成习惯培养重点，通过张贴名人名言、讲名人小故事，召开主题班队会实践活动；通过开展"我的班级我做主"班级文化系列展示，班主任走进优秀班级，同伴互助活动；通过少先队开展雏鹰争章活动。家校携手齐头并进，使养成教育有声势、受重视、落实处、有效果。此外，学校鼓号队、舞蹈队、合唱队、空竹队、形体队、跆拳道队的训练坚持不懈，培养了一批批有特长的孩子，得到了家长的赞誉和支持。

（五）锻炼美的体魄——让学生首先成为健康的生命

美的体魄即包含生长发育健康而完善的肌体、发达有力的肌肉、优美的人体外形、健康向上的精神气质，训练学生匀称的体型、端正的姿态、顽强的意志。如学校抖空竹运动的开展，使学生掌握了一种可以终身从事的体育锻炼方法，丰富了学生的体育活动内容，培养了学生的体育锻炼习惯，使民族传统体育得以继承和发展。学校体育方面的校本课程，如形体课、跆拳道、舞蹈课等等的开发，同时是学生锻炼美的体魄的良好途径。

三、彰显规范美　强化制度文化

学校制度文化作为学校文化的重要组成部分，是处于核心精神文化和浅层物质文化之间的中间层文化，它不仅是维系学校正常秩序必不可少的保障机制，也是学校文化建设和学校发展的保障系统。

学校组织结构合理、职能部门分工明确、责任落实到位，制度规范精细，保证管理的有序进行。管理方面，为了使规章制度能够更深入、更具体，学校实行按章治校的管理原则，制定了科组班级管理系列规章制度、教师管理系列规章制度、学生管理系列规章制度，实现学校不同人群合理、公平的管理；德育方面，有明确的目标、工作规划与落实方法。围绕目标，成立专门工作领导小组，不断规范教师与学生的各项行为制度，力求在日常教学和实践活动中，进行美的教育；教学方面，为提高教学质量，学校管理层出台《课堂教学六规范》，建立校本教研方向与工作的评价机制，增强教师教研活动的时效性。注重学生能力与知识的结合，达到学生知、情、意三个维度全面发展的目标；后勤管理方面，学校以人为本，树立服务意识，提高服务技能，保证服务质量，规范后勤管理，为学校的教育、教学工作提供有力保障。

另外，新制定的各项制度、政策充分征求教师意见，利用大会、展板、校务公开栏等形式，对各项制度奖励方案及教师评优晋级的过程、结果进行公示。在健康的校园气氛中使师生的心智得到和谐发展，建立良好的校风，形成有利于师生个性发展的人际关系，不断增进领导与教师、教师与教师、教师与学生之间的情谊与互动，充分发挥校园文化对师生身心健康的积极作用。

学校文化看不见、摸不着，却又犹如空气，无处不在，弥散在学校的各个角落，总在不经意间影响着每个人的一言一行，影响着学校的各种决策，影响着学校发展的每一点变化。使物质文化、制度文化、精神文化高度融合统一，打造美的校园、培养美的教师、培育美的学生、影响美的家庭、创造美的世界，校园文化就一定能有效提升。

聚焦·探索篇

　　学起于思，而源于疑。教师在教学实践的过程中不断思考，针对教学中产生的现象提出疑问，再将这些疑问进行深入的剖析、研究，了解其产生原因，探索其解决策略，总结归纳其方法，通过这一系列地质疑、分析、研究、实践和总结的过程，教师尝试着解决在教育教学中出现的各种问题，而这一过程也是每一位智慧教师最常见的工作轨迹。在教师的专业技术发展的道路上离不开课题研究，而这些点滴的过程正是教师专业成长的重要途径。

　　所谓科研，其实就是一步一步走进学生的内心世界，学生为什么会出现这样的问题，学生喜欢怎么样的课堂，不同年龄段的学生有哪些特点，怎样做才能激发学生的兴趣、打动学生的心灵……这样的科研与教学才能真正对接，教师的科研之路，犹如一把打开学生心灵大门的钥匙，越是深入地了解学生，越能高效地进行教育教学。

在语文实践活动中培养学生语文素养的研究

安 淼

摘 要: 中华五千年传统文化博大精深,无数经典美文都深深地吸引着我们,诵读不失为一种有效方法。尤其是《三字经》适合孩子诵读,可以规范他们的品行,近而使思想得到沐浴。在班级管理中我引入读经,收获颇丰。首先、诵读经典感受文化的魅力,规范孩子的行为。其次、构建特色的班级文化,影响孩子的行为。再者通过好的班级管理,制约孩子的行为。在学生成长的足迹中,我看到了学生们良好行为习惯的养成。班主任的耕耘中我收获着快乐,也感受到经典文化的魅力。

对文学的热爱是我从学生时代就开始的,作为一个兼任班主任工作的语文老师,我有着一种强烈的责任感和使命感:让孩子在人生记忆力最佳的时期,诵读千古美文,让孩子走进灿烂的中华文化,让他们在口诵心惟、含英咀华中受到中华五千年传统文化的熏陶,从而培养学生珍惜民族文化,热爱祖国语言文字的思想感情。近而使思想得到沐浴。

一、诵读经典感受文化的魅力,规范孩子的行为

现在的这个班是我从一年级带上来的。一直总有一种冲动想在学生的课余时能给孩子们一种文化的熏陶。自带这个班时起,我面对这些纯真的孩子,心中十分喜悦。考虑到孩子的年龄特点、学习特点以及认知水平,我从《三字经》教起,于是早读时间,从我班教室里就传出琅琅的稚嫩的诵读声:"人之初,性本善。性相近,习相远。""玉不琢,不成器。""教不严,师之惰。"……伴着琅琅的诵读声,孩子一天天的长大了。

我有时给孩子们编一些动作,让孩子在课间去玩。他们在课间玩得津津有味。我发现拍手歌很受学生的欢迎,于是,在实践活动课,我把孩子带到操场,一起来玩拍手《三字经》。后来这个就成了他们的课间游戏,孩

美的教育

子们玩了好一阵子呢！我还叫女孩子们，在跳皮筋的时候，把三字经加进去，试着自己编一编，结果还不错。孩子们编出了多个版本的皮筋游戏。同时也锻炼了孩子的能力。那时和孩子一起玩，心里感觉美极了！这样的课间，多了许多乐趣，少了不少碰撞与摩擦。

我为了提高孩子的诵读能力，以及诵读的热情。从商店买来朗读示范磁带，和学生一边看书，一边跟着朗读。习惯成自然，孩子们每天早晨摇头晃脑地诵读《三字经》已经成为了他们生活中不可或缺的部分。在以后的诵读中我们将继续诵读《千字文》《弟子规》以及学生感兴趣的经典诗词。

林助雄博士也说过："经典可以是生活的指引者，可以是生命的定盘针，它是否具有实用性？要看我们能否将经典落实在生活之中。如落实好了，日常生活所面对的许多问题就能用卓越的智能方法解决。"

《三字经》中有很多小故事，有时学生们完成了我规定的教学任务，我会给他们讲一讲其中感人的小故事。如：香九龄，能温席。融四岁，能让梨。让学生在经典故事中得到启示，规范自己的行为。

二、构建特色的班级文化，影响孩子的行为

《三字经》，首先，它传承了几百年，经过多少代智者的编修和打磨，都是精华所在；其次，它包罗万象，天文地理、历史沿革、伦理道德，无一不是人们生活中的常识；再次，它朗朗上口，易于诵读和记忆。是"袖里通鉴纲目"千古一奇书！既讲教又讲礼仪规范和名物，还讲历史和发愤求知的典故。

我们学校提倡美的教育，而且校园环境美，也充满着文化气息，《弟子规》《千字文》的节选、《三字经》中的经典故事在教学楼的各个地方都见得到，这就是一种良好的教育氛围。可是有很多孩子们并不能深刻理解，我想，这样只能是断章取义，于是我有时带他们去各楼道转一转，感受我们校园美的同时，从而更加爱我们的学校。只有爱学校，他们在平时才会爱护我们的班级。这样的教育怎么能浪费呢？

为此我在班级文化建设中，大量的把《三字经》的内容打印张贴，让学生能常常看见，在不知不觉中感受。我还在班级外墙文化中张贴孩子们读《三字经》时的照片。我还发动孩子们画画，画出他们的理解，如：头悬梁，锥刺股。如囊萤，如映雪。如负薪，如挂角。把好的作品作为奖励，在班级文化墙里进行展示，给予孩子们极大的鼓舞，让他们的学习热情更加高涨。

在《如何学习》主题班会上，有很多同学就能用上《三字经》上提到的典故，班会不再像以前那样，总是我在说教，孩子们能结合实际说一说，而且引经据典。这样的改变着实让我欣喜。是呀！我们有时总苦于教育的琐碎，但是我觉得培养孩子的行为习惯，可以是潜移默化的，看到孩子们成长的足迹，我感到孩子们行为规范的梳理，要有步骤，有教育的机智，才会使师生共同受益。

三、好的班级管理，制约孩子的行为

在班级管理中，我从一年级时，就建立班干部，组织班干部委员会，让他们学会自我管理。建立"班级分级管理制"实行班级管理民主化、自主化，制约孩子的行为。有句话说，"抓在细微处，落在实效中。"班主任工作只有细致入微，才能使班级管理见成效，而在细致管理基础上还应充分发挥民主。为此，我有意识地让学生参与管理，创设各种表现机会，充分调动全班每个同学的积极性，形成民主管理气氛，使学生自我表现心理得到满足，民主意识得到培养，管理能力得到增强。我在班内实行"分级管理制"。一级管理：七名班委负责全班的学习、劳动、体育等各项工作的监督总结；二级管理：小组长分管各组的学生和卫生；三级管理：课代表负责各学科学习情况的检查工作，及时协助任课教师的教学工作；四级管理：把班内一些细小琐碎却又十分重要的工作分解到个人，从而使班级的每个人都是班内小主人，都有着为班级、为他人服务的岗位，每个人都要承担一份责任，从而收到了很好的平等培养、民主激励的效应。而且，给小组长设计了评价表，内容为：

美的教育

第（ ）组 一周比一比												
学号	姓名	1 家庭作业	2 红领巾	3 桌面	4 眼操	5 中午自习	6 地面	7 值日	8 交表等	9 操行	10 课上表现	11 每天分数	一周分数
1												
2												
3												
4												
5												

让他们给各组员评分，每周评出小组内平时行为习惯好的同学在板报评价专栏中给予表扬。这样孩子的积极性很高。

我还编了新《三字经》进一步制约孩子的行为：小学生，起得早。红领巾，胸前飘。讲文明，讲礼貌。见老师，问声好。见同学，问声早。上下楼，靠右行。互礼让，要记牢。楼道内，静清净。教室内，莫高声。桌椅齐，地面洁。好环境，好心情。课堂上，勤动脑。勤回答，勤思考。铃声响，课间到。做游戏，不追跑。玩得精，玩得巧。身心悦，头脑清。爱树木，护花草。主人翁，责任感。你我他，不缺少。学校外，需做到。有气质，有风度。仪态美，举止雅。衣整洁，精神好。站坐行，仿前辈。站如松，坐如钟。卧如弓，行如风。尊重人，文明语。讲理解，讲和善。谈话时，面带笑。若问路，要礼貌。若购物，注行为。不乱动，买卖和。看演出，提前到。轻入座，不迟到。不喧哗，不乱跑。演出闭，要鼓掌。有纸屑，不乱抛。有果皮，扔进箱。乘车时，不拥挤。尊长辈，爱幼小。客人到，心欢笑。物品齐，房间整。主动迎，又周到。送物品，接物品。双手呈，谢声到。亲友家，去做客。重礼仪，少不了。用物品，不随意。好习惯，早养成，益终生。

"润物细无声"是呀！在诵读经典的过程中，孩子们在字里行间，感受着历史、地理、做人的道理……规范着自己的行为。这样的学习经历会使他们受益终生，传诵经典让"美"在校园绽放！

诵读《三字经》提升小学生语文素养

杨媛元

摘　要：诵读《三字经》让学生懂得学习的重要性、做人的道理，也提高了他们的口语表达能力！寻字提升学生读写能力。寻礼提升学生人格魅力。寻物提升学生辨别能力。《三字经》启迪了学生的智慧，激发了学生的好奇心，健全学生的人格魅力，提高了学生的文化品位，提升了学生语文水平，培养了学生良好的语文素养。

当今的小学生生长在蜜罐里，他们有优质的生活条件，可以参加各种兴趣班来提高自身的素质。但是孩子们往往注重了自己外在的提高，却忽略了自身内在的发展。他们对人文伦理、为人处世、做人道理等的基本理念很薄弱。

为了引领孩子成为德、智、体、美、劳的优秀学生，提高孩子们的素养，我认真研读《语文课程标准》，它对"语文素养"的诠释是：语文课程应培育学生热爱祖国语文的思想感情，指导学生正确地理解和应用祖国语文，丰富语言的积累，培养语感，发展思维，使他们具有适应实际需要的识字和写字能力，阅读能力，写作能力，口语交际能力。语文课程还应重视提高学生的品德修养和审美情趣，使他们逐步形成良好的个性和健全的人格，促进德智体美的和谐发展。

通过研读课标，我要求自己的课堂不仅重视读字、识字、写字，而且更重视培养学生形成好的行为习惯和健全的人格。诵读《三字经》让学生懂得学习的重要性、做人的道理，也提高了他们的口语表达能力！

一、寻字提升学生读写能力

一年级小学生刚入学不久，经历如一张白纸，对任何事物都存有新鲜感，对学习有好奇感，却很难做到专心听讲，独立完成作业；他们也很乐意和同学进行接触、交谈却不懂礼貌，有些还比较自私。

美的教育

然而古典文学《三字经》是一本很好的儿童识字课本。人之初，性本善，性相近，习相远。苟不教，性乃迁，教之道，贵以专。这话的意思是：世界上的每一个人在刚出生的时候都是好的，善良的，彼此相差不大，只是由于后来所处环境和所受教育不同，习性才会千差万别。如果对孩子不从小就进行教育，其原本善良的天性就会因外界的不良影响而发生改变。教育好一个人的方法，贵在教导他专心致志，持之以恒。学生都理解课文意思，但是还不会真正的写。所以我引领学生在句中圈出认读、会写字，然后再分析字义。当然我们要"学以致用"，读书不是为了读而读，所以应把外部的获得通过学生主体的消化吸收，成为内部的知识积累，这样才能真正提升个体的语文素养。

于是我为学生铺设平台，开展精彩纷呈而又实实在在的活动，引领学生走进《三字经》天地，领略它的魅力，丰富他们的人文素养，提升他们的审美和创造能力。我组织学生进行了背诵《三字经》竞赛。人人都参与比赛，比一比哪一位同学背诵的《三字经》数量最多，最有情感，就封他一个"诵诗小能手"称号，并在班内增设"背诵之星"等多种奖项来激发学生背诵诗文的兴趣和热情。

背诵成功以后学生还可以给所背诵内容配画。这样有自读有指导，学生背诵《三字经》的热情高涨。同时孩子们的身心也在诗情洋溢的诵诗比赛中受到熏陶，从而潜移默化中提高文化素养，深化文化底蕴。

二、寻礼提升学生人格魅力

自幼称"王"的孩子们没有"礼"的概念，更谈不上人格魅力。我作为班主任苦口婆心跟他们讲道理效果并不佳。可是我当为语文教师帮助学生们弃"王"学礼。因为《三字经》中有很多关于礼节的典故，它可以帮助学生改掉一些坏毛病。学生们知道为人子，方少时。亲师友，习礼仪。香九龄，能温席。孝于亲，所当执的句子。他们也知道句子的意思是：做儿女的，从小时候就要亲近老师和朋友，以便从他们那里学习到许多为人处世的礼节和知识。东汉人黄香，九岁时就知道孝敬父亲，替父亲暖被窝。这是每个孝顺父母的人都应该实行和效仿的。

为了让他们真正的孝敬父母，改掉小公主或者小王子脾气，与同学争执时不再靠武力解决，做到友好相处。我要求学生不仅要流利背诵《三字经》内容，而且吟诵表演，同时对待父母时候的态度，与同学相处时候的表情，都要真情流露出来。我在操作过程中特别强调了用自己的语言将内容叙述出来，这对于学生体会作者写作意境和准确理解字、词是很重要的。

通过朗读表演，使学生如见其人，如闻其声，如临其境。举行朗诵表演激发学生学习《三字经》的兴趣，培养学生鉴赏《三字经》的能力，促进学生语文素养的形成和发展。

三、寻物提升学生辨别能力

世界万物皆有自身的特点，他们有着无穷的变幻！小学生只知道：曰春夏，曰秋冬。此四时，运不穷。春、夏、秋、冬叫做四季。这四时季节不断变化，春去夏来，秋去冬来，如此循环往复，永不停止。他们并不完全知道每个季节都有变幻的美景！

因为现在的孩子都缺少社会实践，不愿意亲身体会世间万物的变换，不主动发现身边多彩的事物。他们缺少了观察能力，自然也少了描述万物的语句！语文课中《三字经》给我们提供了描述万物的词句，所以我带领学生走出教室寻找事物的特点，给学生提供的描述多彩世界的机会！

通过多种多样的交际情景，每个学生都无拘无束地进行着口语交流，久而久之，学生的口头表达能力就自然得到提高。学生亲身经历、亲自体验，观察事物变化，提高了对事物的辨别能力。与此同时对于这些亲眼所见，学生觉得有话可说、有情可表，从而使口语交际真实、有趣，达到一种较为完美的境界。

实践证明《三字经》启迪了学生的智慧，提升了识字能力；健全学生的人格魅力，懂得孝为先，和睦相处；也提升了学生口语表达能力，培养了学生良好的语文素养。

习古诗研教学——培养学生诗文情怀

姜玉红

摘　要：随着中华民族的崛起，汉语在世界语言的地位逐步提高。代表中国的古典诗词承载着中华民族历史文化，凝聚了五千年华夏文明精粹。但这种文学体裁却离小学生渐来渐远，因为小学语文的古诗教学被许多老师简单处理，课堂上一读一背，应付考试。小学语文教师真应该潜心研究古诗这种文体的教学，找到适合这种文体的教学好方法。引领学生读"破"诗歌，感悟诗的韵律美、诗境美、诗人的创造美，培养学生诗文情怀。

"风翻白浪花千片，雁点青天字一行。"这句唐代诗人白居易的诗被习主席在2014年11月，APEC开幕词中引用，形象描绘出了亚太合作的美好愿景，透着中国味道。习主席多次在讲话中引用诗句，他是多么热爱凝聚了中华民族的人文精髓，包含着我们中华民族五千年的情感的古诗。如何让小学生从小就从一首首精美的古诗中感受到我国古典文学的魅力，探求中华文化的深厚底蕴，使他们获得生命的思考，思想的启迪，使他们爱学古诗，学好古诗呢？作为一名小学语文老师，如何培养学生诗文情怀，研究古诗教学，找到适合这种文体的好方法。下面结合自己的教学实践，谈谈认识和探索。

一、习诗音，诵韵美

古诗句式整齐，句句合辙押韵，节奏感强，独具韵律美。高年级学生完全能把每个字音读正确，能按照诗的正确节奏去读，把诗的节奏感读出来。课堂上给足时间去读，打破死板的规矩，允许学生不拘于端端正正的坐姿，学生可以摇头晃脑自读，可以三两成群邀读，可以踱着闲庭信步漫读，可以默默思索品读。目的只有一个，让学生在宽松的氛围中读出自我的感受，自我的认识，读出对诗的热爱。教师在此时抓时机指导，就要每学习一首新诗时，自己要先背诵，熟知诗的韵律，再示范读给学生听，把学生带入情景，学习吟诵。课堂要反反复复诵读，学生强化了对文字的记忆，而且诗的形象也逐渐润于学生的脑海中。诗歌是无声的音乐，如果给诗配上典雅的古筝曲，更使学生展开想象，读出韵律美。

我国宋代文学家张舜民说："诗是无形画，画是有形诗。"在初读古诗中，教师通过不同层次的要求和方式，如指名读、男女生对读等等，引导学生多次诵读，反反复复，浅吟低唱，不仅能巧妙地让学生感受到古诗的节奏美和韵律美，而且不知不觉地在学生头脑中描绘出每首诗的画面，以此引发学生的阅读期待，为下文的学习打下基础。

二、习诗景，入情境

叶圣陶先生说："作者胸有境，入境始于亲。"诗的意境好似一座深宅大院，如何引领学生读出诗句背后的那份情味呢？抓住"诗景"这一中介，"化景为画"，"化景为情"，就能走进诗人为我们创设的意境中去。高年级学生已具备查阅资料的能力，每学一首诗前，鼓励学生动手去查资料，了解诗人，了解诗人作诗时的状况，助了解诗句意思一臂之力。如，教学王安石的《泊船瓜州》，要让学生知道这是王安石第一次被免去宰相职务回家途中写的，这一写作背景。因此诗人的心情是悲凉的。但其中的一个"绿"字写出了江南春风和煦、万物复苏，千里江岸一片绿意盎然的景象，又在这无限生机中隐约表达出诗人奉诏回京的别样滋味。"绿"成了诗人内心情感的外显，凸显了该诗的神韵，使这首诗成为流传千古的经典名篇。

因此在教学过程中，紧紧扣住"绿"这一"诗景"，平面的诗句通过学生的想象生成为一幅幅鲜活的画面，学生才能投身其中，感诗人所感，想诗人所想。于是，诗句背后的情味和意蕴，就在"鲸2"的召唤和引领下，喷洒而出，让学生真切地感受到——诗情从意境中走来。

三、习诗意，悟感情

古诗是"诗人生活在情绪的流波中的影子。"要想了解诗人所表达的内心世界，必先了解诗歌的大概意思。高年级学生能根据以往学诗的基本方法——读诗句，看注释或查字典，了解诗句的意思，进行自学。孔子曰："学而不思则罔，思而不学则殆。"学生在自学时，边学边思，把自己心中的疑惑标注出来。交流讨论时引起全班的思考。如，学习《送孟浩然之广陵》学生质疑：李白明明是送别朋友的诗，为什么诗却写的是景色？以前学习李白《赠汪伦》那首诗时，李白非常快乐，可这首为什么读不出来他的心情？学生不能从短短的28个字中感受李白含蓄深沉的送友之情，这也是学习的难点。教师的适时点拨就尤其重要了，及时补充李白和孟浩然的关系，李白很敬重孟浩然，因此称作"故人"。他们俩常常相约在黄鹤楼饮酒作诗，流连聚会。学生了解两人的深厚友情，便可思考：李白送别这么亲密的朋友，心情如何呢？诗中没有流露李白的心情，他把感情寄托在哪？教师引领孩子走进诗人的内心世界感悟。是的诗人没有描写两人告别的场面，而是把情寄托于滚滚江水，以水传情，表达的如此含蓄深情，怎能不被后人传诵送呢？怎能不对李白产生崇拜之情呢？学生披文入境，感悟到诗人对朋友的依依不舍之情。

教师还可以把学生的学习推向高潮，提高学生思维的层次，再次加深对诗的理解和感悟。设计写话练习：诗人站在黄鹤楼久久不离去，那叶孤帆渐渐远去，消失在江水与天相连的尽头，作者心情波澜澎湃……假如你是李白会想些什么？会对孟浩然说些什么？写下来。学生完全融入情境中，想象到诗人的情绪，走进诗人内心。

四、习一首，破多首

叶圣陶先生说："教是为了不需要教。"每学期教材提供的四首诗不能够领学生走进古诗地世界，不能满足学生对古诗的积累。所以教师要灵活运用教材，创造性的使用教材。从一首诗的学习中跳出，拓展习多首。比如，学习完《送孟浩然之广陵》后，引导学生回忆已经学过哪几首李白的诗？还知道几首他写的其他诗？还知道别的诗人写的什么送别诗？孟浩然也是大诗人，他写了什么诗？引导学生拓展去读，走进古典诗的世界。

"读书破万卷，下笔如有神"。读诗也不例外。学生读的诗不少，但能背诵下来的很少，熟练理解诗表达的就更少，能灵活运用到自己写作中的更是稀少得可怜，能写首小诗的几乎没有。教师利用文本领学生学习一首后，不局限于拓展的去范范读读其他诗，而是为学生打开古诗的大门，一首一首去攻破，熟练地背诵下来。可以是语文课前 5 分钟一首古诗鉴赏，可以是午休时的 10 分钟古诗抄写背诵，可以是写日记时的一句古诗引用。教师和学生一起动起来，激发学生强烈的学习欲望，真正走进古典文学的世界，享受古诗的美，享受熟读古诗的幸福。

总之，古诗是中华文化的基因，也是小学语文教材重要的组成部分，是教学的难点。古代语言精简，对于小学生来说理解非常困难，所以古诗不好教。"路漫漫其修远兮，吾将上下而求索"。教师开拓创新，潜心钻研古诗的教学，引学生与古诗对话，与诗人对话，诵古人诗句，习古人智慧，弘扬中华古典文化。

在语文实践活动中培养学生语文素养的研究

安莉娜

摘 要：结合当今社会对于阅读的崇尚，还有语文考试中对于学生阅读量的积累和理解能力的考查，都让作为语文教师的我清楚地认识到：当下必须要关注学生的阅读现状，要关注学生的阅读需求，要想方设法提高学生的阅读兴趣，以便提高学生的阅读能力，提升学生的语文素养。

  毛泽东曾说过："饭可以一日不吃，觉可以一日不睡，但是书，不可以一日不读。"可信息高速发展的今天，无论是成人，还是学生都早已抛开了纸质书籍，驰骋在虚拟的电子世界中无法自拔。那么，如何让他们回归到书本中来，如何让他们彼此影响着走近书籍，如何吸引他们在书海中遨游，如何让他们真正走进书中去品百味人生……这些都成为摆在我们语文教师面前的难题。

  然而当人们逐渐意识到这些问题，从社会开始呼吁人们广泛阅读书籍，教育者开始关注学生阅读量的积累和阅读能力的提升。于是乎人们再一次沉浸在自相矛盾中挣扎：是学习是游戏？是静下心读本好书还是轻松耗时刷朋友圈？我们的学生亦是如此。

  正是如此，我开始思索：有些事"疏"比"堵"好。如果能够巧妙地将"阅读与网络"二者结合，那么一定会引起学生的兴趣，也会如我所愿燃起学生对于阅读书籍的热爱。因此，我开启了本班的阅读之旅。

一、发圈炫读书，兴趣自流露

  首先，我与学生谈心，了解他们对微信朋友圈的使用情况，结果学生兴趣空前高涨。于是我趁热打铁，询问学生是否可以做个约定：坚持读书一百天，每天请家长帮忙把读书的内容和读书的过程拍照发朋友圈，比一比看谁可以坚持到底。学生们觉得非常有意思，纷纷拍手叫好。

其次，关注学生参与"亲子阅读100天活动"的情况，及时评价反馈。起初有很多同学响应亲子阅读 100 天的约定，坚持发送阅读照片；我每天都会在晚八点前统计，同时以身作则带着我的孩子一起阅读并定时发朋友圈……渐渐地，我发现学生由刚开始的新鲜尝试到后来的摆拍，再到后来课间话题变成了自己前一天的读书内容，这一点一滴的变化让我欣慰不已。

学生们在不知不觉间爱上了阅读，同时我发现由于自己的榜样示范，很多学生家长也一起阅读，小手拉大手，互相影响，让读书氛围从学校延伸到家庭，让读书渐渐成为学生的习惯。活动进行中，学生积极参与的我给予及时表扬、及时鼓励，每周在班中树立读书典型，让更多同学找到自己的目标，从而将阅读坚持下去。

二、书友荐好书，学生争相读

随着时间的推移，有些学习意志不坚定的同学断断续续发朋友圈了，针对这种情况，我让学生书写"好书推荐卡"，把前一段时间看的好书推荐给同学们。然后组织各组进行交流，互相补充，互相提问，学生们的兴趣一下子提了起来，争先恐后地在组内介绍自己读过的书。为了满足学生们的表现欲，我以组为单位，让每个同学都可以站到讲台上向其他人介绍自己读过的书，还有推荐这本书的理由。

当学生们兴致盎然地介绍时，我再一次感受到了他们对于阅读的热爱，也深深感受到了读书活动带给他们的成长和变化。学生的自信心增强了，站到台前更有勇气，表达得也更加完整、流畅。

当下课的铃声响起，活动结束后，有些同学依旧意犹未尽，还在讨论着刚才的话题，有些学生被吊起了胃口，开始计划着下一本要读的书目，甚至有的同学迫不及待地已经向同桌借来了心仪的好书。

三、班级闻书香，好书来做客

"腹有诗书气自华"，课外阅读是学生提升语文素养，增加知识含量的有效途径，同时课外阅读在班级文化建设方面也有着意义重大。要知道班级文化环境能潜移默化地影响一个集体中每个成员的行为。因此我们班旨在通过书香班级的建设，提高学生的自律意识，增加学生的知识含量，提

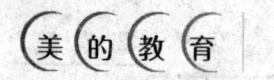

升学生的语文素养。

　　班级中有学校图书和各组捐赠的图书，为了让学生能够获得更多的书籍，我们积极参与教育圆桌图书角活动，并最终获得教育圆桌图书角和40本的奖励。书香班级初具规模，好书纷纷进班"做客"。

　　学生通过大量阅读圣贤之士的生活故事与历史典故，在自己理想的塑造方面也有着更加清晰的想法，做什么样的人，做什么样的事，将要成为什么样的人，这些想法也都会在学生大量的阅读中得到慢慢解答，而且在这个过程中，学生的阅读能力也在逐步提升。

四、分层写笔记，积累好词句

　　要想学生在课外阅读中收到实效，就要教会学生从书中吸取营养，学会积累。俗话说：好记性不如烂笔头。不动笔墨不读书。寒假期间，我根据学生情况留了"读书记录卡"这个作业，主要是引导学生在阅读的过程中进行积累，记录好词好句，大部分同学完成得不错。

　　这学期初，我又根据学生完成读书笔记的情况，在班中开展分层写读书笔记的活动：成绩优秀的学生能力足够，他们完成好词句摘抄时，还要书写简单的读后感；中等生学习稍加吃力，为了不增加课业负担，也不影响孩子们的兴趣，我只让他们摘录好词好句；潜能生往往学习自觉性不高、积极性也不高，因此他们需要完成的是最简单的读书记录卡，我希望他们在摘抄时可以顺便练字，一举两得。

五、读写要结合，思维变开阔

　　经过一段时间的读、摘、记，学生已经通过读书而有所思有所悟，并会迸发出创造性思维的火花。于是，我充分抓住学本课堂中的问题解决课，尽可能的每课都进行小练笔，鼓励学生大胆创造。改写故事、续编故事、自编故事、自编儿歌、学写诗歌，点燃学生心中的创造欲望，激发学生的无限潜能，使他们的语文素养得以提升。

　　这个学期的京南杯诵读大赛，我班就是以学生自编三句半的形式参赛，文稿全由学生们共同讨论修改，其中涵盖的书籍也是大家共同阅读的书目，真是让我眼前一亮，拍手称赞。

"随风潜入夜,润物细无声"。在我们的共同努力下,随着阅读活动的不断深入,我们的学生精神面貌正在发生悄悄的变化。而我们的学生也将在读书中求得知识,在读书中明了事理,在读书中学会做人!

课外阅读是一种个人行为,同时也可以是一种集体行为,组织以读书节,读书月,读书周为主体的班级活动相对容易,参与度较高,而更为重要的是,课外阅读不同于其他活动,既有短期效果还会产生长期效果。通过大量优秀书籍的阅读,学生更懂得个人与集体荣辱与共的道理,也更明白君子"有所为有所不为"的道理。所以说课外阅读不仅仅是班级文化建设的重要途径,也是学生语文素养提升的有力手段。

当然,在不断地求知探索中,我们还有很多急需解决的问题,但当下,培养学生良好的阅读习惯早已刻不容缓。让孩子们在阅读中规范行为,在阅读中启迪智慧,在阅读中润泽心灵。让我们的阅读活动像一粒希望的种子,播种在学生的心中,生根在学生的行为里,使他们的一言一行都能美丽绽放。

美的教育

小学低年级古诗词歌赋校本教学初探

张改芹

摘 要： 古典诗歌是富有音乐美的文学样式，它讲究韵律、乐感极强，平声仄声交错组合，跌宕起伏，具有美的旋律和和谐的节奏。正是因为古诗词的语言凝练精辟，具有悦耳的音乐美，因此诵读就成了我们破解古诗的首要任务。小学低年级学生对诗词的理解能力有限，针对这一特点，我把古诗词歌赋校本教学目标定位在"诵读为本，不求甚解"原则上。并介绍了实施这一目标的具体实施途径及保障。

中国历史上下五千年，中华文明源远流长，博大精深的优秀文化传统给我们炎黄子孙留下了宝贵的精神财富，它犹如一座取之不尽的宝藏，积淀了智慧的结晶，映射着理性光辉。而那些流传了几千年的言论著作、诗词曲赋，更如灿烂的星辰，在历史的长河中熠熠生辉。为了传承中华悠久历史文化，我校开设了以诗词歌赋为主要内容的校本课程，其中包括唐诗、宋词、诗经、论语等教学内容，囊括了古代诗歌的各种体裁，弥补了以前语文教学中不能较系统了解诗歌体裁的缺憾，意在使学生在不知不觉中受到民族文化的熏陶、感染，积淀诗歌的底蕴，培养高尚情操。学校把这一教学任务交给我时，我感到了身上的担子很重，我没有这方面的教学经验，只能在新课改的引领下，不断地进行实践、探索、研究，然后再实践、探索、研究，希望能把校本课上出特色来。

一、定位教学目标

刚开始，我把教学目标定位在"吟诵、理解"上。于是，在课堂上我花了很大力气用在了对诗文的理解上，可是，二年级的孩子的理解、领会能力毕竟有限，显然这不适合孩子们的年龄特点，孩子们的学习兴趣慢慢减退，我也感到很迷茫。我想，如果让孩子们单纯去吟诵的话，孩子们又怎能体会诗的意境，从而读出感情呢？

在一次反思课题开题报告会中，我向与会的专家提出了自己的疑问，专家认为，在诵读活动中，有必要遵循"诵读为本，不求甚解"的原则。学习、鉴赏诗文，我国古代早有一种流行广泛且公认有效的方法，即"吟诵"，与今天所称的"朗读"、"朗诵"、"熟读"、"背诵"很相似，这就是用抑扬顿挫的声调，有节奏地读出作品的独特神韵。它对于理解和继承优秀文化，提高阅读和写作能力，至今仍有积极的作用。"好书不厌百回读，熟读深思子自知"、"读书百遍，其义自见"、"读书破万卷，下笔如有神"，这些古语分别从深度和广度上强调量的积累的重要性：只有熟读，才能自悟其义；只有广读，博采众家之长，才能下笔如有神。清代学者陆世仪认为："凡人有记性，有悟性，自十五以前，物欲未染，知识未开，则多记性，少悟性……故人凡有所当读之书，皆当自十五以前使之熟读。"现代心理学研究也表明，小学生正处于机械识记占优势的黄金时期，过多的讲解势必会降低诵读古诗文的兴趣、效益和质量。现在老辈学人还能记得几十年前吟诵过许多遍的文学精品，对做人做文都大有裨益，便是证明。记得巴金在《读我的散文》中也这样说过："从小读过不少散文，当时背的很熟的几部书中间，有一部《古文观止》，读多了读熟了，就能慢慢地摸到文章的调子。"诵读的过程，实际上是心、口、眼、耳综合运用学习、思考过程。思考比较多了，想象能力也会随之增强。中华古诗文艺术力量充沛，描写细致，语言精练，抒情写物生动活泼，吟诵熟透以后，高尚情操，美妙表现，不知不觉就能转化为自己的认识和能量，随时由自己运用，不必临渴掘井，搜索枯肠，郑板桥就有这样的体验："倘能背诵如流，则下笔思潮汹涌，不患枯涩矣。"记得诺贝尔奖获得者杨振宁教授在一次书面发言中曾回顾了自己从小学一年级起背诵古诗的经历，他说："即使当时有些诗句不全懂，但并不影响背诵。70多年来，在人生旅途中经历了多种阴晴圆缺，悲欢离合之后，越发体会到许多名句的意义，每过十年，在理解上就会有一个新的境界。"多背点经典，不求甚解，但求熟背，是为学生做一种终生可以去消化、理解、受益的文化准备。因此，在小学阶段，开展古诗文诵读活动时，

美的教育

无需面面俱到地进行分析、讲解，只要能初步理解大意或一些名言警句的含义就行；但也并不反对个别学有余力的学生对某些古诗文作一些较为深入的了解和研究。这就是所谓的"诵读为本，不求甚解"原则。

专家的点拨让我很受启发，在以后的教学中，我根据学生的特点，大胆地尝试调整自己的教学目标，创新改变自己教学的方式、方法，观察其效果，最终将自己的教学目标定位在专家提出的"诵读为本，不求甚解"上。

二、目标的实施过程

（一）以读为主，读中感悟为途径。目标的实现，离不开具体的方式方法，在引导孩子诵读古诗方面，我是这样做的：

1. 在读和说中感知诗意。

学生是学习和发展的主体。留出充足的时间，让学生自己去研读古诗，让他们在自读自悟，相交切磋，合作交流中读准字音，读通古诗，初步感知大意。在检查初读情况时，可让学生争当小老师给大家正音，既可满足学生的心理需求，又可让他们在成功的体验中感受到学习的乐趣。

2. 在读通课文的基础上，教师切忌逐行分析诗意。此时可适时地张贴文中插图，并问"小骆宾王诗中的鹅是什么样的？你喜欢吗？谁愿意上来说说。"学生们争先恐后地畅所欲言。其实诗意就蕴含在这一声声的话语中。

3. 在读和听中感知古诗韵律。

优美的古诗是我国遗传下来的文化瑰宝。每一首古诗都有一定的韵律节拍。只有按其韵律节拍朗读，才能在读中再现意境，体验情趣。但对于刚学习古诗的小学生并不懂这些。因而在教学中可借助录音范读，让学生从听中感悟，从模仿练读中得到自悟。以学生自己的看法来朗读，富有具性地朗读，比如：你喜欢这首诗的哪一行呢？把它读给大家听听，也分享一下你的快乐，好吗？这时学生兴趣盎然，十分活跃。

4. 在读和演中领悟古诗情趣。

富有个性的学习必须强调个体的亲身实践和真实体验。"假如小朋友们就是诗中的劳动人民，看着自己种的粮食被人夺走，而自己却要挨饿，你的心情会是怎样？""我们一块跟诗人的心情把这首古诗读一读，好吗？"教师在学生的自读自悟中稍作点拨，旨在再现情境，让学生受到感染。还可加以音乐渲染，让学生戴着头饰，自由想象表演，一边演一边吟咏古诗，会使语言文字在学生头脑中形成的图像更为鲜明、丰满，从而内心掀起情感的波澜，入情入境，与作者的情感达到共鸣。

（二）以培养诵读兴趣作保障。之所以定位"诵读为本，不求甚解"为原则的教学目标，是为了使教学更适合孩子的年龄特点，激发孩子们学习古诗的兴趣。同样，孩子们对诵读古诗具有经久不衰的浓厚兴趣，也是实现这一目标的关键。

在培养孩子诵读兴趣方面我做了如下尝试，并取得了不错的效果。

1. 营造阅读的氛围。

孩子心理是很重模仿的，如果他看到很多人都读，就比较有兴趣，就好像孩子不一定喜欢上学，但人人都上学，他就上学了。也并不一定都喜好画画，但大家都去画，他也就去画了，他也就不排斥了。所以一人读古诗文较难，小孩一起读，则兴趣将会大为提高。为此，我们把本学期要学的古诗背诵印成小册子，让学生利用早读每天读一首。首次诵读要点燃学生养成习惯的欲望，必须注意发挥教师对同学们的控制作用，保证好习惯在足够的时空内发展。时间长了，孩子们自然会养成诵读的习惯。早晨一到学校，他们就会拿出小册子大声地读起来。

2. 利用孩子的情感调动阅读兴趣。

与家长沟通，家长平日与小孩情感浓厚者，较易带动兴趣，老师让孩子觉得可亲，孩子也会因喜欢老师而喜欢读古诗文。因此，教师必须经常给学生的诵读以强化，可以开展"诵读争星"等活动，维系诵读兴趣。

3. 使之在诵读中获得成就感，激发阅读兴趣。

读得愈好愈喜欢读，所以教师要维持其成就感，对读得好的孩子，固然要多加称赞，让他有成就感；对读得差些的孩子，只要有进步，就应当场表扬，加以赞赏，这样也会让他得到一种成就感。

4. 多种形式的阅读，提高学生兴趣。

35

美的教育

读古诗文所能变的花样是在读的方式上，或快或慢，或吟或唱，或带读，或齐读，或接龙，或默读，或当场试背，或提问征答，都可以。主要是读出、读好句子的语气。孩子的感应最灵敏，他也会被诚恳所感动，并不是非玩"花样"不可的。

5. 采用多种奖励措施，激发阅读兴趣。

奖励的方式很多，最常用的可以是记点数（盖章或发绿星卡）而给奖，奖品可以是一颗五星、一张绿星卡、一个本子或图书礼券等；最方便的是给分数，宁可给高分，有恩惠而不花费，空欢喜也有效果。只要学生每天坚持在课外读一首古诗，教师就要给其鼓励，学生诵读的兴趣才会持久。

6. 提供诵读机会，维持长久阅读兴趣。

由老师来教读古诗文几乎没有兴趣不兴趣的问题，只要老师有热诚、有信心，就可以带起来。可以利用课外活动时间读，不过，最好是每天早读课利用几分钟，一天读一首，不但不会增加工作压力，反而可以收到读古诗文之乐。因此，可以在校本课上班级内进行吟诗比赛，也可以在年级开展古诗文诵读比赛。特别是现在的家庭作业，大体以照顾中下程度的学生为标准，对于部分学生，有多的时间和精力就浪费掉了。鉴于此，我和班主任协商，建议他们采用分层作业的形式，让这些孩子以"背古诗文"代替写作业，这样就为孩子们提供了更多的诵读机会。我想，现在的孩子如果能做到平均每天背诵一首，坚持几年，将会终身受益。

现在，我担任低年级小学古诗词歌赋校本教学快一年过去了，我惊喜地发现，在我所教班级的学生都积累了一定数量的古诗，很多都是在他们课本上看不到的，而他们背诵起来却能朗朗上口。

在实践活动中培养三年级学生的阅读素养

田如侠

摘 要: 在实践活动中提高三年级学生的阅读能力,形成阅读习惯,培养学生的阅读素养,我采取了一些行之有效的办法。为了激发学生的阅读兴趣,我开讨论会,让学生明白读书是为了自己,我还以名人事例激励学生,同学推荐书目激发学生阅读兴趣。我总结了适合学生年龄的各类文章的阅读要求,开展了丰富多彩的实践活动,让学生在阅读方面施展才华,还制定了详细的阅读评价细则,使学生的阅读习惯能够养成。

就学习而言,无论是知识积累、能力提高还是情感态度价值观的体现,读书都是主要手段,只有在积极、有效的大量阅读环境下才能达到以上目标。因此,阅读素养是从小学阶段就应该培养的重要能力之一。作为一名三年级的语文老师,针对我班学生阅读兴趣不高,阅读质量低的实际情况,在如何培养学生阅读素养方面,我做了细致地研究,并发现了一些行之有效的方法,取得了一些成果。

一、培养阅读兴趣

(一)开展讨论,为谁而读书

这一学年,我带的是三年级学生,由于年龄原因,他们对读书的意义了解很少。于是,我组织他们讨论,为何而读书。听了孩子们的发言,他们有的认为读书是为了完成老师、家长留的任务,有的是为了打发时间,有的是为了读书而读书,真正说出为何而读书的同学寥寥无几。这时,我告诉他们:读书是为自己而读,它能使你成长为一个更优秀的自己,读书不仅可以增长知识、开阔视野、体会书中人物的情感世界,感受丰富多彩的人生,最重要的是读书能使人坚强、快乐地成长,欣赏这个多彩的世界,有一个美好的人生……孩子们入神地听着,他们读书的欲望被唤醒了,小

美的教育

眼睛一闪一闪的，仿佛进入了自己的童话世界。

（二）读名人故事，感受因读书而成功

光有讨论感受读书的重要性还不够，我还利用故事会来引导孩子们感受读书的魅力所在。我让学生课下去搜集、整理因读书而成功的故事，然后在班里举行故事会。周嘉讲了我国著名数学家陈景润小时候喜欢读书，在玩捉迷藏的时候，经常是拿着一本书躲起来，一边津津有味地看书，一边等着别人来"捉"他。杨雅雯同学讲了发明大王爱迪生小时候为了谋生，在卖报纸期间，稍有空闲，就钻进图书馆看书，想问题。秦思讲毛泽东一生酷爱读书，不管走到哪里，总是书不离身，手不释卷。周毓杰讲的周恩来总理为中华崛起而读书……一个个故事感人肺腑，发人深省。孩子们在这个过程中不仅受到了教育，激发了读书的兴趣，还体会到读书使人成长，读书使人成功。这次故事会本身不也是在读书吗？孩子们搜集、整理、感悟、内化的过程，不正是语文知识的积累，能力的提高，阅读素养的提升吗？这真可谓是润物细无声！

（三）互推好书，扩大阅读量

为了让孩子因读书而产生成就感，自豪感，我开展了"向伙伴推荐好书"活动。例如李子辛向同学们推荐《窗边的小豆豆》：小豆豆读书的巴学园吃饭前校长教大家唱歌，音乐课可以趴在地板上随着音乐用粉笔画画，但课下必须擦干净，运动会的奖品不是书本而是蔬菜……其他同学听得津津有味，他也说得不亦乐乎。此时此刻，在大家的关注下，他是主角，是演说家，那种自豪感就别提了。郑渊洁的《皮皮鲁传》、卢勤的《做人与做事》《成语故事365》、冰心的《三寄小读者》、黄蓓佳的《我要做个好孩子》……都是我班学生读过并推荐给班里同学的。

我让学生们讨论、讲故事、推荐书目，目的在于激发孩子的阅读兴趣，在这个过程中，他们的文本阅读、知识积累、语言表达能力均得到了提高。

二、授之以方法

我所带的是三年级的孩子，他们大多读书是读个热闹，谈及收获的时候只能说个故事情节。因此，针对三年级孩子的年龄特征和学习特点，我

给他们总结了读各类文章的要求，让他们有章可循，阅读不在盲目。我仔细研究，发现小学中段孩子的阅读文章无非这几大类，我总结了各类文章在阅读上的要求：

（一）**古诗类**：大概了解诗意，能简单想象诗中描写的画面，简单体会作者的思想感情，重点是能够背诵（课本上的还要默写）。

（二）**现代诗歌**：读懂诗歌内容，感受现代诗歌的韵律，简单体会诗歌所要表达的思想感情，会试着说几小节现代诗。

（三）**写人**：了解文章的主要内容，关注里边的人物，知道这是一个怎样的人。

（四）**写事**：写了什么事，大概叙述事情的经过。

（五）**写物**：要知道事物的特点，从哪些方面来描述这一事物的。

（六）**写景**：要感受风景的美丽，知道景物有何特点，是怎样把这些特点写具体的。

（七）**动物类**：要知道作者是从哪些方面来写动物的，要表达什么情感。读完之后，要产生热爱动物、保护动物的思想感情。

（八）**童话**：要知道童话是虚拟人物、动物、植物的故事情节，体会故事背后的道理。

（九）**寓言**：要知道故事内容，并懂得故事背后蕴含的深刻道理，读寓言读道理是重点。

（十）**神话故事**：了解故事内容，能讲述这个神话故事。

（十一）**科普类文章**：要了解文章内容，产生爱科学、学科学的思想感情。

（十二）**阅读整本书**：阅读整本书，首先要知道作者，书中主要人物，发生了什么事，书中最难忘的是什么？读后有哪些收获？

以上这12类文章，是三年级孩子接触较多的，有了以上的读书要求，孩子们就不会盲目地阅读，知道该从何处入手了。但不管读哪类文章，积累好词佳句都是一个必须的要求，遇到喜欢的词语和句子，允许的情况下画在书上，最好是摘抄在本上，适当的时候能够运用，不懂的词语要利用工具书查阅。

三、展示阅读成果

为了展示孩子们的阅读成果，我组织开展了丰富多彩的实践活动，让孩子们施展才华，为他们在通往"腹有诗书气自华"的道路上铺上一级台阶。

（一）成语擂台赛

大家说成语意思（课下准备材料），由擂主猜成语，这要看谁的成语积累量大，最终猜对数量多的同学成为擂主。小小成语擂台赛，擂主冥思苦想，台下同学活跃兴奋，大家在比赛中学习，在比赛中成长。这种形式的比赛，不仅可以检查成语的积累，还可以检查歇后语的积累。

（二）古诗诵读

为了让孩子们背诵古诗饶有兴趣，我开展了古诗诵读比赛。参赛选手可以请家长帮忙，也可以独立设计，把几首古诗用串联词串联起来，背出特色，背出花样。这是我班范文燕同学设计的两首古诗诵读，听了让大家耳目一新：春天的美景数不胜数，赞美春天的古诗，也不计其数，看到燕子筑巢，鸳鸯睡沙的美景，人们立刻会想到杜甫的《绝句》。"迟日江山丽，春风花草香。泥融飞燕子，沙暖睡鸳鸯。"宝剑锋从磨砺出，梅花香自苦寒来，每当我读到这经典名句的时候，便想起了王安石的《梅花》。"墙角数枝梅，凌寒独自开。遥知不是雪，为有暗香来。"这样的串联，这样的吟诵，在我班也数不胜数，孩子们也掀起了一股吟诵古诗词的热潮。不仅是吟诵，还要设计串联；不仅是传承经典，也溶进了自己的智慧。不仅是比赛，也培养了热爱古典文学的热情。

（三）课本剧

更好的学习语文、运用语文、把语文拓展到生活中，孩子们根据自己的实际情况，编排了很多课本剧。《小蝴蝶花》《郑人买履》《鹬蚌相争》，通过自编自演，更深刻理解了做人要有自知之明，不骄傲也不气馁，做事不要墨守成规，以及互不相让只能两败俱伤让别人得利的道理。在这个过程中，孩子们自编、自导、自演，演绎着文学作品中的故事，抒发着自己的阅读情怀。

（四）争当小作家

我挖掘教材资源，对学生进行读写结合的训练，让学生在写作中找到了阅读的快乐，找到了成功的自信。例如在学完《笋芽儿》一课，我设计了这样的读写结合训练：春雨姑姑笑了，爱抚着她，滋润着她。太阳公公笑了，照射着她，温暖着她……（笋芽儿生长需要阳光雨露，还需要什么条件呢，请你照样子写几句）孩子们经过讨论笋芽儿生长还需要大地的营养，春风的吹拂，蚯蚓的帮忙，朋友的陪伴……之后写出的句子精彩纷呈。有的孩子这样写道：大地爷爷笑了，营养着她，给予着她。青蛙弟弟笑了，陪伴着她，鼓舞着她……我趁机夸奖，咱班一个个小作家问世了，孩子们听了脸上扬满了喜悦和自信。我经常根据课文内容设计类似这样的训练，孩子们的读写结合能力提高了，写出来的句、段越来越有模有样。

（五）图文并茂展才华

为了培养学生的阅读素养，我根据阅读内容让学生进行图文并茂的拓展训练。学生在学完课文或课外读物后，展开想象，根据所学内容进行文字配画儿的练习。学完了《锡林郭勒大草原》，学生根据课文画出了碧绿的草滩，清亮的湖水，鲜艳的野花，热闹的草原，学完了《咏柳》，孩子们根据故事内容画出了高大的柳树，垂下丝丝枝条，在吹风的吹拂下，尽情摇摆的动人画面……学生们看着自己的美文美图，一件件赏心悦目，兴奋之情难以言表。

四、定期总结

学生的阅读兴趣激发了，读各类文章的方法掌握了，又开展了一系列课内外的实践活动来展示成果，但要坚持下去，对于三年级的孩子还是有难度的，这就需要阅读评价机制来监督孩子的课内外阅读。

每个星期，我都要针对学生的阅读情况进行检测，我给他们每人发了阅读评价表，表中项目有：本周你阅读的书籍或文章有哪些？积累了哪些好词佳句，感受是什么？有哪些收获？并且要把自己的积累展示给大家……在表的结尾处，有家长评价、伙伴评价、自我评价、班主任老师评价、科任教师评价五项,被称为五元评价。每项评价表格中画有五颗星星,被称为五星评价,根据阅读的成绩得到相应的星数。评价项目中还要根据阅读情况给出评语,有哪些优点,取得了哪些进步,还有哪些需要改进的地方。例如:针对有的同学阅读积累较简单,我给予的评价是:这个星期,你在阅读和积累方面做出了努力,老师为你感到高兴,在通往幸福的道路上,你又迈进了一步,如果积累再丰富一些就好了,老师期待你的进一步努力!我采用先扬后抑的办法,既鼓舞了她,又提出了今后努力的方向。

我注重用各种方式培养学生的阅读兴趣,并结合阅读课传授阅读方法,同时,不失时机地向学生推荐、同学互相之间互相推荐优秀书籍,并辅以相应的阅读评价,使之能持之以恒地进行阅读,并进行积累、运用。在这一年中,孩子们知识积累了,能力提高了,思想锻炼了、情感陶冶了。在今后的实践中,我会继续探索阅读实践之路,更好地服务于学生,提高学生的阅读素养。

多彩的语文实践活动提升学生语文素养

尹晶晶

摘　要：《语文课程标准》指出，语文教育要达到的目的是"使学生获得基本的语文素养"，开展语文实践活动是语文知识素养提升的有效办法，也是理解语文知识的有效手段，更是语文素养的基本要求。开展丰富多彩的语文实践活动，把课内外结合起来，引导学生自主学习。培养他们创造精神、合作精神，增强学生生活中处处有语文意识，致力于学生语文素养的形成与发展，为学生全面发展和终身发展奠定基础。

　　语文素养包括"字词句篇的积累，语感，思维品质，语文学习方法和习惯，识字写字，阅读，写作和口语交际能力，文化品位，审美情趣，知识视野，情感态度，思想观念"等内容。既然语文素养包含这么多丰富具体的内容，所以要提高学生的语文素养，仅靠课堂40分钟是远远不够的，更重要的还要和课外有机地结合起来。即课内是基础、是根本，课外是继续、延伸。更准确地说，学生语文水平的提高，除了必不可少的课堂学习外，在一定程度上更得益于丰富多样的实践活动。我在"语文实践活动中培养学生语文素养的研究"这一课题的研究中，做了以下一些尝试。

一、活用教材，丰富课内

（一）我是小演员——课本剧活动

　　课本剧是加深学生对语文教学内容理解的一种教学形式。课本剧的表演深受学生喜爱，可以让学生在"玩中学""学中玩"，从动态的组织活动课本剧中，让学生拓宽了语文学习和运用的范围，也是激发学生学习语文积极性的有效途径之一。剧作家曹禺说："课本剧可启发学生潜在的智力，使他们对听课，读书发生兴趣。"课本剧表演符合小学生的年龄特点和儿童身心发展的规律。

美的教育

在北京版教材中有许多不同体裁的课文都具有很强的故事性和形象性，天真活泼的儿童有很强的想象力和表现欲。如在教学二年级下册《小壁虎借尾巴》一课后，首先让学生戴上自己亲手制作的小头饰，扮演成小壁虎、小鱼、老牛、燕子等分组进行角色朗读，加深对课文内容的理解。然后，进行拓展创编，小壁虎还可能向谁去借尾巴？学生以小组为单位进行课文创编、排列。最后，我利用制作好的背景，播放着轻快的音乐，让学生分组表演，这时的学生把课堂当成了舞台，每个学生都跃跃欲试。学生在表演中再现了课文的情景，也在表演中用自己富有童趣的语言、动作，同时还了解了其他动物尾巴的功能，拓宽了知识面，学生沉浸在轻松愉快的学习氛围中。

（二）我是小导游——模拟参观旅游活动

教材中有许多课文介绍了祖国著名的旅游景点，描绘了山河的壮丽、名胜古迹的特点，表达了作者的热爱之情，如《富饶的西沙群岛》《锡林郭勒大草原》《游天坛公园》等，学生学习完课文后，可设计一次我是小导游的活动。通过小组合作的方式进行模拟参观旅游活动，先让学生在小组内轮流当"小导游"，其他组员当"游客"。先由"导游"介绍景点特点，"游客"可随时向"导游"提问。然后各组推选出最佳"导游"在班内展示。通过这样的活动学生可以在复述、质疑、解疑中，拓宽知识、开阔视野，不但使学生学会了知识，而且还使学生学会运用语言，提高了学生的综合运用能力。

（三）我是小记者——口语交际活动

北京版语文教材中每个单元的实践活动中都安排了口语交际的内容，主要培养学生倾听、表达和应对能力，是学生具有文明和谐地进行人际交往的素养。搞好口语交际的实践活动，有助于学生情感的交流，培养学生听的能力、表达能力、交往能力、想象力和思维能力，提高他们的语文水平和认知水平；同时，还能养成有礼貌、认真听别人说话的习惯，以及尊重他人、懂得合作等良好的思想品质。例如，三年级上册第一单元的口语交际主题是：新学期开始了，你有什么新的想法？对老师、对同学有什么新的希望？互相说一说。交际内容紧贴学生生活实际，为了提高兴趣，首先我设计了小记者采访的情境，激发学生想说、想交流的愿望；然后以小组合作的方式模拟采访过程，在小组内练习；其间及时指导，让学生有话可讲，有情可发；最后进行汇报展示。整个过程每个学生都能无拘无束地进行口语交流。

二、课外延伸，拓展知识

（一）课外阅读活动

语言文字的积累总是与一定的读书量相统一。学生书读得多了，积累的语言也多，自然底子就厚实，运用起来便会得心应手。在课余，我结合学校开展的读书活动，给学生列出了参考书目，让他们大量阅读课外读物，拓宽学生的视野，增长见识，增加知识，积累信息。并要求学生写读书笔记，进行好词佳句的摘抄，读书感受等，同时开展好书推荐，故事大赛等活动，提高读、写文章的能力。

（二）古诗诵读，传承经典

古典诗词是我国文学宝库中的瑰宝，也是我国民族文化的精髓，尤其是大纲推荐的八十首背诵篇目，都是历代名篇佳作，内涵丰富，具有很高的艺术感染力。诵读古诗词对提高学生的人文素养有独特的效果。古诗词的诵读可以促进学生动脑，也可以促进学生动口；其精妙的用语、精练的表达、深远的涵义和奇妙的想象都能促使学生感悟、吸收、内化人文精神。由此通过古诗词诵读培养学生的人文素养有重要而积极的作用。例如结合学校工作每周进行一次古诗词的诵读、赏析活动；设计诗配画手抄报活动等，在吟诵中品味经典，传承传统文化。

三、联系生活，品味人生

读写结合活动

结合课文内容的学习、写作方法的学习，以及自己的生活经验，每一课设计一个小练笔，形式多样，可以仿写、续写、改写等，通过多种形式进行写作练习。如学习课文《我希望有一支神笔》后，设计仿照课文结构写一小节诗的活动，让学生思考生活中哪些人需要帮助，怎样帮助，学会关心别人；在学习《真正的施主》一课后，课文以省略号结尾，于是设计续写结尾的活动，进行角色转换，如果自己就是这位老师，会怎么办；在学习《自相矛盾》《鹬蚌相争》后设计改写课文结尾的活动，调动生活经验，让学生想办法解决自相矛盾的状况，把矛和盾都卖掉，让鹬和蚌不被渔夫捉去。通过这些小练笔帮助学生体会课文思想感情，提高认识传递正能量。

总之，语文实践活动是形成自主、合作、探究学习方式的重要途径，它重在学科内外的联系，重在学习过程，较好地整合了知识与能力，尤其有利于在实践中培养学生的观察感受能力、综合表达能力、人际交往能力、搜集信息能力、组织策划能力、互助合作能力和团队精神等，为学生的终身学习和发展打下坚实而全面的基础，塑造完善的人格个性。

日积月累学成语，语文素养得提升

刘玉梅

摘　要：成语故事是我们民族语言宝库中的一份珍贵财富。它是从古代典籍和人民口语中经过千锤百炼形成的，至今仍在日常生活中广泛传颂。成语故事具有言简意赅、形象、生动和富有表现力等特点。寥寥几字，常常表达一个寓意深刻的道理。教学中，鼓励学生"每日学一个成语故事"积累语文财富；"每周一次成语故事会"中增长智慧；"每月一次实践活动"中培养能力，日积月累成语使学生获得实实在在的体验，成语让学生感悟到对现实生活的折射，进而提高了学生的文化素养。

经过自己多年的语文教学，从培养的一批批学生身上发现，那些名列前茅的孩子们，在语文学习中对成语故事非常有兴趣。成语故事是我们民族语言宝库中的一份珍贵财富。它是从古代典籍和人民口语中经过千锤百炼形成的，至今仍在日常生活中广泛传颂。成语故事具有言简意赅、形象、生动和富有表现力等特点。寥寥几字，常常表达一个寓意深刻的道理。利用成语故事培养学生的语文素养是一个成功的办法。

一、"每日学一个成语故事"积累语文财富

作为一名小学语文教师，我一直在如何提高学生的语文素养的研究之路上努力地探索。充分利用有限的时间，将学习效率最大化，有效提高学生的听、说、读、写能力，培养学生充足地吸收我们中华民族博大而精深的语言文学的营养。报纸上一篇报道让我深有感触，那是20世纪50年代，美国质量管理大师戴明博士多次到日本松下、索尼、本田等企业讲学，他传授了最简单的方法——"每天进步 1%。"日本的这些企业照着做了，收到了明显的效果。是啊，任何人思想觉悟的提高，学识才干的长进，工作成绩的取得，良好习惯的形成，都有个持续努力、逐步积累的过程，都是

美的教育

"每天进步1%"的总和，成功不可能一蹴而就。于是，我们开启了"每日学一个成语"的活动。每天积累一个成语，一年就是365个成语，日积月累，持之以恒做下去，一定能提升学生语文素养。我鼓励他们用各种方法学习和积累成语故事。听家长讲成语故事，到书本中寻觅成语故事，向他们推荐 "每天一个成语故事"微信公众号，每天收听名师讲成语故事，每天与大家分享。课间孩子们特别快乐，三人一群两人一伙凑在一起交流成语故事，分享着各自的成果。还有些同学手捧着《成语词典》《成语故事大全》等书籍阅读，有的静静地瞪着眼睛、皱着眉头思索，有的会跳起来高喊，定是领悟到了这个成语故事蕴含的道理。我们还创设了成语百花园，孩子们把自己积累的成语，制作成卡片、画成幽默画、手抄报等形式，贴在教室的成语百花园专栏里。站在百花园前有的同学说，这张手抄报上的成语都是带有数字的成语，那个卡片上的成语都是关于十二生肖的成语，这幅漫画表现的是《掩耳盗铃》的故事……孩子们议论纷纷，欣赏着成语百花园中开出的每一朵灿烂的花朵。从他们那惊喜的眼神中我看到了那宝贵的求知欲，我相信，这种强烈的求知欲一定会带着他们驶向更广阔的天地，创设出更加精彩的世界……

二、"每周一次成语故事会"增长智慧

一个成语就是一个生动的故事，不但蕴含着丰富的文化底蕴，折射出深邃的人生哲理，而且具有丰富的历史和人文价值。从小让孩子阅读这些成语故事，一方面对他们学做人，树理想，从小雕塑美丽的心灵起了潜移默化的作用，另外一方面也让学生对古代中国文化有了初步的了解，对我们传统文化有一个感性认识，丰富了文史知识，扩大了眼界，使他们从小热爱我们的民族文化。因此我开设了每周故事会活动，这种形式符合学生的年龄认知特点，通过故事会这种喜闻乐见的形式，引领小学生在知识的海洋中遨游，拓宽学生的知识面，提高学生的文化素养。我班王尼奥同学，每次故事会上他都是争先恐后地走上讲台，为大家讲《叶公好龙》《亡羊补牢》《郑人买履》《凿壁借光》《骑驴觅驴》《按图索骥》《孟母三迁》等一个个耳熟能详的成语故事，赢得了同学们一次又一次热烈的掌声，听到有趣

之处，大家还发出哈哈的笑声，王尼奥真是名副其实的故事大王啊！故事会上，同学们还生动形象地讲述了自作聪明的"画蛇添足"；不知变通、不肯努力的"守株待兔"；见识短浅的"井底之蛙"；自己欺骗自己的"掩耳盗铃"等等。通过故事会，同学们在生动形象、曲折的故事情节里、幽默的语言中受到感染和教育，懂得什么是真善美，什么是假丑恶。从成语故事中认识到，中华民族的神圣伟大，中华五千年文化的丰厚博大。

三、"每月一次实践活动"呈现精彩世界

成语有着深厚的文化底蕴，语言丰富多彩，基于这个特点，我们每月开展一次生动活泼的语文实践活动，培养学生的语文素养。如：首尾相接的成语接龙、同一类型的成语闯关、分组打擂的成语擂台赛等；有的成语故事充满神话色彩，想象空间广阔，让学生为成语故事续编。如给《叶公好龙》《女娲补天》《开天辟地》续编中，学生浮想翩翩，进入"思接千载""视通万里"的境界，从而触发激情，激发了更为丰富的想象；有的成语故事被孩子们创编成课本剧，在表演的过程中，学生插上想象的翅膀，培养了创造性思维，在创造的尝试中领略成语的内涵。对于复杂的人物、情节等，就请爱好表演的学生当主角。如成语"狐假虎威"请两名学生进行了表演，一名学生弯着腰走来，说话尖声尖气，另一名幼儿昂首挺胸，大摇大摆。下面的孩子们很快就猜出他们演出的是狐狸和老虎。接着"狐狸"带着"老虎"来到了森林，小动物们都吓坏了，当"老虎"恭恭敬敬地拜"狐狸"为大王时，立刻响起了热烈地掌声和欢呼声。

"每天学一个成语故事""每周一次成语故事会""每月一次成语实践活动"不仅仅是一个活动的名称，也不仅仅是一个系列活动，在孩子心中就是一种愿望，一种对成语的爱恋。成语让学生获得了实实在在的体验，成语让学生感悟到对现实生活的折射，成语还让学生享受到真真切切的快乐。让我们和成语共同相伴，相伴成长。

美的教育

传承传统文化,提升小学生语文素养

张 征

摘 要:中华传统文化一直被视为中华民族的瑰宝,尤其是小学语文课本中所选的古诗以及《三字经》《弟子规》等,虽历经千年但仍被世人传唱成为不朽之作。随着近年来素质教育的呼声不断,传承中华民族优秀文化,培养小学生审美情趣,增加小学生知识储量,都成为小学语文课堂中的重要内容,因此传统的国学教学就成为众多小学语文教师着力研究的方向。本文研究的问题是,如何根据小学生身心发展特点及利用现代教学手段,诗意化的课堂教学模式,来激发小学生学习国学的热情,让学生发自内心的热爱传统文化,达到人人成诵,传承优秀传统文化的目的。

小学生承担着祖国的未来,现代教育制度下的小学生正如一颗颗冉冉升起的新星,充满着活力与希望。尤其是二十一世纪以来,小学素质教育和传统文化教育逐渐得到全社会各方重视。越来越多的语文教师和家长认为小学生可以在学习经典传统文化中汲取精神力量,提高自身文化素质。近年来,国家不断加大社会各阶层对古典艺术、文化的关注度,这在一定程度上也培养了小学生对古典文化探究的热情,小学课本中所选的诗篇都是历史文化积淀中的精华,是历经千年的不朽之作,学习古诗是让优秀古典文化在新一代身上得到弘扬、发展,与此同时也给古诗的发展注入新鲜血液,发挥古诗独特的艺术魅力。

一、培养小学生学习古诗文的热情激发学习兴趣

(一)定好情调以情入情

俗话说,兴趣是最好的老师。让学生自发学习古诗,热爱古诗,我认为最根本是要从兴趣入手,很多学生,尤其是小学生还不明白学习国学的意义,只是根据家长和老师的要求死记硬背,结果一般都是学的不如忘得

快。怎样让学生热爱古诗文？基于根本是一个"情"字，培养出学生对诵读情感，也就抓住了学习古诗的主要脉络。俗话说"书读百遍，其义自现"很多教师在教学过程中太过执着于诗里所蕴含的感情基调，诗句读起来往往没有韵律感。更有许多教师在讲解诗文时，忽略掉表面上看起来无关紧要的知识，对于教学艺术和提高学生兴趣往往并无裨益，这也就是我上面所说的给古诗定好情调。

就如陆游的《示儿》，教师在学生初读这首诗之后，可以把南宋的历史和陆游生平介绍给学生："陆游年仅三岁时，北宋两位皇帝先后被金人掳获，北宋灭亡。国家灭亡、流离失所的伤痛伴随他一生，而此后建立的南宋对金人屈辱求和，这使得他更加坚定收复北宋大好河山的信念，有心报国却无人赏识，陆游多次谪居，胸怀大志又难以施展。最后，被贬谪到山阴故里，但是他的爱国情怀始终存在。《示儿》是陆游在85岁临终之际所做，是他的绝笔诗。"有了这方面的知识，学生才能深刻了解诗人的爱国主义情感。让他们知道这首诗中所蕴含的感情及诗作的背景，在学习古诗时带着这种特定的情感，让学生不仅记忆深刻，也增加了民族自豪感和爱国主义情怀。

（二）注重渗透积累运用

学好古诗不是一天两天就可以培养的，古诗需要的是不断积累。作为语文教师，要在课堂上下让学生对已学知识进行消化吸收。运用好学过的每一首古诗，是学习下一首的基础，不要让小学生只拘泥于课本，要灵活记忆，灵活运用。比如在讲《画家乡》的时候，可以让不同地方的孩子用一句古诗来概括自己家乡的自然风貌；讲解《葡萄沟》时，可以运用"葡萄美酒夜光杯"，促使学生以景生情，课堂中只要是学生知道的，与课文内容相关的，教师都应该给予鼓励。此外教师的榜样作用不可忽视，教师在课堂中有意无意地背诵古诗可让学生对古诗的积累和运用产生浓厚兴趣。学过的古诗，学生可以正确运用的，要鼓励学生运用，让学生明白在作文中使用古诗可以使平淡的文章给人眼前一亮的惊艳效果，平时积累背诵古诗，还可以提升自身气质，培养良好素质。

（三）创设情境，激发兴趣

小学阶段学生的感官更容易被有趣的、新鲜的事物所激发，在开始古诗教学之前应该给学生一定的空间和时间，只要几分钟即可，让学生自己感悟古诗内涵。但由于学生理解语文的水平有限，对诗中的情感不能完全感悟，这时再需要老师的配合和帮助。如学习《游园不值》这堂课之前，先让学生自由诵读古诗，自读自悟，激起学生探索诗中内涵的兴趣，这时教师可以借助音乐、画面让学生感受到初春景色的美好，再用画面的形式表现出"小扣柴扉"和"一只红杏出墙来"的意境。这样既培养了孩子课前看书的好习惯，又给孩子充足的时间让他们思考，提出问题，深化印象，从而引发小学生学习古诗的欲望。除此之外小学生正处在一个心理发育不稳定的时期，利用好小学生争强好胜的心理特点，定期在班级内开展朗读、背诵诗文比赛，适时给予奖励，可获得事半功倍的效果。

二、古诗课堂教学实施策略

兴趣是最好的老师，这是经过无数教育者实践过的，兴趣固然不可或缺，但最主要的还是教师怎样在课堂上引导学生学习古诗，抓住有效的课堂四十分钟，在有限的时间内帮助学生获得最大收益。以往古诗教学多是以背诵为主，忽略了古诗的现实意义。现代素质教育下的古诗教学也应该力求创新，让古诗教学成为小学语文课堂中一颗耀眼的明珠。

（一）反复诵读感知全诗整体结构

小学阶段对诗的理解十分重要，但是也不能忽略了"诵读"的作用。"古诗是运用语言艺术完成的最高规格的艺术品，用心去反复吟诵古诗，会带给人尤其是小学生一种新鲜的语言感受"。反复诵读古诗的现实意义在于，让学生初步感知诗的整体内容，整体把握古诗重在了解诗的顺序、结构、表达等艺术上多方面的特色，一些简单的诗句学生可以自己理解，但是对于一些比较晦涩的诗词，学生很难自己领悟。基于以上诵读的结果，教师在上课过程中就能够着重讲，学生也能够着重听。其次，反复诵读让学生对诗的内容也有了更深一层的认识，知道诗中的格律和大概内容，学习时减少难度。在学生诵读之前，教师一定不能忽视范读的重要作用。而且教师在范读过程中要讲究字音，注意平仄，读出诗中的情感美和韵律美。例如王之涣的《登鹳雀楼》，教师范读时要读出大河奔涌的气势，让学生感受到王之涣笔下鹳雀楼的独特魅力，在学生诵读时就可以领悟到诗中的磅礴气势和诗人对鹳雀楼的喜爱之情。再如教学贺知章的《咏柳》时，先让学生仔细体味"妆""垂""裁""似剪刀"这些词的含义，通过指导朗读，反复吟咏，使学生脑海中逐渐展现一幅春天的美丽图景，"微风轻轻拂过，妩媚的柳条舒展着枝叶，形象化的语言使人心情舒畅，不禁赞叹大自然力量的神奇，朗读时赞美之情也就溢于言表"。

（二）小组合作交流自读自悟

古诗文是凝聚中华民族千百年精粹的艺术品，如果在课堂教学中，教师只是一味地讲解，只会让学生厌倦学习，并且学习最终是要让学生把学会的知识吸收转化。传统模式下教师与学生的关系往往是教师教，学生学，至于学习的成果一般不太显著，学生不能很好理解古诗文的意境和神韵，只是单纯的应付考试，复制式记忆。新课标中倡导的课堂教学要以学生为主体。在这种情况下，学生自主学习，合作探究，教师发挥辅助和引导作用无疑是最好的形式，客观上来说也促使学生学习课外知识。这种小组合作式的学习方法对促进学生学习，激发学习兴趣是百利而无一害的。古诗文中晦涩难懂的词句有时不需要教师费力讲解，学生合作探究就可以解决。利用好小学生好动，思维活跃的特点，让他们用小组合作的方式自己解决问题，我想在课堂中的效果应该是显著的。在此基础上教师在进行有针对性的讲解。如在李白的《赠汪伦》一诗中，全诗的语言简单直白，在熟读的基础上，让学生小组合作，讨论研究，学生基本上都能抓住诗中的主要内容，即"情"字，教师不需要冗长的讲解，学生就可以理解诗的内容和诗中所蕴含的感情，教师只需再引导学生进行更深一步探索，就能达到预期效果。

（三）引导学生领悟意境

王国维在《人间词话》中说，诗词的首要目标不过"意与境二字而已"。所谓感受诗境，就是调动小学生已有的认知经验，展开想象，做到心中有诗，诗中有画，这种意境尤其体现在学习一些描写游园或者四季景色的诗篇时。意境教学的目的是要让学生充分理解古诗，把握古诗内涵，提高审美和鉴赏能力，感悟艺术真谛。例如有的小学语文教师在教授《江畔独步寻花》这首诗的时候，带领学生到附近公园观赏花朵盛开的繁茂景象，亲身体验"千朵万朵压枝低"的意境；同样是在教授《江畔独步寻花》时，也有的教师利用多媒体播放大自然中繁花盛开的图片和鸟儿鸣叫的自然惬意之声，给学生营造一种身在诗中行，心在画中游的感官体验。这时教师可及时渗透对学生审美和鉴赏的教育，并迁移到生活中。不论是亲身感受，还是营造氛围，目的都是让小学生触景生情，进入诗的意境。"小学阶段低年级学生的无意注意会先于有意注意，很容易被教学的直观性、形象性和教师所创设的教学环境所吸引。"所以课堂上不妨多运用一些多媒体技术，多用一些鲜艳的色彩，漂亮的画面，优美的音乐，调动小学生对事物的新鲜感，提高注意力，这也是提高课堂效率的有效方法之一。

还有一些古诗侧重于想象，这就需要教师来启发学生的想象能力，展开想象的翅膀，结合生活中的所见所闻，对诗中的画面加以描摹，让学生把自己头脑中的画面展现在画纸上。教师要强调所画的内容一定要以诗的内容为背景，一方面是让学生深刻理解诗的意境，把自己的感受跃然纸上，提高学生学习古诗的兴趣；另一方面可以帮助教师了解学生对诗词的掌握程度，教师可以适当加以讲解。例如在讲授杜牧的《清明》时，教师就可以让学生根据诗的背景展开联想和想象，尤其是诗的前两句中的"雨纷纷"和"欲断魂"，引导学生根据已有的认知经验，结合书中的插图以及自己对诗的理解画出诗中意境，而此时教师可播放牧童的笛声、潇潇的春雨声……营造氛围。

让学生更好地体会诗中的情感。课堂中教师也要运用富含诗情的语言，把学生引领到一个诗情画意的课堂中。

（四）斟酌字眼，内化诗境

小学课本中所选的诗篇都是经过千年传诵的不朽篇目，用字都达到了绝妙境界，这些诗中的诗眼，更是使整首诗读起来韵味无穷。小学语文教师在教授知识过程中要注重巧抓重点字，引领学生感悟诗句的深刻内涵，体会古人文化的无穷魅力。此外课堂中还可以让学生进行换词作对比的练习，体会关键字在全诗中的灵魂作用，感悟凝词炼句的妙处。

王安石的《泊船瓜洲》中，许多教师在教学时都抓住了诗中的一个"绿"字，认为绿字是全诗的诗眼。的确，这个"绿"字用得十分精妙，恰到好处，是训练小学生形象思维的绝佳选择。但是，就全诗的情感基调和诗的背景而言，这个"绿"字还不能担当整篇诗作的"诗魂"。其原因在于，作者当时因为变法之故，无奈之下辞去宰相之职，被迫到江宁任知府，心中充满了无限感慨和失落，但是作者心怀北宋，一心不忘变法，希望再次回到朝廷，为国辅政，总的看来王安石当时的心情应该是看到早春三月一片生机盎然、草木葱绿，按捺不住内心的情感，有感而发之作。"因此在教学时应着重抓最后一个字'还'，由'绿'到'还'，是作者心情的写照，诗人在看到草木茁壮成长之际得到启示，坚定了自己变法的决心，期望早日回到朝堂之上继续推行变法"。诗句总体上是要体现作者浓浓的思恋之情。教学时要引导学生把握诗的核心感情基调，再抓住诗眼"还"字，理解诗的中心，对诗有整体上把握。

（五）联系实际，拓展延伸

学习古文化的人文目的就是让优秀传统文化在新一代身上得到发展，一代代传扬下去，给国学在现代社会发展过程中注入新的活力。在教学时要让学生明白生活道理，学会迁移运用，教师更要充分挖掘传统文化的内在情感，启迪学生思考，使他们受到潜移默化的影响，懂得珍惜劳动成果，关心父母等最基本的道理。这就需要教师帮助学生把课本上学习到的传统文化内涵迁移到生活实际当中，在理解的基础上拓展延伸。

如教学《锄禾》时，首先要明确教学的人文目的，当前社会下，独生子女普遍，父母十分溺爱子女，许多学生甚至不知道粮食是怎么来的，造成浪费粮食现象十分严重，这就需要教师在教学古诗过程中教给孩子们生活的道理，让他们懂得珍惜劳动成果，养成良好的生活习惯。教学时可以用多媒体图片来直观表达诗中的情感，把画面定格在烈日炎炎下，一个农

美的教育

民伯伯满头大汗地在田里耕作，让学生知道劳动的不易和劳动人民的辛勤，之后再展示出同学们日常生活中浪费粮食现象的图片，适时候教师从旁启迪，把学生对诗意的理解与生活实际联系起来，加深小学生对劳动人民的热爱以及对劳动成果的珍惜之情，素质教育、道德教育也就水到渠成，自然而生了。这时教师及时追问：你们想对农民伯伯说点什么呀？你想到今后怎么做了吗？给农民伯伯写一个简短的诗，或者用一首小诗来表达你此刻的心情。如此做法是为了把学习到的知识迁移到生活之中，不仅及时教育了学生，又锻炼了小学生写作的能力。

显然，一个人要想适应社会，并能在社会大浪中淘成真金，必须从小培养多方面的语文素养。语文素养的培养，必须立足于课内，延伸于课外。我们只有重视学生的长远发展，才能探索出培养学生语文素养的最佳途径，才能为学生的语文世界打造出更广阔明丽的天空。小学生的传统文化教学还需要广大语文教师不断摸索和探究，教好国学不是一件容易的事，但是现代社会下学习传统文化对小学生今后文学素质和道德素质的发展有着非凡的影响力。小学课本中的古诗是历经千年传诵的经典篇目，其文学价值和经典性是无可比拟的，这也是小学生必学传统文化的重要原因。教师在教学过程中要理论与实践相统一，活学活用，发挥学生主体作用，利用好小学生身心发展特点进行传统文化教学活动。

在学科实践活动中有效提高学生语文素养

李 静

摘 要：《语文课程标准》中明确指出："语文综合实践活动主要体现为语文知识的综合运用，听说读写能力的整体发展，语文课程与其他课程的沟通，书本学习与实践活动的紧密结合。应强调合作精神，注意培养学生策划、组织、协调和实施的能力。"小学语文综合实践活动本质上是一种创造性学习，它注重于学习方式的自主、实践、综合；又注重于过程的开放和互动，具有综合性、自主性、开放性、实践性、探究性、创造性、灵活性等特征。

语文综合实践活动，作为语文课程改革中所倡导的一种学习方式，是我国基础教育语文课程改革的一大亮点，《语文课程标准》中明确指出："语文综合实践活动主要体现为语文知识的综合运用，听说读写能力的整体发展，语文课程与其他课程的沟通，书本学习与实践活动的紧密结合。突出学生的自主性，重视学生主动积极地参与精神，让学生自行设计和组织活动，注重探索和研究的过程。应强调合作精神，注意培养学生策划、组织、协调和实施的能力。"小学语文综合实践活动本质上是一种创造性学习，它注重于学习方式的自主、实践、综合；又注重于过程的开放和互动，具有综合性、自主性、开放性、实践性、探究性、创造性、灵活性等特征。

一、挖掘资源激发兴趣

语文综合性学习的过程的一个突出特点是"在多学科的交叉中体现语文知识和能力的实际运用"。因此，语文综合性学习必然要和其他学科相结合，这也是新课程标准中反复提倡的跨学科学习方法。

在语文教材中有许多故事性很强的课文，深得学生喜欢，也适合学生表演。这类文章，我们可以改编成课本剧，让学生担当课文中的角色进行表演。如《小壁虎借尾巴》一课中，我先把课文改写成剧本，然后学生自由结组，安排好自己的角色，真是寓学于乐。我是这样做的：学生在熟读课文的基础上，我问学生："这篇课文中的每个动物都这么可爱，你们想不想演一演课本剧？"我的提议立刻得到大家的响应，接下来就是孩子动手去制作自己的头饰以及所需要的道具等。在做头饰过程中，不但培养了学生的动手能力，还培养了学生的审美意识等。头饰做好后，学生进行分组排练，我提出了具体要求：根据自己的角色想象自己的动作表情。例如：小壁虎借尾巴时的语气是怎么样的？他们最后借到了吗？为什么？学生兴奋极了，在小组中学生们戴着头饰纷纷投入到排练中。此时已极大地激发了学生的学习兴趣，调动了学生的情感世界，想象世界，参与到学习的过程中。表演结束后，评选出最佳表演奖以及最佳团队奖等。在这次语文实践活动中，学生更多的利用了其他学科的知识，比如美术、劳技等，他们将这些知识在语文课上展示出来，把要掌握的语文知识通过不同途径积累下来，培养了学生的动手制作能力、学生的合作和创编能力以及锻炼学生的口语表达能力、组织能力等。

二、教材中实践活动的开展

古诗词是我国文学宝库中的瑰宝，也是我国民族文化的精髓。开展古诗朗诵，提高学生民族自豪感。

每册书都有古诗词的教学，每当完成这部分教学之后，我都会组织班里的学生开展古诗词诵读的实践活动，学生学习完诗词，体会诗词的意境，结合作者所表达的情感，深入体会诗词再结合自己的体会朗诵古诗，使得学生在实践中体会中国语言的魅力，例如李白的《早发白帝城》这首诗遇赦后愉快的心情和江山的壮丽多姿、顺水行舟的流畅轻快融为一体来表达的。全诗无不夸张和奇想，写得流丽飘逸，惊世骇俗，但又不假雕琢，随心所欲，自然天成。全诗峰棱挺拔，一泻直下，快船快意，令人神远。又如杜甫的《春望》这首诗的前四句写春日长安凄惨破败的景象，饱含着兴衰感慨；后四句写诗人挂念亲人、心系国事的情怀，充溢着凄苦哀思。这首诗格律严整，颔联分别以"感时花溅泪"应首联国破之叹，以"恨别鸟惊心"应颈联思家之忧，尾联则强调忧思之深导致发白而稀疏，对仗精巧，声情悲壮，表现了诗人爱国之情。学生在朗诵这些诗词的时候都能结合背景用心朗诵，从而感受到诗人的情怀并能感受到汉语的强大，提高学生的道德修养和审美情趣。

教材是训练学生的凭借，教学中要联系教材内容，开展灵活多样的口语交际活动，展现学生才能。

口语交际是每个单元学习完之后出现在实践活动倒数第二项的内容，通过一段时间的学习，积累语言知识，再结合自身的情况，进行口语表达，开展此项活动可以让学生先写出自己想要讲的内容概况，如果时间充裕也可以详细将自己要说的话写出来，但交流时一定是直接说。例如北京版小学语文第六册实践活动3中的口语交际"选择大家熟悉的旅游景点，轮流当小导游向大家作介绍"通过前面学习的《锡林郭勒大草原》《富饶的西山群岛》《游天坛公园》等课文，学生在介绍自己想介绍的景点时就会仿照课文的描写顺序，体现特点的方法，来进行介绍。提高学生的口语表达能力，而且为每个学生提供了锻炼的机会，并领略到最精彩的语言。

语文课程是实践性课程，应着重培养学生的语文实践能力，而培养这种能力的主要途径也应是语文实践。语文实践或当中还要培养学生的其他语文素养，这就需要经常组织语文实践活动，在大量的语文实践活动中体会、把握运用语文的规律。

美的教育

多种形式展开识字教学

苗京辉

摘 要：根据儿童年龄特点，采取各种有效的途径，有意识地激发他们的识字兴趣，拓宽识字途径，培养他们的识字能力。自主探究，培养识字能力；寻找规律，为自主学习打好基础；小组合作，在交往中识字；形式多样，在游戏中识字；拓宽途径，在生活中识字。通过多种形式使学生积极地参与识字教学，处处从学生主体的实际出发，鼓励学生多多实践，学生就能获得成功的喜悦，从而使枯燥的识字教学成为培养学生发现兴趣和热情探索的热土。

识字是写作和阅读的基础，也是学习能力的基础。识字教学是小学低年级语文教学的重点，也是难点。所以，作为低年级的语文老师，我们必须运用多种方法进行识字教学，采用灵活多样的教学方法激发学生的学习兴趣，提高学生的识字能力。

一、自主探究，培养识字能力

叶圣陶先生指出："教学是为了达到不需要教"，"达到不需要教，就是要教会学生自己学习的本领，让他们自己学习一辈子。"因此，在识字教学中，教师的任务不仅在于教会学生认字，还要教给学生识字的方法，培养识字的能力。

在识字教学中，教师运用找相近字、编口诀、加一加、减一减、换一换、联想记忆的方法等帮助学生记忆所学的字。例如：

（一）加一加，减一减，换一换

为汉字做加减法。对已经学过的熟字进行加减得出要学的生字。孩子们很喜欢这种识字方法。

减一减：爸—巴　　多—夕

加一加：大—天—太—木—夫 （加一笔）

禾—香：日—星　日—早 （熟字加熟字）

白—拍：合—给　奇—骑 （熟字加偏旁）

换一换：情—晴—睛—蜻—清—请

（二）形近字比较法

对形近的字，有意识地引导学生进行比较，也可以加深学生对汉字形义的理解。比如：

1. "北"和"比"，两兄弟背靠背"北"，两兄弟齐头向前跑"比"。

2. "渴"和"喝"，人渴的时候要喝水，所以"渴"是三点水；喝水要用"口"，所以"喝"是口字旁。

二、在交往中识字

识字教学是语文教学的一个重要环节。本学期，在孩子们上一学期的识字基础上，我尝试小组合作学习。起初，学生们完全不懂什么叫合作，我从同桌两人的合作开始训练，让学生逐步适应接受这种学习方式。例如，在识字教学初期，我请学生告诉你的同桌，你喜欢认哪个生字？你想怎么记它？交换过来再说，让他们养成表达的习惯。在学生掌握了一定的识字方法后，我就在课堂中，让同桌讨论：用什么办法来记这个字比较好？这种分工明确、操作简易的合作学习学生较感兴趣，并能顺利地进行。当两人合作经历了一段时间，学生已有了初步的合作经验，再结合具体情况分四人小组进行学习。在交流过程中我特别鼓励各小组有不和别人一样的看法，鼓励他们在识字方法上创新。在这种合作形式下，大家畅所欲言，交流自己的看法，既让识字方法在实际运用种体现得更加充分，还有可能发现更多新的方法，增强了学生识字的能力。

三、在游戏中识字

（一）猜字谜

猜字谜是低年级儿童最喜欢的一种游戏，如果能让儿童把某些识字内容编成谜语，通过猜谜来巩固所学知识，既可调动学生的学习积极性，又可通过对谜语的综合分析，培养逻辑思维能力。例如："远看像头牛，近看牛没头，要是问啥字，看看日当头（午）；牛走独木桥（生）；头戴倒八帽，身穿弓字衣，一条腿站立，一条腿跷起（弟）"等字谜激发学生的情趣，活跃学生的思维。

（二）编儿歌

根据字的形和义把生字编成儿歌，也便于识字的形和义。如：天山有点偏，两柱支下边，还有一棵树，架在河两边（桥）；廿字头，口字中，北字两边分，四点下边蹲（燕）等。这不仅让学生掌握了字体结构，更激发了学生的思维。

四、在生活中识字

《语文课程标准》也指出，识字教学要以儿童熟识的语言因素作为语言材料，同时充分利用儿童的生活经验，注重教给识字方法，力求识用结合。我们的生活中处处都有语文，这就提醒着我们应该让学生在课堂上学到的文字知识用于生活实践当中，在生活的"大语文课堂"中去学习语言文字知识，这也正是新课程所倡导的。利用日常生活来识字。如食品的包装袋、广告语、街头的招牌、随处可见的站台的路牌等，都能成为学生生活识字的"学习库"，放手让他们自己积累，收集生字，剪剪、画画、贴贴，就成了图文并茂的"识字本"。商店的名称、超市货架上商品的名称、他们爱看的动画片名字、家中贴的对联等等都是他们识字的资源。每天早读时我会轮流请两位同学汇报最近在课外学到的生字。我还会布置一些趣味作业，比如：有一次我们的主题是"认识家"，我要求同学们将自己的家画在图画本上，并标注上家里都有什么家具、电器，还有家庭成员的名字。这样的实践作业既从学生的兴趣出发，使学生感到生动而有趣，同时也利用生活进行了识字。

另外，我还布置学生课外读拼音读物，交代每个家长给孩子买儿童故事书，现在我班很多的孩子识字量大大提高。

总之，小小汉字，奥妙无穷。识字教学决不能将识字成为学生的负担，应该利用不同的有效的方法对不同的字进行科学有趣地教学。以"趣"为前提，让学生开心识字。自然而然增强了识字的欲望。认识的字数量多了，兴趣有了，孩子们自然就有了尝试的欲望。学生可以用自己喜欢的识字方法大胆地进行识字。在小学识字教学中，灵活地融合上述几点的做法，学生能积极主动参与，在大生活的空间里真正成为识字的主人，从而进一步提高了识字能力，促进学生自主识字愿望，实现了学生自身的发展。

美的教育

小学语文阅读中指导学生积累词句的方法

孙 姣

摘 要：《语文课程标准》对小学生的阅读、积累提出了一定量的规定，并推荐了一些必读及必背的具体篇目。中年级段的学生积累远远不够，这就需要教师去激发学生的阅读兴趣，指导他们学习有效的积累词句的方法，并且学习如何把积累到的词句运用到平时的习作中去。

《语文课程标准》对小学生的阅读、积累提出了一定量的规定，并推荐了一些必读及必背的具体篇目。这一规定使教师的工作有了明确的目的，具有一定的方向性和指导意义。可见让学生从小养成良好的阅读、积累、运用的习惯，是十分重要和必要的。大多数语文老师也许都会有这样的困惑，自从学生升入三年级，作文教学一直是语文教学的一个难点和重点，也是学生感到头痛的一个问题。而如何教作文，一直也是困扰众多老师的一个疑惑。虽然《语文课程标准》中对作文有了明确的要求，对中小学各学段的作文教学也做了具体的规定，但如何具体落实这种要求，用什么有效的办法来解决作文"难教""难学"的问题，依然是摆在每一个语文老师面前的一个重要课题。

作为中年级段的语文教师几乎都有这样的经历，每次布置作文，学生很少有积极主动完成的，大多数都是糊弄了事；而谈到作文教学，我也时常忧心忡忡，虽然自己苦口婆心的反复讲了写作要点，但收上来阅读了全班的作文后也没有几个可以用来表扬的范文。经过一段时间的了解我发现，作文已经成为学生升入中年级段一个普遍存在的难题，学生思想上普遍存在怕上作文课、怕写作文的心理定势。他们认为明明可以用简单的几句话说明白的事为什么要大段大段的去描述，虽然有些勉强达到了要求的写作字数，文章也是干巴巴的，毫无文采可言，整体作文水平令人担忧。

究其原因是学生脑子里没有足够的素材，阅读积累少，导致写作基础较差，质量也不高。学生看到作文题目，脑子里有很多想法，但怎样表达出来，学生的困难还是很大。就是表达出来了也是毫无层次，更缺少优美的语句和恰当的表达方法。叶圣陶先生曾说过："文章写得好不好，虽然决定于构思、动笔、修改那一连串的功夫。但是再往根上想，就知道那一连串功夫之前，还有许多功夫，所起的决定作用更大。那许多功夫都是在平时做的，并不是为写东西做准备的。一到写东西的时候却成了极为重要的基础。"可见阅读积累对习作的重要性。

积累如此重要，但是毫无目的的积累或者毫无方法的积累对于提高写作能力也是毫无帮助的。找到有效的途径可以大大提高积累的有效性和实用性。

一、从课本中挖掘积累的素材

小学语文课本中，每一篇文章都是学习语文知识的重点。有的文章展示的是它的结构美，有的文章渗透的是它的写作手法，有的文章是汇集优美词句的好范文。因此作为语文教师我更注重在课堂上指导学生对名词佳句进行积累，并运用积累的名词佳句进行段落的写作练习，从而强化课堂中好词好句在学生头脑中的印象。比如在教学北京版语文第 7 册第四单元第 15 课《神奇的鸟岛》一课第二自然段时，引导学生理清本段层次是总—分—总的写法，然后作者分别从三个不同方位入手，分别是天空中、满岛和湖水里三个地点描写出鸟的颜色多，数量多，种类多。随后我又指导学生对本段的四字词语进行积累，比如"眼花缭乱、色彩夺目、锦绣画卷、小巧玲珑……"并对本段中用法比较好的动词也进行了说明，让学生说一说这些动词用的怎样准确，怎样精彩。当学生对这一自然段从写作顺序、写作手法、好词好句都清楚明白后，我马上布置了作业。作业内容就是仿照第 2 自然段的写法写一段话，并至少用到刚才积累的词语中的三个词，这项作业就"强迫"学生去更深一步地学习课文的写法，理解课文中这些词语，并把它们用到自己的作文中，从而使这些名词佳句在他们的头脑中"安家"。这样的练习每单元安排两次，大大增加了孩子们的练笔频率。

二、增加学生课外读物阅读量，根据自己的兴趣积累好词好句

中年级段学生已具备了一定的读书能力，因此，应该着重培养学生的课外积累兴趣。为此我在班里成立图书角，为学生提供阅读的时间和空间，鼓励学生多读书，读好书，好读书。另外，建立课外积累本，摘录课外书中的好词佳句，并写下自己的读书体会。一学期下来，大部分学生已积累了两个本子，且他们的积累本包罗万象，图文并茂，让人爱不释手。

三、对积累的词句进行分类整理

"授之以鱼，不如授之以渔"。做任何事情都得讲究方法，如果只是盲目的去做，那将会一事无成，语言积累也是同样，教师要教给学生一定的方法，才能收到事半功倍的效果。学生可以积累的好词佳句很多，面很广。因此我让学生给自己的摘抄本分为几大块：大自然篇、动物篇、植物篇、人物外貌篇、心理活动篇等等。学生还可以根据自己的爱好和理解分设几个其他的小板块。把自己积累的好词佳句分类摘抄到相应的板块中，以便于自己在习作中查阅。

实践证明，毫无运用意识的积累是徒劳的。因此，我在教学中让学生在语言的实践运用中丰富语言的积累。积累是表达的基础，而只有通过运用才能使语言内化完成语言知识的建构，还可以让学生在语言的创造性表达中丰富语言的积累。我在教学实践中主要通过以下几种途径来提高学生的运用能力。

（一）充分利用每节课讲课前的三分钟，开展一些积累语言的活动

可以说说自己积累了哪些好词佳句，也可以说说自己在积累中的心得体会，以小组为单位以比赛的形式开展学生更感兴趣更用心。

（二）坚持写课后小练笔

每学一篇课文，我都要求学生摘抄好词句和精彩片断。如：在学了《我爱家乡的柿子》这一课后，让学生把描写柿子的好词好句摘抄下来，并想一想还可以用在哪些食物上。有一位学生积累了"甜滋滋、垂涎欲滴"等好词之后，他在小练笔中这样写道："我家院子里种了一棵杏树，每到杏儿成熟的季节，院子里都飘满了酸甜的滋味，一想到可以把一个个甜滋滋的

大杏摘下来放进嘴里，都会令人垂涎欲滴。"学生的语言一下子变得生动、形象起来。

（三）上好习作评价修改课

学完一个单元就安排一节习作互评课。课上以小组为单位，每名组员选出自己这单元写得最满意的一篇习作，可以是小练笔，可以是读书感受，可以是大作文。组内互评，组员间互相评一评优点和缺点，充分说出自己对组间其他组员所选出作品的看法，有能力的还可以给出修改意见。如遇到争议可以请教师进行指导，案例如果有指导意义可以组织在班里进行全班讨论。以此提高全班同学对习作欣赏鉴赏和修改的能力。

经过半个学期的实践练习，我发现大部分孩子的写作水平都有提高，而且好多孩子对写作文也不感到头疼了，我相信他们会慢慢改变对写作的态度。我更相信，对写作充满兴趣后，他们的阅读兴趣也会增加，语文素养会进一步提升。

美的教育

多姿多彩的语文实践活动提高学生语文素养

吴国防

摘　要：语文素养是语文能力和语文知识、思想情感、语言积累、思维品质、品德修养、审美情趣、学习习惯的有机整合。语文教学的目的除了让学生学习祖国语言及其各种表现形态（口头语、书面语等），学习利用语言进行形象思维和抽象思维之外，更重要的是：要让学生通过学习祖国语言继承民族精神和人类遗产。提高文化修养，培养高尚情操，形成良好的个性和健全的人格。灵动课堂，应该以学生的学习活动为中心，让学生在每节课中会提出问题、剖析问题、解答问题，养成良好的学习习惯。实践证明，只有让学生积极参与语文实践，才能有效提高学生的语文实践能力，提高学生的语文综合素养。

语文素养是语文能力和语文知识、思想情感、语言积累、思维品质、品德修养、审美情趣、学习习惯的有机整合。语文教学的目的除了让学生学习祖国语言及其各种表现形态（口头语、书面语等），学习利用语言进行形象思维和抽象思维之外，更重要的是：要让学生通过学习祖国语言继承民族精神和人类遗产。提高文化修养，培养高尚情操，形成良好的个性和健全的人格。

《语文课程标准》指出：语文实践活动是新兴的语文教学活动，它整合了语文学科课程和活动课程的特征，它是一种以活动为载体，以学生为主体，以学习语言、形成语文能力为内容，以全面提高语文素养为目标的实践活动，实践性和主体性是它最大的特点。所以开展丰富多彩的语文实践中学语文、用语文，逐渐掌握语文的规律，从而提高学生的语文素养。

语文教学是母语教育，学生学习语文，具有对本民族文化背景熟悉的有利条件，身处在使用这种语言的社会环境中，有丰富的学习资源和大量的实践机会。

一、课前两分钟 提高学生口语能力

"课前两分钟"活动，"课前两分钟"指每堂课上课铃响前的两分钟进行语文学习的专项活动，称之为"课前两分钟"活动，这个时间是学生上台活动。内容和形式主要有：说见闻、讲故事、诵读优秀诗文、佳作简介、好书推荐、名句赏析、小演讲、续编故事、绕口令、词语接龙、对反义词、口头说话、猜谜语、脑筋急转弯等。"今天我给大家讲个故事……""现在我向大家介绍一本书……""我请大家猜几则谜语……"……短短的两分钟活动激发了学生学习语文的浓厚兴趣，既巩固和促进了课堂教学效果，更带动了课外阅读；加快培养了学生的各项能力，特别强化了口头表达和口语交际能力；发挥了学生的特长，促进了学生个性的发展。

二、依托教材 开展语文活动

教材是训练学生的凭借，教学中要联系教材内容，开展灵活多样的语文实践活动。

（一）抓住每个单元主题思想，制作手抄报

教材中的课文文质兼美，本身就是对学生进行语文能力训练的有效载体。教师如果能独具慧眼，就能从中挖掘出值得拓展的主题。如教学《我想发明……》，可确定为环保主题；教学《小喜鹊的两个家》，可确定关爱动物，人与动物和谐相处主题；教学《账单》，可确定为感恩母爱，感恩他人主题；教学《国宝金丝猴》，可确定为保护珍稀动植物，保护生态平衡主题；教学《中国娃》，可确定为中华传统教育主题等颇具个性的主题，并努力地围绕主题选定相应的素材，起到"仁者见仁，智者见智"、"百花齐放、百家争鸣"的效果。

（二）结合教材中的文本，进行听说读写训练

教材中的课文题材多样，有童话、古诗、寓言、现代诗歌……内涵丰富，各具特色，如能取其精华，用其所长，定会收益颇丰。所以在教授课文时，我精心选择，找准训练点。如在学习《账单》一课时，在感受伟大母爱的同时，我设计了一个小练笔，让孩子们跟自己的妈妈写一段最想说

69

的话。在《我希望有一支神笔》中，在分析了每节诗歌的结构特点，写作顺序后，我设计了以"我希望有一支神笔"为开头，展开想象写一段话，展示孩子们的爱心。在讲授《小蝴蝶花》时，我根据课文中最后一段一群小孩子来公园看到小蝴蝶花的对话，设计了一个口语训练"你想对小蝴蝶花说些什么呢？"孩子们根据对课文的理解，自己的思考都对小蝴蝶花说出了鼓励的话……

我们在教学中，一定要用欣赏的目光看待每篇课文。应重视用文学性的语言把学生带进教材，让学生在听、说、读中体会课文的美。这样做，特别能直接培养学生热爱祖国语言文字和中华优秀文化的思想感情。更能直接培养学生的欣赏能力，使学生在作品中直接受到爱国主义教育；社会主义思想品德教育和科学方法的启蒙教育，受到美的熏陶。在教学中，进行多种形式的表情朗读，展现课文描写的形象，抓住课文中有一定内涵的词句即"传神之笔"进行体会，落实语言文字的综合训练。这样做就能从整体上提高学生的语文素养。

三、阅读量是增加学生知识积累的重要途径

语言文字的积累总是与一定的读书量相统一。鲁迅先生对多读书作过十分形象的比喻："必须如蜜蜂一样，采过许多花，这才能酿出蜜来，倘若叮在一处，所得就非常有限枯燥了。"学生书读得多了，积累的语言也多，自然底子就厚实，运用起来便会得心应手。"读书破万卷，下笔如有神"讲的就是这个道理。所以，我会利用每天中午半小时的时间，让孩子们阅读课外书籍，积累好词好句。每月评选一次读书明星活动，孩子们的热情空前高涨。一个人养成了爱读书的习惯，他才会一生都不感到寂寞，他才会完成终身学习的任务，他还会是一个不断提升自己，不断成长的人。古今中外优秀的诗文都包蕴着丰富的人文精华，又是语言运用的光辉典范。俗话说"诵读唐诗三百首，不会写诗也会吟"。让学生大量诵读一些名篇佳作对提高学生的语文修养，丰富学生的语言积累，形成积极健康的人格特征，对培养学生的创新精神和创新才干，具有不可估量的作用。教材的每一册上均有几篇古诗，同时在教学古诗过程中我还会拓展在课外阅读中介绍更多的诗歌，并开展形式多样的诵读古诗活动，如个人朗诵、小组朗诵、全班集体朗读等，也可以让学生给诗配画，画配诗，把诗文写成散文、办小报等。

四、兴趣小组的活动

为了提高学生学习语文的兴趣，我根据学生爱好成立了写作小组、办手抄报、表演课本剧等兴趣小组。每周挤出时间活动一次，每学期末会办班级展示活动。这样，锻炼了学生才智，展现了学生才华。让参加活动的每个同学都体验到成功的快乐。语文课外实践活动是语文教学不可分割的重要组成部分。开展语文实践活动关键是要立足课堂，又要扩充时空，延伸触角，向学生生活的各个领域拓展，创造出一个适合语文创新教育的大语文教育环境。新的课程标准主张学习语文要两条腿走路：一条腿就是教师在课内指导学生学，一条腿是教师鼓励学生在课外自主学。两条腿协调起来，孩子的语文能力会能更快地发展。

总之，语文实践活动的形式灵活多样，我们在教学中还应不断探索，在实践中更新观念，改革教法，让学生在丰富多彩的语文实践活动中提高语文素养和实践能力。

美的教育

浅谈小学低年级音乐五线谱教学策略

马 娜

摘 要：在小学低年级开展五线谱的教学，鉴于学生的年龄特点和接受能力，需要采用直观、有效且能够提高学生兴趣的方法策略，以参与提兴趣，分层次用方法，与记写相结合，循序渐进地进行教学。

《音乐课程标准》指出：乐谱是记载音乐的符号，是学习音乐的基本工具，要求学生有一定程度的识谱能力。教会孩子们识谱的方法，运用各种策略让孩子能不机械地识谱，并能在实践中加以表现，才能使他们的音乐兴趣更好地得以持续与发展，为他们进一步感受和学习音乐打下坚实的基础。著名的指挥家与音乐教育家吴灵芬教授，与指挥家郑小瑛信中曾指出五线谱从视觉上就能给人一个高度、音程、声音调整、横向协作和纵向谐和的感官影响，是简谱无法做到的；而读谱准确是能唱好合唱的基本要求。作为一线音乐教师，我们更应该认识到五线谱教学的重要性，在教学中进行探究与摸索，不断总结形成经验，获得识读五线谱的策略，得以更好地进行音乐教学，使学生在五线谱的学习中得到更实在的音乐能力的提高。

不过，能力的形成绝不是一蹴而就，而必须是日积月累形成的，而低年级尤其是一年级是音准、识谱教学的关键时期，孩子们对新鲜事物充满着新奇的探索愿望，很容易便对书上的"小蝌蚪"产生浓厚的兴趣，在教学的过程中我发现柯达伊的节奏训练和教学方法在学生识谱教学中起到了很好的推进作用，帮助我们更好更快地提高了学生的能力。

一、参与提兴趣

柯达伊教学法曾指出：参与是学习音乐最好的途径。音乐教育的最大特点就是要求学生参与活动，在"玩"中悟、在"玩"中学。新课程标准下的识谱教学也应以音乐游戏来引起学生对音乐的爱好，使兴趣、爱好具有更深、更智慧的力量。如在节奏律动过程中，肯定会出现很明显的强弱规律的律动。像表示火车轮子转动的律动，第一下手臂伸出去，第二下手臂收回来，这与二拍子的强弱规律正好吻合。利用这种契机，趋热打铁，让学生体会二拍子的强弱规律。学习四二拍节拍特点时，我出示小火车的图片，运用火车上的标记，来暗示四二拍一个小节有两拍，并让孩子们运用手中的节奏卡片，拼接出小火车的车厢。让学生通过实践、操作的方式认识、理解，并在活动中提高他们学习的积极性。

小学低年级的孩子还不能很好地理解音符、时值等知识点的概念，所以对于这些知识点，杨立梅老师采用了不同的方法，即用 ta 作为四分音符的节奏名称，用 titi 为八分音符的节奏名称，既朗朗上口、容易发音，又生动有趣，非常符合音乐教学重音乐的活动性体验、轻僵化的知识灌输的教学原则。有效地抓住了音节中 ta 和 ti 的发音特点，并利用到知识的学习当中。

二、方法分层次

柯达伊的一个重要教学原则是：教学中不应该集中地、毫无准备地使学生面对大量困难，因为这会破坏学生对音乐的热爱和对学习的兴趣。在教学安排上，要符合儿童的认知规律，从孩子的实际程度开始，把需要学习的东西拆散成为儿童可以应付得了的部分，一步一步学上去。

如当带小节线的乐谱第一次展现在学生面前时，他们容易把小节线的视觉感受扩大化，喜欢在小节线处加以停顿，从而影响了音乐整体。在杨立梅老师讲解的柯达伊节奏教学法中就充分考虑到了儿童的这一特点，先出现节奏谱，后出现带小节线的节奏谱。也就是，在初学习的时候，可以不给孩子出示小节线，只出示一个个音符的符杆，慢慢地，因为有了上一步骤不断重复的强弱规律的体验，这时在二拍之间插一个小节线，并告诉孩子小节线的意思只在于表示强弱的秩序，这样他们就不会把小节线想入非非了。

总的说来，五线谱对于一年级学生还是陌生的，一眼看到密密麻麻的音符会让他们头疼，为了降低学谱难度，我们可以从最简单的一线谱开始学习。引导学生先认识线间，每个位置上能"入住"一个音符。一线谱有三个位置就有相应的三个不同音高位置，"do re mi"，"mi fa sol"等等。再引导学生进行演唱，同时进行了音准训练，一个时间两个内容，一举多得。学生掌握了一线谱，再进入二线谱、三线谱、四线谱，直到五线谱，完整的认识音阶。同时，也可以结合小手五线谱，五个手指就是五线谱上的五线，手指与手指之间就是五线谱上的间，把从下到上的五个手指分别当做一线、二线、三线、四线、五线；手指间的缝当成一间、二间、三间、四间，用手不断变换地指着"线"、"间"，口唱相应的唱名。这样孩子随时随地都可以练习五线谱，慢慢地就记住音符的位置了。

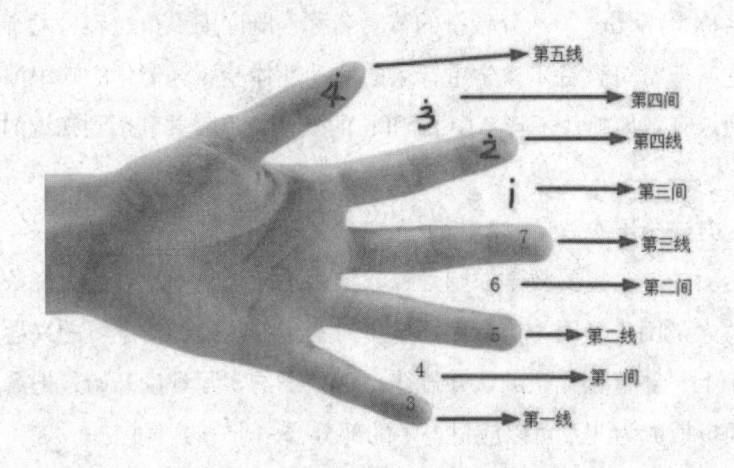

三、记写相结合

匈牙利的老师每节课要拿出三分之一的时间进行写的训练，从小处讲，视觉辅助听觉。音乐看不见摸不着，通过读与写，能够使抽象的声音更加具体形象。进一步讲，对乐谱的分析，是享受音乐自律美的必要工具。如果只能欣赏音乐的他律美，恐怕还只能算是生理反应层面的音乐欣赏，达不到文化反应层面的欣赏。在视觉辅助听觉方面，通过读写，可以使学生从单纯音调模仿学习向借助符号自主感受、认识、表现和创造音乐发展。我们今天的教学是为了学生今后离开我们后还能够更深刻，更广泛地体验、表现音乐。没有读写能力，他们不可能走得更远。再好的头脑也不可能记住所有的细节。

　　辅助节奏记写，对于小学低年级，一定要便于操作，而且直观有效，很多老师都有自己的方法，比如，有的老师采用这种方法，利用小棒代替音符的符杆，让孩子们在桌子上摆出节奏，小棒是数学的学具，在这里被我们的音乐教师活用了。

　　在黑板上进行演示时，也可以采用磁力扣，记写简单，又比较方便取用，孩子们也可以运用自己制作的节奏小卡片，直接在桌子上进行拼摆。

四、通过 Sol、Mi、La、Do、Re 五个音的音高循序渐进学习

　　儿童学习一首歌曲的心理能量的总量是不变的，当一首歌曲一下子出现八、九个音符时，他们就会把全部心理能量用在八、九个音的分辨上，也许还不够，最后的结果对初学的孩子来说只能放弃对音高的辨别，对学习失去兴趣，转而把心理能量用在非音乐性内容的地方，如歌词等。相反，如果一首歌曲只有两个音符组成，他们自然就能把本部分的心理能量用在如何把两个音分辨清楚上，这样对这两音的感受才是清晰的，对这两者的分辨能力才能逐渐生成。从音乐认知的角度来说，音高的分辨是有难度的，音高分辨能力不会自动地生成，需要系统学习。而教学方法符合儿童认知特点，是音准教学有成效的重要前提。所以我觉得在进行低年级的识谱教学时，可以先从两个音的学习开始，老师可以自己写一些或者从学生学习的小儿歌当中选取一部分带有两个音的进行学唱，都是可行的方法，当然，我觉得最开始的选择还是 Sol、mi 比较合适，这个三度音程相比较而言是比较好唱的，同时也是涉及的歌曲比较多的。

在学完 Sol、mi 小三度音程后，可以学习 Sol、La 两个音组成的歌曲。不要立即进入像 Sol、mi、La 这样三个音组成的歌曲学习，这意味着，体会了 sol、mi 三度音程后，先体会 Sol、La 二度音程，在统一了 Sol、mi、La 三个音的音准时，才出现 La、mi 四度音程。这种小步子的教学安排，细腻的认知处理，目的就是为了避免孩子们在音高分辨上的过重负担。

在学习的时候，杨老师提到的带学生进行不带谱号和拍号的五线谱练习，也在降低学习难度的程度上避免了以后学生转调难的问题。

柯达伊音乐教学体系中有丰富的知识技能的学习，但是好的教学实践不是依靠教师来传授知识和概念，而应该是使音乐的知识、概念紧密的联系着学生的音乐感受和实践，由学生自己去发现，去探索。

我们今天的工作是培养二十年后的父亲和母亲们。今天工作的成效是要等到下一代人身上才能真正看到。所以，今天的工作虽是平凡的，却也是伟大的。

开展评选"五星少年"的实践与思考

胡志新

摘　要：随着课程改革实验的进一步深入开展，建立一种多元化、多角度的激励性评价体系，势在必行。我校在新课程理念指导下，建立了学生"争当五星少年"激励性评价方案。本方案的实施，旨在通过对学生发展过程的关注和引导，在一定目标指引下，以"星卡"为激励手段，实施多元化、多角度的激励性评价，让学生体验到成功的愉悦，感受到自身价值的存在，从而满足学生的心理需求，促进学生更好地发展。

学生在学习、成长过程中有被赞美、被鼓励的心理需求。星卡评价强调"宽容学生的失误，发现学生的闪光点，鼓励学生不断进取，获得成功"，多元化、多角度地让学生体验到成功的愉悦，从而满足学生健康的心理需求。

一、五星少年评价的理念

随着课程改革实验的进一步深入开展，建立一种多元化、多角度的激励性评价体系，势在必行。我校在新课程理念指导下，建立了学生"争当五星少年"激励性评价方案。本方案的实施，旨在通过对学生发展过程的关注和引导，在一定目标指引下，以"星卡"为激励手段，实施多元化、多角度的激励性评价，让学生体验到成功的愉悦，感受到自身价值的存在，从而满足学生的心理需求，促进学生更好地发展。

学生在学习、成长过程中有被赞美、被鼓励的心理需求。星卡评价强调"宽容学生的失误，发现学生的闪光点，鼓励学生不断进取，获得成功"，多元化、多角度地让学生体验到成功的愉悦，从而满足学生健康的心理需求。

"罗森塔尔效应"留给我们这样一个启示：赞美、信任和期待具有一种能量，它能改变人的行为，当一个获得另一个人的信任、赞美时，他便感觉获得了社会支持，从而增强了自我价值，变得自信、自尊，获得一种积极向上的动力，并尽力达到对方的期待，以避免对方失望，从而维持这种社会支持的连续性，暗示在本质上，是人的情感和观念，会不同程度地受到别人下意识的影响。学生会不自觉地接受自己喜欢、钦佩、信任和崇拜的人的影响和暗示。而这种暗示，正是让学生梦想成真的基石之一。

二、评价的原则

（一）主体性原则

评价的主体是学生，始终把学生放在"人"的位置上，尊重学生的个性，充分发挥学生自我评价和为他人评价及与他人互评的主体作用，充分体现以学生为主体的思想。星卡评价不仅仅是为了评价学生的过去和现在，更着眼于学生的发展，使学生能在成功后总结经验，从挫折中寻找不足，从而促进学生的智商、能力、人文情感的健康发展。

（二）发展性原则

通过对学生德、智、体、美、劳诸方面进步的赏识和肯定，以体现对孩子幸福成长的期望，并引导孩子达成期望目标。

（三）全员参与原则

全体教师都参与评价，评价体现在教育全过程。

（四）尊重差异原则

孩子是有差异的，教育贵在因材施教，每个儿童都会存在这样那样的缺点，但其权利和义务是平等的，教育重在引导孩子在原有基础上的发展，采取对进步较大的同学进行适当的奖励的办法。

（五）奖罚结合原则

为了避免学生因赞美、激励而造成自我感觉太好，功利性太强的倾向，克服过度激励所造成学生经不起挫折的负面影响，星卡评价建立用黄卡惩罚学生过失，帮助学生改正过失，从而鞭策学生不断进步的激励机制，让学生明辨是非，改正错误，找准努力的方向，使学生具备应有的荣誉感和羞耻心。

（六）激励自信原则

自信是情商的重要内容，也是幸福人生的基本素养，通过行政手段放大激励功能，使孩子拥有更多的受表扬机会，从而激发自信心。

（七）自主管理原则

让孩子了解评价的规则并参与评价管理，要让孩子了解为什么得到评价的原因并有所感悟，自主管理好自己的"星卡"，评价过程要让尽可能多的孩子参与进来。

三、五星少年的评价方法

五星少年的"五星"代表着级别和荣誉，就是指学生通过优秀表现和成绩得到绿星卡或红星卡的奖励，星卡数量多的同学就有资格评为五星少年。

星卡的种类：绿星卡，代表着学生的点滴进步，是学生奋发向上的表现，是学生星卡评价最常用的激励手段；红星卡，代表着荣誉，代表着收获。（十张绿卡换取一张红卡）；黄星卡，代表着学生的过失，表明学生今后努力的方向，从而鞭策学生不断进步。

四、星卡评价的内容及标准

（一）良好习惯

1. 课堂表现。

近一周来，课前准备充分，上课听讲认真，积极举手发言，善于倾听别人的发言，合作能力特别强的可颁发绿星卡1张。（各学科老师颁发）

2. 作业表现。

近一周来，能按时完成作业，书写清楚工整，正确率高、质量较高，可颁发绿星卡1张。（各学科老师颁发）

3. 课外阅读。

近一月来，经常阅读课外书，背古诗和参加其他课外读书活动，兴趣广泛，效果良好的，可颁发绿星卡1张。（教导处委托班主任老师颁发）

4. 日常行为。

（1）模范遵守《小学生日常行为规范》，严格按照"三好课间、十好

习惯"的要求去做，得到师生公认的可颁发绿星卡1张。（由班主任颁发）

（2）一月来，班级严守《班规公约》，爱护公共财物，没有打坏玻璃或破坏财物的现象并得到大家公认的可颁发绿星卡1张。（总务处委托班主任颁发）

（3）严格执行"三好课间"规定，遵守课间纪律，认真做游戏或看书，不影响他人，受到好评学生，可颁发1张绿星卡。（德育干部、辅导员不定期颁发）

5. 工作表现。

（1）近一月来，关心集体、工作尽心尽职，并得到大家公认的可颁发绿星卡1张。（班主任颁发）

（2）近一月来，大队干部、中队干部、执勤员、礼仪队员、鼓号队队员等队员工作出色、活动积极的，由大队委商议后，辅导员颁发绿星卡1张。

（3）"学有特长"。主要奖励少先队员的特长表演，比如国旗下风采展示特别突出、节日庆祝表演获得好评，奖励1-2张绿星卡。（由辅导员颁奖）

（4）"拾金不昧"。学雷锋做好事，拾金不昧，捡到钱物交到辅导员，视情况奖励1-2张绿星卡。（由辅导员颁发奖星卡）

（二）耕耘收获

1. 在德育评比活动中，获得年级第一的班级，全部或部分同学可获得绿星卡1张。（德育处委托班主任颁发）

2. "成绩优秀"，各学科期中、期末测试成绩在班级中取得优秀成绩或进步较快的学生，均可获得绿星卡1张。（语文、数学、英语前五名为主）（由各任课老师直接颁发）

3. 特别进步。班主任和各科教师要关注"绿星卡"总数过低的少先队员，放大这些孩子的优点，进行特别表彰。这是尊重差异原则的特别措施，期末前为"特别进步"同学发放"绿星卡"为少数孩子雪中送炭。（班主任和各科老师发放）

4. 班级经常有组织地为学校、社会做好事，在全校、社会上影响较大的报大队部讨论颁发绿星卡。

5. 特别表现班级星卡，在集体德育活动中特别出色，受到师生一致好评，可以班级每人颁发一张，部分学生每人一张由校长或德育处酌情颁发。（校长或德育副校长委托班主任发放）

（三）取得的业绩

1. 竞赛获奖：

学生个人参加全国、市、区级有关比赛获一、二、三等奖的，分别颁发绿星卡 5 张、4 张、3 张；校级获一、二、三等奖的，颁发 2 张。（校级及校级以上的荣誉由大队部颁发，班级由班主任颁发，学科由任课老师颁发，不得双重颁发）

2. 作品刊发：

学生作文、美术、书法、摄影、手工制作等作品入选全国级的颁发 5 张，入选市级的 4 张，区级的 3 张，校级报刊、宣传窗等阵地入选，颁发 1 张绿星卡，（校级及校级以上的荣誉由大队部颁发，班级由班主任颁发，学科由任课老师颁发，不得双重颁发）

3. 艺术考级：

学生参加电子琴、钢琴、声乐、美术、书法等艺术专业考级活动，每晋一级获绿星卡一张，每次考级要及时换取绿星卡，过一学期作废。（大队部核实后发放）

（四）过错过失

1. 课间在"成长、笃学、求索"路追跑、打闹、喊叫经警告后再犯罚学生黄卡 1 张，并记录班级黄卡一次。（德育干部、辅导员检查记录）

2. 违反学校规章制度和班规队约的同学，（如迟到、乱丢果皮纸屑、上课不守纪律、学习不认真、劳动不积极、乱拿他人东西、不守班规队约等）经警告仍不改者，罚黄卡 1 张。（班主任老师负责）

3. 受大队部通报批评，罚黄卡 1 张；警告处分，罚黄卡 2 张；留队察看，罚黄卡 3 张。（大队辅导员负责）

五、星卡的使用与管理

（一）全体教师都有权利有义务严格按规定使用和管理好星卡，但要防止滥发、乱丢星卡而造成的负面影响。

（二）全体教师要及时颁发好星卡，激励优秀生的同时也要照顾后进生，适当降低坡度，酌情颁发绿星卡。

（三）各位老师对精确、定量的星卡评价，如实按要求颁发；对模糊、定性的星卡评价要严格控制数量，每学期每位任课教师颁发100张绿星卡，班主任另加50张绿星卡，黄星卡5张，教导处100张，总务处100张。

（四）每班派一名星卡管理员，有专人负责登记红、黄星卡获取情况和绿星卡的回收。

（五）绿星卡要在集体场合隆重颁发，说明原因，以发挥正面引导，树立榜样的作用。

（六）红星卡不直接颁发，由星卡管理员到本班班主任处领取红星卡申报单，学生将10次得绿星卡情况进行登记，凭10张绿星卡和申报单即可换取一张红星卡。申报单只3-6年级填写，一二年级不用填表，得到十张绿星卡可从班主任处换取一张红星卡。学校定期公布获红星卡学生名单，以示表彰。表彰后，红星卡由班主任签名存入学生个人习惯成长手册。

（七）黄星卡不直接颁发，当学生过失时，教师要及时给予警告，多次警告不改者，教师出示"黄星卡"警告、提醒，并把黄星卡粘在黑板报"黄星卡警示栏"中，时刻给学生示明今后努力的方向，同时要向学生扣回1张绿星卡。（如果暂时没有绿星卡的，由负责登记的同学记下，得到绿星卡后，补交）扣回绿星卡后，老师必须在一星期内帮助学生改正过失，一周后，确有改正或有进步，老师主动将绿星卡还给学生，并取回黄星卡。教师决不能将学生的过失放任自流，要让学生从过失中寻找不足，找准努力的方向，从而不断改正缺点，完善自我。

（八）要教育学生爱护星卡，丢失不补、涂画、损坏作废。

（九）期末星级少年评选后，各种星卡由班主任收回，上交学校，以便下学期再使用。红星卡贴在学生成长手册。

六、五星少年表彰和奖励

（一）平时要鼓励学生积极争卡，学生每得到1张红星卡时，班主任在班级里及时给予表彰，各年级在年级展板宣传窗"星卡光荣榜"里公布名单，给予表扬，以推动学生争卡的积极性。

（二）每学期期末，各班统计好全班及每位同学的绿星卡数，根据绿星卡数每班评选出五星级少年2-6名；星级少年2-6名，并把星级少年名单上报。

（三）每学期期末，学校召开一次表彰大会，表彰各班评选出来的星级少年，授给五星奖章，可以佩戴胸前，以示荣耀。

（四）五星级少年的名单及照片将公布在校园网、校园宣传栏。

（五）定期开展星卡换购学习用品活动，学生获得绿星卡数作为期末评先的重要依据。

（六）定期组织星级少年称号的学生到航天基地等地参加社会实践活动。

（七）连续三年获得五星少年称号的学生可以获得大兴十小美星奖杯，照片、主要事迹将公布在校园网上。

七、开展五星少年评比后的思考

（一）从方案制定、宣传、到顺利实施，学生的综合素质有了明显进步，学生积极向上的氛围日趋浓厚。拾金不昧、帮助同学、争当五星少年热情高涨，出现了欣欣向荣的景象。追跑打闹的少了，遵守秩序的多了，课上不遵守纪律的少了，积极发言的多了，财物损坏的少了，拾金不昧的多了。第一期的五星少年已经在楼道张贴表彰，组织五星少年亲子社会实践活动，充分调动了学生的积极性和主动性，在各个方面努力表现自己，起到了促进学生全面发展助推力的作用。

（二）教师管理的变化，通过争当五星少年的活动，教师手里多了一个评价的工具，做到了全员参与评价，班主任、科任教师，包括后勤人员，如果班级财物管理很好，没有损坏，都会得到绿星卡的奖励。课上秩序更加良好了，改变了学生只"惧怕"班主任的现象，学校的所有教师都有评价学生的任务，达到了全员德育的要求，促进了学生的全面发展。班主任田如霞老师在管理日记中写道：一张张小小的绿卡，架起了一座座大海上的航灯，打开了一扇扇未开启的大门。绿星卡虽小，但我们合理恰当地运用它，使每张卡发挥它应有的作用，并长期坚持下去，会起到好言一句三冬暖的效果。

总之，五星少年活动的开展，促进了学校教育教学活动的开展，使学生成为了活动的主人，促进了学生综合素质的提高。

提高学生课堂参与度，培养数学学科素养

王秀娥

摘　要：数学学科教学活动是数学学科素养培养的主要途径，学生课堂参与度的高低与教学活动的质量密切相关，课堂参与度是新课改"以人为本"理念的最基本的体现，要求教师在数学课堂教学中，学会以学生的"学"来设计"教"的活动，增强学生课堂教学的参与意识，新授课上，让学生充分体验知识获取的历程；练习课上，让学生通过"辨析"习得巩固；复习课上，让学生通过"关联"将知识系统化。

数学核心素养包含数学抽象、逻辑推理、数学建模、数学运算、直观想象、数据分析等六个方面，数学学科教学活动是数学学科素养培养的主要途径。新《数学学科标准》提出：数学教学活动必须建立在学生的认知发展水平和已有的知识经验基础之上。教师应激发学生的学习积极性，向学生提供充分从事数学活动的机会，帮助他们在自主探索和合作交流的过程中真正理解和掌握基本的数学知识与技能、数学思想和方法，获得广泛的数学活动经验。新标准揭示出教学活动的本质是一种沟通，一种合作。学生是数学学习的主人，教师是数学学习的组织者、引导者与合作者。随着教师教学观念的逐渐更新，传统教学模式也在不断发展变化，被赋予很多新的内涵。很多教师对"学习"的本质有了更加深刻地认识，让学生了解某种知识并记住是学习，让学生习得且巩固是学习，同样，让学生体验探求知识过程中的艰难与喜悦也是学习，让学生在一系列合作、探究中逐渐累积能力更是学习，这些"学习"都离不开学生的"参与"。也曾经观摩过一些号称"课改"的课堂，学生围桌而坐，教师退避一隅，孩子们一次又一次不断地展开热热闹闹的讨论，走马灯似的上台汇报，教师倒成了看客。初看倒也唬人，教师退得远远地，貌似把课堂全盘端给了学生，细细

揣摩，每个学生在讨论中参与的程度如何？不同学生的获得又是怎样？缺乏教师引导的课堂是否欠缺高度深度呈现平平走势？学生的讨论是否紧扣学习内容本身……看来，如何科学合理地处理课堂上的"教"与"学"，值得一线教师认真思考。我们追求的参与力求是一种"真参与"，强调学生学习的"实际发生"与"实际获得"的"参与"。

学生课堂参与度的提高是新课改"以人为本"理念的最基本的体现，要求教师在数学课堂教学中，学会以学生的"学"来设计"教"的活动，培养学生课堂学习的参与意识，充分发挥其主动性、积极性、自觉性、能动性，提高学生课堂参与的广度和深度，在掌握知识的同时，也培养了学生学习的能力。数学教学是数学活动的教学，是师生交往、互动、共同发展的过程，是教学的重要组成部分，学生在活动中一方面能充分展示他们的才能；另一方面能促进学生与学生之间合作学习。有效的数学教学应当从学生的生活经验和已有的知识背景出发，向他们提供充分的从事数学活动的机会，在活动激发学生的学习潜能，引导学生积极从事自主探索、合作交流与实践创新，促进他们在自主探索的过程中真正理解和掌握基本的数学知识技能、数学思想方法，获得广泛的数学活动经验，提高解决问题的能力，学会学习，进一步在意志力、自信心、理性精神等情感与态度方面得到良好的发展。

一、新授课上，让学生充分体验知识获取的历程

在常规教学中，新授课是学生获取数学知识的重要渠道，而怎样"获取"关系到学生学习的能力，越来越多有见地的教师认识到"让学生亲历学习过程"比知识本身更加重要，让学生通过"探究活动"发现新的知识，在"合作交流"中形成明晰认识，在一次又一次的参与式学习中形成数学学习能力。

在"数与代数"领域教学中，发现解题的方法，探寻其中包蕴的算理，都能成为教师设计"参与环节"的切入点。在东北师大附小听到这样一节以计算为教学内容的数学课"两位数乘法"，教师出示数学信息"卫星绕地球一周需要114分钟"，然后发问，绕3圈需要多少分钟呢？绕30圈呢？

很显然，教师在复习之前学过的乘数是一位数和乘数是整十数乘法的运算方法，因为这些内容与本节课相关，需要提前复习做好铺垫。然后，教师继续发问，如果绕21圈需要多少分钟？学生顺利列出算式，但是乘数是两位数，学生遇到挑战，进行至此，也许有些教师就会开始讲解利用竖式解决计算问题，"讲方法给算理"，学生听明白后开始练习巩固，但是年轻的教师并没有采用这样的方式，而是把问题抛给了学生，先让大家估计一下大概是多少，然后让学生独立学习，探究计算方法，之后在小组内进行思考的交流，并且讨论算法的合理性，小组推荐一种方法在班里汇报。学生安静下来，看着他们脸上专注的神情，可以看出此刻的参与有多么投入。在班级汇报时，算法多样性得到充分体现。

方法一，分解列式，114×20=2280,114×1=114,2280+114=2394;

方法二，表格式，

×	100	10	4
20	2000	200	80
1	100	10	4

2000+200+80+100+10+4=2394

方法三，竖式法。教师对于竖式的方法给予引导，有了前面的认知，学生对于列出的竖式的算理有了更深刻的了解。

这节课引发我很多思考，年轻的教师敢于放手，除了说明理念新，更说明她对自己的教学决策与调控能力有信心，不担心一些意外情况的出现。曾听过一些研究课，貌似流畅顺利，其实深究起来，还是教师在牢牢掌控课堂，这样稳而顺的课堂，却很难引发听课者的共鸣，总让人感觉缺乏生机。

"图形与几何"领域的教学，从想象到动手实践，都可以成为学生积极参与的"平台"。参加杭州"千课万人"活动中，很多数学名师的课总能让人眼前一亮耳目一新。浙江名师顾志能老师讲授了"确定位置"一课，教师独具匠心的设计，幽默睿智的课堂表现，令人钦佩。一上课，教师设计了"为小蜘蛛找位置",外框是个长方形,老师仅仅在下面的横线上标记了数字,当小蜘蛛运动到对着数字 2 的位置时,让同学用语言表示,有的说"在2的正上方",但是立刻有学生辩驳,"2的上边是一条直线,不够准确",有的又说,"横向2厘米,纵向1厘米",孩子依据之前横线标记的标准,在头脑中又有了纵向的"轴",学生纷纷表示还需要再画一条"竖"的线,老师在学生的"指导"下完成操作,再次让学生用自己的方式准确表示出蜘蛛的位置,答案五花八门,"21","2—1","2上1处","横2竖1",此时教师引出"数对"的知识,由衷的赞叹孩子们"重走了数学家笛卡尔的道路",并且通过棋谱和几何图形,对知识进行拓展延伸。整堂课教师完全把学生推到前台,培养孩子做"发明家",使其对于学习有强烈的需求感。

又比如小学阶段平面图形面积公式的推导,记住一个公式并能够应用并不是我们教学的唯一目的,让学生在折、剪、拼、摆、思、议等一系列实践活动中,提高探究的兴趣、培养问题解决的能力、感受"转化"的思想更为重要。

研读课程标准我们会发现,它一直在强调学习方式的变革,好的课堂教学不仅要生成知识,更要生成问题,不怕孩子出现错误,当我们把学生的错误当成"课堂资源之一"的时候,课堂上就能发生更多"真正地学习",课堂也就更具"内涵"。

二、练习课上,让学生通过"辨析"习得巩固

数学学习中,学生明白了算理、知道了方法、认识了规律并不代表对知识完全掌握,教师要精心设计练习的题目,这种练习不是新授例题的简单重复,而是"举一反三"中的"三",要能够延展学生的思维,作为例题引申层面的必要补充,使得例题充实起来,促使知识不断系统化网格化。

聆听了一节低年级的练习巩固课,教学目标就是巩固一百以内的数,教师请每个学生都要随机写出一个两位数,故作神秘地对学生说"不要告诉任何人,用数学的方式向大家进行提问",一个孩子第一个举起小手"我写的是两个十和五个一,请你猜猜是多少",还有一个孩子说"个位是九,个位上的数比十位大二",也有学生说自己写的数在31和29之间……教师

也在黑板上出示了一道练习题，"一个两位数，它个位上与十位上的数字之和等于十，请你写出这些两位数，学生汇报之后，还总结了方法，那就是"怎样可以写全面"，感受到数学教学中的"有序思考"。相比教师给定几道练习题目，组织学生训练的形式，这样的方式更能激发孩子们主动参与的兴趣，并且需要在头脑中将所学知识进行整理，使其建立起必要的关联，辨析中巩固习得知识。

三、复习课上，让学生通过"关联"将知识系统化

复习课不是对之前知识的简单复现，而是要引领学生将一段时间所学的零散知识进行梳理加工，将单一知识点串联成"知识树"，牢牢扎根于学生头脑中，逐渐系统化。

例如在复习平面图形面积这部分知识时，学生头脑中已建立各个平面图形面积公式，并且根据公式能够解决一些简单问题，在复习的时候，重点是要将这些零散知识点之间建立联系，学生以小组为单位，通过绘图重现平面图形面积公式的推导过程，在推导中探求各个平面图形之间的关系，并且将这种联系以书面形式进行展示。

课上，教师进一步放开手脚，把学生推到前台。教师预先让学生绘制数学手抄报，回顾平面图形面积公式的推导过程，课上，组织学生在小组内交流，然后以小组的方式进行汇报，把思维用语言表达出来，一方面说明思维清晰，另一方面说明知识有条理性，既有个人学习成果的梳理与展示，也能够在倾听他人的汇报中获取新的感知，在头脑的知识间不断建立联系，形成系统。

苏霍姆林斯基指出："学生需要自由活动时间，就像健康需要空气一样。"因此，教师要为学生最大限度地提供参与数学活动的时间和空间。课堂教学中，教师尊重学生的学习自主权、独特思维方式、活动方式、独立性、差异性，从而产生了学生学习方法的个性化和多样性。学生在教师帮助点拨下理解概念，自读例题，开展观察，动手操作，比较猜想，辨析交流，自主探究，数学素养得到长足的长进。

在课堂上关注学生主体性发挥，并不排斥教师的"导"，课程标准中明

确指出，教师要发挥主导作用，处理好讲授与学生自主学习的关系，从激发数学学习兴趣、引发数学思考、培养良好学习习惯、形成适当学习方法等方面展开研究，创建学生主动参与的富有生命力的数学课堂，学生主动学习与教师适时引导相得益彰，学生的广泛参与会让课堂更加"灵动活泼"，教师的恰当引导会让课堂更具"丰润内涵"，从而实现提高课堂效能、促进学生学科素养发展的目的。

激发兴趣，快乐参与

盖艳敏

摘　要：在教学实践中，学生的参与度或参与质量不高，已成为一个普遍现象，只有主动参与课堂活动，才能真正经历学习过程，从而理解学习内容。那么怎样才能让全体学生都参与到数学课堂的学习中来呢？如何提高学生的参与度与参与质量呢？关键还是提高学生的学习兴趣，感受学习数学的乐趣，从而增强学生的参与意识。

在数学课堂上，无论是哪个年级，都能看到这样一幅景象，有些同学听的津津有味，互动频频，而有些同学无论老师讲的多么慷慨激昂都一副事不关己的状态，或目光呆滞，或开小差，或在小组活动时滥竽充数。这两种截然不同的状态总能形成鲜明的对比，这不禁引起我的反思，到底问题出在了哪里，怎样才能让全体学生都参与到数学课堂的学习中来呢？学生在课堂上参与度的高低直接影响了学生的学习效率，因此在教学中，作为教师则应充分调动学生学习的积极性，让学生对数学学习产生兴趣，让学生在数学课堂里乐在其中。那么，如何提高小学数学课堂学生参与度呢？结合我的反思与实践，我有以下几点看法。

一、利用原有的知识经验，降低新知识的难度

数学是一门抽象性、逻辑性很强的学科，有学生不喜欢学数学的一个主要原因就是觉得数学太难了。面对枯燥的数学符号，复杂的数学公式，不妨把这门看起来很深奥的学科变得容易一些，把那些陌生的新面孔转化成学生已经熟悉的老朋友，让学生对新知识不再恐惧。

例如，在教学平行四边形的面积这一课时，可以将平行四边形进行切割、平移，转化成学生熟悉的长方形，此时不难发现长方形的长就是平行四边形的底，而长方形的宽就是平行四边形的高，根据长方形面积=长×宽，很容易就能推导出来平行四边形的面积=底×高。通过这样一个巧妙的转化,便降低了新知识的难度,同时也能让学生感受到图形的奇妙之处。

二、设置认知冲突,提高学生的课堂参与度

小学生的好奇心强,对未知的事物充满求知欲,在教学中,创设有效的认知冲突,不仅能够激发学生数学思维的有效提升,同时还能培养和发展学生的数学能力。面对这些认知冲突,学生会迫切地想要知道原因,不仅激发了学生学习的兴趣,同时也提高了学生的课堂参与度。让学生在探究的过程中,感受数学的魅力。

例如,在教学长方形与正方形面积一课时,可带领学生探究周长与面积的关系,周长长的图形,面积是否就一定大?周长一定时,什么样的长方形面积最大?怎样验证?通过这样一系列的问题,层层深入,不断设置认知冲突,使学生始终处于一个不断发现问题和解决问题的过程之中,有助于激发学生的求知欲望和参与欲望。

三、采用多种教学形式,激发学生参与的积极性

学生的课堂参与度低,很大一部分原因是感到学习数学太枯燥。面对这样的情况,教师应尽量创设丰富多彩的课堂情景,让学生对数学学习产生浓厚的兴趣,感到数学好玩,这样学生才能喜欢上数学,有了学习兴趣,才能更好地参与到数学的学习中来。

(一)创设游戏环节,寓教于乐

对于小学生而言,尤其是低年级的学生来说,游戏的形式是学生最喜闻乐见的教学形式。小学生学习全凭兴趣,枯燥乏味的数学知识学生会非常反感,而把数学知识的学习与巩固与游戏相结合,不仅能够活跃课堂气氛,还能调动起学生学习的兴趣。

例如,在教学20以内数的加法的时候,就可以让学生玩手指加法的游戏。两个同学一起玩,开始时每只手伸出一个手指,当我用一个手指碰到你的一个手指时,"1+1=2"我的这只手就变成了2,当你用一个手指碰到我的两个手指时,"1+2=3"你的这只手就变成了1,以此类推,数与数之间互相组合,谁先累积到整10谁就可以藏起一只手,两只手藏完算赢。这个游

戏不仅能巩固凑十法，还能锻炼学生20以内数的口算能力，同时带来了很多乐趣。

（二）设计竞赛内容，激发学生的竞争意识

在学生学习了新知识之后，设计一个小竞赛是最常用的教学环节。在新授内容之后设计一个小竞赛，不仅能让学生的注意力高度集中，在巩固刚刚所学知识的同时，全员参与的竞赛环节，还能培养学生的竞争意识和团队精神。在设置小竞赛的内容时，一般以数与代数领域的内容为主，主要考查学生计算方面的能力。例如课堂口算小竞赛等。

（三）充分利用直观模型，增加动手操作、观察的环节

数学是一门抽象性很强的学科，所以在学习时可以利用教具、学具、画图等直观模型帮助学生理解和掌握，使知识变得更加直观形象。同时在动手操作的过程中，不仅能够使学生的注意力集中到直观模型上来，增加思考，还能通过直观模型帮助学生获得解决一类问题的策略，并获得学习的方法。

例如，在一年级学习20以内数的加减法时，可以利用小棒、计数器等学具，帮助学生理解凑十法、破十法，以及进位、退位等相关知识。在解决实际问题时，可以借助集合图、线段图等方法，帮助学生分析各个数学信息之间的数量关系。

（四）通过小故事吸引学生倾听的兴趣

故事是最能吸引人并激发人的兴趣的，若能把题目用故事的形式表达出来，不仅能够使题目变得简单容易，更能使课堂的氛围变得轻松活泼。若上课伊始，用一个小故事引入，能够从一开始就吸引住学生的注意力，对整堂课的内容都产生兴趣。若能用一个故事贯穿整堂数学课，环环相扣，更是能紧紧地抓住学生的注意力。同时，在教学过程中也可以给学生讲一些数学家的故事，让学生了解数学的历史，并激发学生学习数学的兴趣。

（五）增加挑战，提高学生探究的欲望

数学的学习过程本就是发现并提出问题，分析并解决问题的过程，如果整堂课的内容过于平淡，对学生来说没有什么难度，那么学生对课堂的

兴趣也会逐渐降低。相反，若在课上设置一些学生"垫垫脚"或"跳一跳"就能够到的难题，不仅能激起绝大多数学生学习的热情，激发他们的好奇心，还能使课堂的气氛活跃起来。而学生在挑战这些问题的过程中，能够使学生的思维处于兴奋状态，并感受成功的喜悦，从而达到意想不到的学习效果。

四、建立数学与生活的联系，增强学生参与的兴趣

有些学生课上听讲不专心，思考不积极，对数学学习提不起兴趣来，可能是觉得数学没用。的确，复杂的图形，枯燥的数字和符号，很容易让学生产生一种遥远感，从心里就排斥这种"既不好玩又没用"的学科。对于这种情况，当务之急就是要建立起数学与生活的联系，让学生知道数学知识与生活密切相关，在生活中能够发挥很大的作用，利用我们所学习的数学知识能够解决生活中的很多问题，让学生感受到数学就在我们身边，对数学学习产生浓厚的兴趣，从而主动参与到数学的探究和学习中来。

五、建立平等、和谐的师生关系

在数学课堂上，拥有平等、和谐的师生关系也是提高学生参与度的一个重要途径。把微笑带进课堂，语言温和、和蔼可亲，营造出一个轻松愉悦的学习氛围。同时，充分尊重每一个孩子的想法，保护孩子们的创新意识。放低姿态，"蹲下来"和孩子们一起参与到学习活动中去，和孩子们一起"玩数学"。与其让学生对老师产生畏惧感，不如去做学生的朋友，让孩子们在数学课上真正地放松下来，全身心地投入到数学的学习中，就像是与一个大朋友一起交流一样，让孩子们能够在课上大胆地参与，展示自己最真实的想法。只有学生把数学课堂学习当成是一件轻松、快乐的事情，才会积极主动地参与到学习活动中去。

六、善于抓住学生的闪光点，增强学生的自信

对于学困生来说，积极地参与到课堂活动中来是一件十分困难的事情。不仅仅是因为这些学习活动对于他们来说难度稍高，有时候可能只是一些心理暗示，导致他们认为自己一事无成，从而破罐儿破摔，对学习失去了信心，不主动参与甚至不参与课堂的学习活动。对于这种情况，我们要学

会欣赏每一个孩子，并抓住他们身上的闪光点，增强学生的自信心，在有些方面让他们知道自己其实也可以做得很好。

每一个学生都是一颗会发光的钻石，我们要做的是抓住他们身上的闪光点，或许我们抓住的这个闪光点将会是这个孩子人生的一个转折点。在成长的道路上，每个学生都会犯许多的错误，而这些错误恰恰就是他们成长的阶梯。我们要学会赞扬学生，包括他们的闪光点与错误。只有当学生能够正视自己的缺点与不足，肯定自己的优点与长处，才能够更加自信地参与到学习活动中来，取长补短，取得更大的进步。

学生是学习的主体，在课上教师要充分调动起学生学习的积极性，引导学生动手、动口、动脑，只有主动参与课堂活动，才能真正经历学习过程，从而理解学习内容。而在数学课堂教学中，要想提高学生的参与度，究其根本就是要激发学生的学习兴趣，让学生感到数学学习的乐趣，愿意并乐于积极地参与到课堂学习的过程中来。将"要我学"转变成"我要学"，让学生从心底感到"我爱学"。

美的教育

浅谈小学数学课堂教学中数学素养

——数感的培养

高文美

摘　要："大估""小估""中估""凑调估"……这是吴正宪老师课上引导孩子们为自己的估算方法起的名字，它直观的反射出学生的数学素养之一数感。所谓数感是一个人对数与运算的一般理解，这种理解可以帮助人们用灵活的方法作出数学判断，并为解决复杂问题提出有用的策略。那么，如何在小学数学教学中培养学生的数感呢？一、在生活体验中,借助形的直观建立数感；二、在表达与交流中形成数感；三、在比较中发展数感；四、在解决问题中强化数感。

什么是数学素养呢？数学素养——指人用数学观点、数学思维方式和数学方法观察、分析、解决问题的能力及其倾向性，包括数学意识、数学行为、数学思维习惯、兴趣、可能性、品质等等。数学是一门知识结构有序、逻辑性很强的学科。数学知识的学习过程，必须遵循数学学科特性，通过不断地分析、综合、运算、判断推理来完成。"大估""小估""中估""凑调估"……这是吴正宪老师课上引导孩子们为自己的估算方法起的名字,它直观的反射出学生的数学素养之一数感。课程改革这么多年了,这里我想谈一谈有关小学生数感的发展。所谓数感是一个人对数与运算的一般理解，这种理解可以帮助人们用灵活的方法作出数学判断，并为解决复杂问题提出有用的策略。那么，如何在小学数学教学中培养学生的数感呢？

一、在生活体验中,借助形的直观建立数感

数学来源于生活，发展学生的数感离不开学生的生活经验。数感主要不是经过传授来培养的，重要的是让学生自己去感知、发现和探索。我们再借助点子图、计数器、数线、小棒、方块、"数轴"、格子图等,在现实背景下感受体验同时，更具体更深刻地把握书本上数的概念，建立数感。

例如：一年级学 10 以内的数的认识，请学生说出现实生活中用"1"表达的事物。学生列举出：1 本书、1 只小鸟、1 棵树、1 根小棍、1 座山、1 串葡萄、1 捆小棒……学生通过学习理解"1"可以表示一个个体，可以表示很大的物体，也可以表示很小的物体，渗透了"1"中有多，多中有"1"的思想，最后出示书上十格图，代表 1 并在直尺上找到 1。再如负数的学习，可以帮助学生把坐电梯看温度计的经验迁移到数轴上，建立这些具体数量和数学知识间的联系，加深对数的意义的认识。长此下来，学生就会用数学的眼光，自己去观察，认识周围的事物，用数学语言来表达与交流。从而在生活中体会了数的含义，在现实中初步的建立数感。

二、在表达与交流中形成数感

学生学习 100 以内的数的认识时，可以根据自己的需要，一个一个地数、两个两个地数、五个五个地数、十个十个地数、二十二十地数……譬如，介绍大兴十小 1203 室。其中 1203 室中的"1"表示第 1 层，"2"是表示这一层的第二段，03 表示这一段的第三个门。再如，小红的身份证号码是"110224199805202226"中"110"表示北京，224 表示大兴区，接着的 8 个数字表示 1998 年 05 月 20 日出生，剩下的 3 个数字表示同日出生的编号，其中最后一个数字单号表示男的，双号表示女的。请同学们也来编一个代码并说明其含义。这样，让学生在参与信息的交流中，体验数在人们的生活、工作和现代信息社会中的作用和价值。丰富了学生对数的认识，进一步发展了数感。

三、在比较中发展数感

通过教学，要让学生在具体的情境中把握数的相对大小关系，不仅是理解数的需要，同时也会加深学生对数的实际意义的理解。对于 19、24、86 这几个数，我们可以说："19 比 24 少一些"；"19 比 86 少的多得多"；"24 比 19 多一些"；"86 比 19 多得多"等从不同的角度论述它们之间的关系，使数感得到发展。在教学"计量单位"后，可设计一些本身蕴含着估算价值的实例让学生进行练习。如一根跳绳长约（ ），操场跑道长约（ ）我们学校大约有学生（ ）人；一袋苹果4（ ），一支圆珠笔长（ ）等。再如，"李芳月收入是1590元，王亮月收入是1328元。估计这两人月收入一共多少元？"不同学习程度的学生的估算策略有所不同，有的说："1500 加 1300 等于 2800，90 加 28 大于 100，因此，它们的和比 2900 多一点"；有的说："1590 接近 1600，1328 接近 1350，因此它们的和比 2950 少；有的说："这个数比 1500＋1300 大，比 1600＋1400 小"，这些估算方法都是对的。这让我想到吴正宪老师课上出现的"大估""小估""中估""凑调估".学生交流各自的估算方法中，逐步养成估算意识，从而使学生的数感得到进一步发展。

四、在解决问题中强化数感

前苏联教育家赞可夫说过：从学生生活经验中举出的例子，将有助于他们把所学习的概念跟日常生活中十分熟悉的事物之间建立起联系。只有当学生把所学知识与生活经验联系起来，才能更好地掌握知识，内化知识，使学习者与真实的实践有效地联系起来，强化数感。吴正宪老师在《解决问题》一课中，最初从情景中引入，猴哥哥摘 7 个桃子，猴弟弟摘 4 个桃子，学生提出："一共摘了多少个桃子？"之后吴老师修改了第一个条件为哥哥比弟弟多 4 个，求桃子一共多少个？这样一步实际问题变成两步实际问题。对于问题一，学生无争议地回答出 4+7 后，吴老师又用图形语言刻画出来，潜移默化地引导学生认识画图这一解题策略；对于问题二，面对学生的两个答案是 4+7=11？还是 4+3+4=11？吴老师没着急讲解，引导学生问学生，学生答学生的：

学生 1："那个 7 哪里来的？"

学生 2："我写在心里的。"

生 1 又问："你写在心里别人怎么知道？"

师说："把心里的想法写出来，数学是全世界通用的，你要把想法用算式表现出来，这就是它自己的规则，大家都要遵循这个规则。"

吴老师让学生自己用图形语言寻找解决问题的思路；然后发动学生在讨论中用图形语言显示出解决问题的结果，引导学生一步步将图完善。汇报同时，建立图和算式之间的关系，细致到追问"4"到底是谁的，"弟弟的、哥哥的"学生从最初的"不懂"到后面的"懂了",一步一步,数形结合的思想慢慢渗透。整堂课吴老师用儿童的语言用儿童的方式让二年级的学生在最后的汇报时,深刻地理解了解决问题的四步骤:"画图—先分析—再实施—回头看。"最后当吴老师问到学生第四步要干什么时,学生都说不上来,这时一个小女孩勇敢地说:"我们要回头看一看,看和我们以前学习的知识有什么联系。"此时,会场上响起了一片掌声。孩子们在反思中不仅梳理了知识,更收获了数学的思想和方法!在圈圈画画中,学生们感受到了"画图"分析的好处,不知不觉地应用"四部曲"解决了实际问题,使之成为自己的解题思路,潜移默化中强化了学生的数感。

  我想,随着数感的建立、形成、发展和强化,学生的数学素养也会在潜移默化中得到提高。

有效提高小学数学课堂学生参与度

钱 欢

摘 要：学生在课堂上参与度高，可以有效调高学生课堂的学习效果。小学数学课堂参与度可以从教学设计与课堂教学来提高。学生的参与度高可以让学生更好地理解和掌握知识，并能更有效的培养学生良好的学习习惯。

学生在课堂上参与度高，可以有效提高学生课堂的学习效果。提高课堂的学习效果也可以减轻学生的作业量负担，为学生减负，还可以让学生更好地理解和掌握知识，并能更有效的培养学生良好的学习习惯。

一、教学设计时

教师在备课时需要考虑学生的已有知识，并结合学生的年龄特点，以及学生已有的生活经验来进行教学设计，进行教学设计时还要考虑到不同学生的已掌握的知识层次，有易有难，层层深入才可以有效提高学生的课堂参与度。

（一）明确学生已有知识需要教师深入理解课标，研读教材，知道学生对知识点需要掌握到什么程度，切不可模模糊糊，或是设计过深难度。例如学生在一年级时学习长方形和正方形只需要能够辨认，到了三年级上要掌握长方形和正方形的特征，探索并掌握长方形、正方形的周长公式以及面积公式，并能够运用公式解决一些简单的实际问题。

（二）结合学生的年龄特点进行教学设计十分关键，低年级段的学生本身掌握的知识较少，语言表达能力也不是很强，设计时可以多用一些图形帮助学生理解，可以根据知识点设计富有童趣的教学活动，让学生可以在玩的过程中学会知识。中年级段的学生已经具备一定的知识储备，并可以有逻辑的叙述事情，阐述自己的观点，但年龄相对还是较小，还是愿意

"边玩边学",这就需要教师在教学设计时,除了注重知识点的教学还要适当加入让学生可以身体力行理解知识点。高年级段的学生已经掌握了小学阶段大部分知识点与学习方法,设计时多偏向于锻炼学生思维,让学生独立思考与小组合作来解决问题,教师适时提示指导。例如在教学认识方向时,先要认识周围的东、南、西、北四个方向当学生能够辨认教室的东南西北之后,可以组织学生做一些动作,例如面向北,左手指向西,右手指向东,左脚不动,抬起右脚指向南,学生在做这个金鸡独立的动作时会特别开心,并且记住面北、背南、左西、右东的口诀可以解决以后遇到给定一个方向去求另外三个方向。

（三）学生年龄的不同,家庭情况的不同,接触过的事物也有不同,这就需要教师了解学生。教师要经常和家长沟通学生的在校表现,适时家访,了解不同学生的生活环境,回家后的生活习惯等等,对于某些家庭不和谐,或是单亲家庭等特殊情况教师更要注意多给予关注。

（四）一个班级中的学生也存在差异,有些学生成绩优异基础扎实,有些学生成绩一般基础较扎实,有些学生成绩落后基础较差,这就需要教师在做教学设计时设计难度合理的题目,既能让学困生理解掌握知识,也能让优生发展思维,若设计偏难,学困生就会失去学习兴趣,若偏易,优生会不愿去思考,因此在理解并掌握知识点的情况下还要安排不同的分工或是设计不同层次的练习题。例如在教授完面积单位厘米^{2}之后,让学生去用小正方形测量公交卡等小物件的面积。很快测量完成的学生让他们用$1cm^2$的小正方形测量桌面的面积,善于思考的学生就会发现测量单位偏小不适合测量需要用到更大的测量面积的单位。

二、课堂教学时

学生参与度既包括学生参与的广度也包括学生参与的深度。

（一）参与度的广度

广度既注重参与人数的多少。课堂教学中教师除了指明问答外,应多注重能让多数学生或是全体学生参与的活动,从引入开始,不论是复习式引入、谈话引入、还是趣味性引入,教师都要让学生全员参与,让所有学生都进入到学习的状态,例如在新授解决问题课例题时,先让学生自己读题,找出数学信息,自己分析,然后再进行小组内的互相交流,再指名汇报全班讨论。再如学习整理数据时,让学生先进行收集每个人的身高,尽量多的收集,然后再一起整理数据。这样相较于只是整理给定的数据学生能更好地掌握整理数据的意义。

(二)参与度的深度

深度即注重一个问题思考的程度。课堂教学过程中教师还要能根据课堂情况灵活组织教学,学生是学习的主体,当学生遇到困难,不能顺利解决问题时,要给学生充足的时间进行独立思考,若自己仍然不能解决问题,可以让学生与同桌或在小组内讨论,说说自己的思考,听听其他同学的思路,不要直接告诉学生答案可以适时的引到提示,尽量让学生自己得出答案。例如在教学合理安排时间时,给学生充足的时间自己感受情景,理解题意,部分学生可能会用像语文排列句子一样的思考方式将需要做的事情直接排序,这时教师可以提醒学生洗水壶是最先要做的,然后接水,再来是烧开水需要 6 分钟,这 6 分钟是否可以去做一些别的事情,学生很容易就会受到启发,发现烧开水的同时可以去洗茶壶洗茶杯和拿茶叶。

教师基本功扎实,备课认真,但如果和学生的关系不好,学生也不会在课堂上积极配合教师。只有教师和学生关系友善、和谐,学生就会更加愿意与教师互动,认真思考教师提出的问题,并大胆地表露自己的观点。所谓"亲其师信其道"就是这个道理。做一名让学生喜欢的教师要尊重每一名学生,多与学生交流、一起参加活动,将能更好地提升学生的课堂参与度。

如何在小学数学复习课中提高学生课堂参与度

杨玉芳

摘 要：学生往往感觉复习课枯燥缺乏新鲜感，参与度不高。如何把复习课上的生动让学生喜欢，就必须发挥教师智慧。我从三方面做了尝试：1. 把课堂教给学生，提高学生课堂参与度。2. 以方法化难为易，提高学生课堂参与度。3. 用评价机制，提高学生课堂参与度。总之教师要改变学生的学习方式，多给学生思考的时间和表现的机会，让学生动起来，让课堂活起来，让他们在每一节课都感到开心快乐，都能获得成功的体验，才能使学生从学会到会学，最后到好学的境界。

提起复习课，学生往往认为无非是知识的重现，或是永远做不完的试卷。好学生觉得简单枯燥，课堂缺少新鲜感。学困生感觉没有头绪，弄哪儿哪儿不会，因此参与兴趣不高。今年，我担任小学六年级数学课，学生毕业前将近有一个半月的总复习时间，那么如何在这漫长的复习阶段，把这枯燥乏味的复习课上得有生气、有激情、学生能够喜欢呢？下面就谈谈我的一些简单做法。

一、把课堂教给学生，提高学生课堂参与度

高年级的复习课，老师完全可以放手让学生自己对知识进行梳理。但是，要想真正让学生积极主动参与复习过程，并且收到良好的效果，并不是一件简单的事，需要老师动一番脑筋。由于我班学生思维活跃，一大部分同学回答问题积极，表现欲望强，学习数学热情度高，根据这种情况，我在复习过程中，就打乱以往老师讲学生听的单一模式，而是大胆放手让学生自己去整理，把课堂教给学生。比如我在设计"平面图形的周长、面积"整理复习课时是这样做的：

美的教育

（一）明确任务，激发干劲

我在学生回顾学过的"平面图形的周长、面积"的计算公式，以及这些公式的推导过程时，只对他们提了一点要求，就是怎样把这个公式的推导过程在课堂上给大家讲明白，可以用自己喜欢的方式。此刻，学生一看有了自己展示的舞台了，教室里一下热闹起来了，大家各抒己见，各显神通。

1. 提出这样的要求，适合不同层次的学生。因为学困生他们通过查阅资料，也能够达到基本要求。对于好学生他们还可以充分发挥自己的聪明才智，想出多种公式的推导方法，有一定的思考空间。

2. 用自己喜欢的方式进行展示，符合学生内心需求。学生可以根据自己的特长和喜好，通过画图、剪纸、制作PPT等多种形式进行展讲。学生喜欢自然就愿意去做，就会努力把事情做得最好。而且他们通过动手，也加强了对知识理解和记忆的过程。

3. 让学生进行展讲，满足学生的表现欲望。把课堂教给学生，给了他们展示的空间，他们会很珍惜这次机会，用心地去准备。

（二）分组合作，协助引导

为了便于展示，也为了同学互助，我把全班同学分为六组。选平时思维敏捷、表达清晰的数学优秀生作为组长，并单独与组长进行了两次沟通。第一次动员他们组织好自己的组员，分配好任务，争取出色地完成本组的学习任务。第二次了解各组任务完成情况。

（三）了解学情，有的放矢

把课堂教给学生，并不代表教师完全放手不管了，而是做了大量的"幕后"工作。首先要了解学生课前准备的情况如何，自己做到心中有数。其次本节课渗透了哪些数学思想方法，需要课上老师进行适时点拨。最后这些知识能帮助我们解决哪些生活中实际问题，需要老师课前搜集一些综合性较强且具有代表性的习题。

经过大量的前期准备工作，本节课学生表现积极踊跃。为了给同学讲明白，他们有的准备了PPT，还有的用彩纸剪拼的方法讲解。同组学生相互协作，各组间相互质疑，相互解答，相互补充。一个图形的面积公式推导方法有时高达三种以上，课堂亮点层出不穷。展示完毕后，同学们又根据自己的理解把各图形间的联系画成了网络图。整堂课学生展讲精彩纷呈，老师只是引导者，只起到"画龙点睛"的作用。

当然不同的知识类型，还要采用不同的复习方式。再比如我在设计"分数、百分数实际问题"的复习课时，我就简单地由本班实际情况引出问题。

"我班有男生 21 人，女生 18 人。请你用学过的分数、百分数或比的知识描述一下本班男、女生人数间的关系"。

生 1：男生人数是女生人数的 7/6（116.7%）。

生 2：女生人数是男生人数的 6/7（85.7%）。

生 3：男女生人数的比是 7∶6。

生 4：女生与男生人数的比是 6∶7。

生 5：男生人数比女生人数多 1/6。

生 6：女生人数比男生人数少 1/7。

师："请选择上面的信息，编几个数学问题。"

设计这种贴近学生生活又具有开放性的问题，学生都比较喜欢，而且由易到难适合不同层次的学生积极参与，通过交流大家都有不同程度的提高。

总之，要想使复习课上得有新鲜感，就要想尽办法调动学生热情，让他们积极主动参与进来，这样学生在轻松愉悦的气氛中收获的不仅是知识，更多的是自主学习、自主复习的能力。

二、以方法化难为易，提高学生课堂参与度

复习中，学生往往会遇到一些综合性较强的题，这类题一般比较复杂，学生做起来有一定困难，因此参与度不高。这时就需要老师做方法上的指导，帮助学生解决难题、化难为易，扫清障碍，保障学生在掌握这个知识的同时又提升参与热情。

例如在复习时学生经常会遇到这样的习题。

1. 甲乙二人拥有的图书册数的比是 3∶1，如果甲给乙 6 本，则甲乙二

105

人的图书册数同样多，二人共有图书多少本？

2. 小英读一本故事书，读了几天后，已读页数与未读页数的比是2∶3，后来又读了6页，已读页数与未读页数的比是4∶5，这本书有多少页？

第一道题，我就引导学生通过画线段图来帮助学生解决问题。

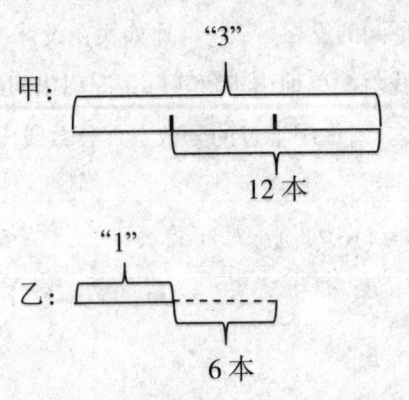

"3"
甲：
12本

"1"
乙：
6本

从图中不难看出，甲给乙6本二人图书册数相等，可知甲比乙多12本，然后找到12本对应的份数就解决问题了。

第二题更难一些，条件比较复杂，学生往往无从下手。这时我就引导学生找出题中不变的量，以此为切入点明确方法："找变中不变，以不变量为单位1"，问题就解决了。学生按照我的方法，思考题中不变的是这本书的总页数，以这本书总页数为单位"1"，求单位"1"，就要找到6页所对应的分率，也就是用6÷（　　　　　）或6÷（　　　　　　　）。

困难是前进的绊脚石，学生学着困难了，自然参与热情就降低了，这时帮助学生找到解决问题的办法就显得尤为重要了。因此教师恰当的点拨、引导以及凭借自己多年的教学经验，用简短的几个字提炼出的解题方法，都会如拨云见日般给学生以启发，使问题化难为易，激发学生参与热情。

三、用评价机制，提高学生课堂参与度

在总复习时，老师们都有这样的感受，就是刚开始时，学生的热情都很高涨，可复习一段时间后，学生就有些倦怠了。课堂气氛死气沉沉，做题不认真，学习效率走入低谷。针对这种情况，我及时采取恰当的评价机制，激励学生热情参与学习。

结合我校开展的"绿星卡"活动，我设计适合本班的评价机制。根据学生表现分为课堂评价、作业评价和检测评价。课堂积极回答问题，有精彩表现的有加分；作业按时上交的有加分；检测达到优秀的或进步较大的有加分。同时小组评价与个人评价相结合，每月一总评。分高的或进步较大的同学，老师会发一张绿星卡，够十张绿星卡的可到学校换一张红星卡，期末可用红星卡换到自己喜欢的小奖品。

当然评价的方式很多，我会根据每个孩子的情况，关注他们内心的想法，及时给予恰当的鼓励，保持住他们那份热情，让孩子从内心深处喜欢老师，喜欢数学！

著名心理学家布鲁诺说："学习者不应该是信息的被动接受者，而应该是知识获取过程的主动参与者。"随着学生年龄和认知水平的发展，教师要改变学生的学习方式，多给学生思考的时间和表现的机会，让学生动起来，让课堂活起来，让他们在每一节课都感到开心快乐，都能获得成功的体验，才能使学生从学会到会学，最后到好学的境界。

美的教育

注重个体差异，提高数学课堂参与度

肖 洁

摘 要：从不同的角度考虑到学生的个性差异，把课堂还给学生，让学生能够寻找到学习的自信，给学生以新的信息，启迪思维，激发探索兴趣。课前能够充分预习，有所准备，在课堂学习中能够积极参与，相互思维碰撞，相互指正不足。作业练习中，全班学生各取所需，完成规定题目还能跳跳脚吃到更高处的葡萄，这样，不仅使多数学生吃得了，而且是少数学生能吃得饱，极大地调动了学生的积极性，有效地参与到学习中来，并且有新的收获。韩教授的学本课堂带给我们的不仅是一种全新的教育理念，还指导我们更好地将所学融入日常教学工作中，充分调动学生的学习潜能，让孩子们在课堂中有所收获！

今年我教五年级数学，开学初就学习小数乘、除法，这有什么难的？不就是竖式计算吗！有整数乘除法做基础这算不了什么。可是结果让我出乎意料，作业交不上来，正确率极低……最主要的是课堂上根本不能集中精神听讲，更不要说积极参与课堂学习了。

通过谈话、调查和课堂练习等方法，得知如下原因：乘法口诀不熟练，除法试商的方法不会，书写格式不对，作业习惯不好……因为不好好听讲，就不能积极参与课堂学习，因此，就学不会，学不会，作业完成的情况就不好，如此往复，恶性循环。

尤其我们班的宋宇（化名）同学，作业一直完不成，只要你看不到就把作业一收，跑得无影无踪，怎样才能改变这种状态？好在学校正在进行教学改革，我们都在尝试向学本课堂的转型。学本课堂的核心在于真正解放了学生，让学生的学习主体地位在课堂中真正落了地、扎了根，让学生的自主学习、自主成长、自主发展有了现实土壤和广阔空间。一定意义上讲，就是把课堂还给学生，让学生积极参与课堂学习，成为学习的主人。因此，我在自己的工作中也作了如下尝试。

一、关注个体　指导有效预习为参与课堂打好基础

古人云"凡事预则立、不预则废"。教师讲课要备课，学生上课更要备学，这也就是预习。预习是求知过程的一个良好开端，是自觉运用所学知识和能力，对一个新的认识对象预先进行了解，求疑和思考的主动求知过程。它在学习知识的整个过程中有着不可低估的作用，首先，有助于培养学生良好的学习习惯。学会自主学习，掌握自学的方法，为终身学习打下基础，其次，有助于了解下一节要学习的知识点、难点，为上课扫除部分知识障碍，通过补缺，建立新旧知识间联系，从而有利于知识系统化，最后有助于提高课堂学习的参与效果。

结合教学改革，我每次在上课前，都布置预习导读单，指导学生有目的地进行预习，并且对学生进行个别指导。宋宇，这个小懒猫，只要有时间我就把他叫到办公室，看一看他的预习有什么困难，针对情况进行辅导，我觉得效果比较不错。学生有备上课，课上学习的积极参与性可想而知。

二、释放个性　展示课堂风采为课堂积极参与提供空间

数学课程标准强调：注重探究式学习，勇于从不同角度提出问题，学习解决数学问题的一些基本方法，乐于同他人合作，共同探讨问题，交流学习心得。小组合作学习为学生创造了一个展示自我的平台，让学生都有表现的机会，尤其是小组间对有效问题的研讨更能激发他们的参与兴趣。学生在小组内自由发表见解，去伪存真，实现了学生间的互动；学生既参与了学习，又通过思维的碰撞，获取了别人的信息、知识，甚至是学习方法，从而得到心理上的满足，增强了学习信心，提高了学习能力。学生合作融洽，学习就变得更加愉快，从而激发了学习数学的兴趣。

小数乘、除法的后续学习过程中，让学生在小组中，交流计算方法，让每个同学都当小老师，交流计算方法，相互校正，然后在班内一起交流，学习效果有了明显的提高。尤其是除数是小数的除法，如何移动小数点，如何试商，商的小数点如何处理等问题，在小组交流中迎刃而解。张宇飞

同学在学习小数除法的试商中间有零的竖式除法时，总是丢零，因此，总是为小组扯后腿，作为他们组的学科长，利用小组交流时间，让每个小组成员为他讲解，还进行比赛，看看谁讲的明白。课下学科长还让小组成员轮流给他出不同的题，让他练习并帮他分析错因。这样的学习给每个孩子提供了展示机会，在宽松、开放的氛围中，推进了数学知识的教学。学生完全成为学习的主人，学习过程中释放了个性，展示了不同的风采。

三、关注差异　实行多元评价为积极参与课堂提供有力保障

我们很久以前就接触过多元理论，学生各不相同，能力千差万别，当然，在各个方面的表现也是不同的。因此采取分层评价对学生而言能极大地调动学生的学习积极性，尤其是今年我们的数学是分科教学的，数学老师只教一科，为了提高数学成绩，我认为评价真的很重要，因此在实施的过程中，更要注重不同角度的评价。因此，我们要站在珍视每个生命价值的高度去关爱每一个学生、保护学生的自信心，关注每一个学生，给他们带去成功的希望，让每个学生都能享受学习的快乐，对学生在课堂上的表现，根据教学内容以鼓励、表扬等积极地评价为主，要具体化、多样化，并且有针对性。比如我们班的孩子，我根据他们的情况，把他们分为几类，有的是纪律不好影响学习；有的是不学习总是自己玩；有的贪图游戏，上课睡觉；有的多动；有的内向……针对不同情况，采用不同的方法，就能取得更好的效果。比如张波同学，学习成绩一直不及格，通过努力在考试中取得了63分的好成绩，这样的成绩如果与全班同学横向比较，就不算是好成绩，但如果与他自己比较，他已经有了较大进步，值得表扬。纵向比较就会让张波发现自己的进步，享受到成功的喜悦，从而激发自身更加努力。其实我们在课堂中，都要把全班同学分成小组，在分小组的时候，老师就应该让每个组都由好中差不同层次的学生组成。教师在学习、纪律、卫生、职责等各方面对学生进行评价，还对小组进行评价。不仅有自我评价、同伴评价、学科长评价、还有组长评价和学科助理评价。总之，教师只有关注学生的个性差异，善于去发现种种差异，并根据学生的特点采取相应的应对策略，利用多元评价，对学生进行肯定，实施个性化教学，提供给他们展示与参

与的平台,才能构建高效课堂。

　　班里总有一些学习有困难的学生,我们不能在各个方面苛求他们,可以设计不同的作业,既满足优等生的需求,又符合学习有困难的学生的需要,让每个人都有适合的作业,才有兴趣完成。平时的测验,也可根据学生的不同程度让学生完成试卷上相应的题目,使不同程度的学生都能得到较客观的学习评价,对于考试不及格的学生还可以给他们补考的机会,取得满意的成绩。这样的考试才能真正提高学生的学习兴趣,积极地参与学习,只有这样才能较客观地评价每一位学生在学习上的努力程度。让学习有困难的学生感到成功离他们不是太远,可以跳一跳"摘到桃子",不至于放弃努力,失去学习的主动。

　　从不同的角度考虑到学生的个性差异,把课堂还给学生,让学生能够寻找到学习的自信,给学生以新的信心,启迪思维,激发探索兴趣。课前能够充分预习,有所准备,在课堂学习中能够积极参与,相互思维碰撞,相互指正不足。作业练习中,全班学生各取所需,完成规定题目还能跳跳脚吃到更高处的葡萄,这样,不仅使多数学生吃得了,而且使少数学生能吃得饱,极大地调动了学生的积极性,有效地参与到学习中来,并且有新的收获。在今后的工作中,我还要更好地将所学融入日常教学工作中,充分调动学生的积极参与学习的潜能,让孩子们在课堂中有所收获!

课堂因"错误"而精彩

盖艳敏

摘　要：在数学课堂上，每天都有学生在出错。课堂是错误的诞生地，而正是错误能够真实地反映学生的学习状况。作为新时代的教师，应本着以人为本的教育观去包容学生所产生的错误，面对学生已出现的错误换位思考，不斥责、挖苦学生，应更多地关注学生的情感体验，让学生在纠错、改错中感悟道理，领悟方法，发展思维，实现创新，促进学生的全面发展；并从课堂教学出发，正确引导对错误的分析评价，从错误中领略成功，实现学生的全面发展。

　　学生在学习的过程中，不可避免的会产生一些错误，而教育过程本就是学生认识和发展的过程，是学生对于新知从不懂到懂，从不会到会的过程。在这个过程中，学生出错是正常现象，存在错误的课堂，才是最真实的课堂。然而，在课堂上教师却往往回避错误的出现，这在公开课中表现得尤为明显。教师为了防止错误的发生而将目光聚焦在一些平时表现比较优秀的学生身上，不给其他学生表达自己想法以及出错的机会。或者当错误出现时一笔带过，简单的纠正错误后按预定的教案继续下面的练习。"错误"在学生的眼中意味着失败，意味着耻辱，所以，在课堂上一些学生害怕由错误带来的嘲笑而不敢表达自己的想法。在教师和学生的同时回避下，错误渐渐淡出课堂。然而，课堂上没有错误的出现并不代表学生对知识的理解。

　　其实学生出错是正常的，学生在课堂上探求新知的过程中产生的错误往往都具有其合理性和普遍性，是一种宝贵的教学资源，而关键是我们怎样来对待差错。在教学中，我把学生的差错看成是难得的资源，并且加以运用，课堂也因差错而变得有意义，有生命力。

在广泛提倡高效课堂的今天，如何才能以尽可能少的时间、精力和物力投入，取得尽可能好的教学效果呢？善于捕捉课堂上的生成资源，巧妙地利用这一资源就显得尤为重要。

一、准确地把握错误资源

要想有效地利用错误资源，首先需要准确地把握错误资源。对于学生经常在哪一类的问题上出错，找准"病根"，才能"对症下药"。在我平时的工作中发现在日常的课堂学习中，学生所出现的一些错误按错题类型可以分为以下几类：

（一）已知信息理解错误：由于已知信息过多，或干扰项的存在，不能准确地分析信息间的联系导致不能正确解答。

（二）计算错误：由于算理、算法的不理解，或粗心所致的错误。如：竖式计算时因为没有进位、退位而导致的错误，或先从高位算起导致的错误。

（三）空间想象错误：空间想象能力较低，不能准确地想象出实际的模型。如：在画旋转图形时将原图的方向画反导致的错误。

（四）概念规律混淆错误：由于概念、规律没有完全理解，只靠死记硬背而导致新旧知识间的混淆而产生的错误。

而以上这些仅仅是从教师的角度分析学生产生错误的原因，我想这还是远远不够的，有时我们教师的理解并不是学生真正产生错误的原因，所以，要想全面地把握学生产生的错误，就需要从学生的角度出发去分析错因。在这里可以帮助学生建立"错题集"，错题集中可以记录错题的题目、解答，以及对自己错因的分析。在这样一个过程中不仅能够积累典型的错误资源，更重要的是培养了学生对错题积累、分析、重视的意识。

二、学生错误形成的主要原因

（一）学生的实际生活经验不足

学生有时对数学知识理解，但却不能准确地应用到实际生活中去。最有特点的就是重量单位或长度单位的应用。例如在二年级学习长度单位时，往往会出现一本数学书20分米宽的情景。又如：在根据算式编实际问题时会出现小红每分钟步行55千米。

（二）基础知识掌握不牢固

1. 概念不清产生的错误。

学生在学习的过程中可能出现对概念、规律的内容认识不清或不能正确理解它们的确切含义而产生的一些错误。例如在学习平行与相交时，学生能够很容易地辨别出相交的情况，但对于不相交的情况却总出现问题。如：

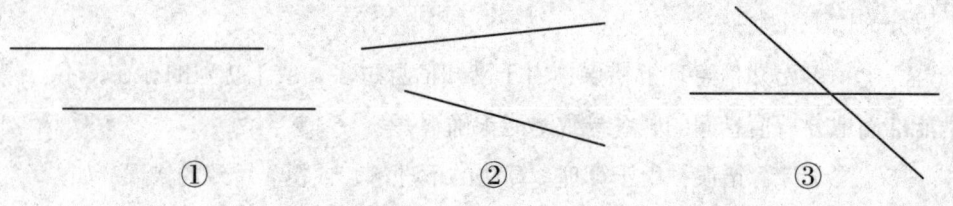

① ② ③

在判断上图中的两条直线哪些是相交的，哪些是平行的时，学生很容易能判断出①是平行，③是相交。但是，对于第二幅图却有很多同学认为是不相交的情况，只是因为没有在图中看到交点，而忽略了这是两条直线，可以无限延长。

2. 新旧知识间干扰产生的错误。

学生对一些基础知识掌握的不牢固，对概念或解题方法不理解，往往是导致错误产生的主要原因。例如在四年级利用运算定律进行简便运算时，学生往往会把加法结合律和减法的运算性质弄混淆：$a-(b+c)=(a-b)+c$。究其原因，就是因为对这两个知识点不理解。

（三）心理因素的影响

小学生的大脑发育没有完全成熟，注意力集中的时间较短，且容易分散，所以在完成一些非常相似的作业，或遇到一些相似的数字、符号时，就很容易出现错误。因此，学生经常发生抄错数、写错符号以及漏写数字等所谓的粗心的错误。而避免这类错误的关键，就是重视学生注意力的培养。

（四）缺乏良好的学习习惯

1. 缺少端正的学习态度，书写不够工整。学习用品准备不够齐全，不用涂改工具涂改错误内容，或书写不够规范，导致书写较乱，不能准确地辨别正确信息，从而出现误看、误写的错误。例如在竖式计算时看错数位，或将 6 看成 0 等情况的发生。

2. 缺少验算的习惯。做题时只想着赶快写完，从不想自己这道题做的对不对，没有验算的意识，或将检查的工作留给家长，或等着老师批改后直接改错。

三、有效利用错误资源的方法

学生的错误、教师的失误，只要利用得当，都可以成为教学生成的有效资源。因此，教师应具备当堂解读学生错误的性质及判断其与教学相关性的能力。错误要作为教学的资源，被有效的利用，课堂中"意外的错误"会稍纵即逝。这就要求教师有很高的驾驭课堂的能力。那么如何有效地利用学习中出现的错误资源呢？我认为可以从以下几个方面着手：

（一）树立错误即"资源"的意识

人们常说"垃圾是放错了地方的宝贝"，而"错误"很有可能就是学生思维的"闪光点"。新课程理念关注每一个学生，每一个学生在学习数学过程中产生的错误，我们都要积极去解决。我们要用发展的眼光认真审视学生数学学习中的错误，及时捕捉学生错误中的价值，引导学生从错误中学习，在错误中发展，使错误成为一种有效的教学资源。

（二）精心预设错误发生点，使错误成为提高学生学习效能的辅助性"资源"

1. 在学生学习易混淆处设置"预设错误"。

教师在备课的过程中，通过钻研教材，并凭借教学经验，一些规律性、关键性的错误是可以预料到的，将学生易混淆的"错点"再交给学生，并给他们充足的研究分析的时间和空间，引导他们从正反不同角度去修正错误，在议错、辨错中深化学生对学习内容的认识。

在《密铺》一课中，老师出示了正方形、长方形、正三角形、正五边形、正六边形等图形来询问学生哪些可以密铺。当一位学生回答正五边形可以密铺时，老师并没有告诉她不可以，而是用准备好的正五边形教具让学生自己动手摆一摆，去验证她的结论的正确性。当学生得到不可以密铺的结论时，老师紧接着问她"得到正五边形不能密铺难不难过？"学生告诉他自己很高兴时他假装奇怪地问"验证的结果失败了为什么会高兴呢？"老师通过这样的探索过程让学生体验了失败与成功，让学生理解了错误的原因的同时也学会了正视错误。

2. 在学生学习需深化处设置"预设错误"。

有些学习内容，学生在探究新知识的过程中不容易出错。而这并不等于学生对知识掌握得深刻、灵活。此时教师可以故意的设置一些"陷阱"，诱导学生犯错，在错中产生质疑，使学生进入深一层次的思考，让学生在"爬出陷阱"的过程中体验成功。

在一节《三角形的分类》中，老师设计了一个猜三角形的环节，即用一张纸挡住三角形的两个角，通过露出的一个角来猜测这是什么三角形。当露出的角是直角和钝角时，学生很容易能猜到正确答案。但当露出的三角形的一角是锐角时，却有许多学生想当然地判断这个三角形是锐角三角形。这时老师反问学生一定是锐角三角形吗？部分学生才恍然大悟地发现原来还有其他的可能性，并在思考、验证中找到所有可能的结果。

3. 在培养学生学习质疑处设置"预设错误"。

在课堂上，对于一些关键的或典型的问题，教师也可以故意出错，让学生纠错，这样不仅能检验学生对这部分知识点的掌握情况，还能培养学生善于质疑的优秀学习品质。其实，数学知识的学习过程就是不断探究的过程，教师主动出错，不仅引起了学生的好奇心，同时，也能使课堂气氛更加轻松愉悦，让平淡无奇的课堂变得更具有诱惑力。

例如，在复习《小数的加减法》一课内容时，教师在板书"3.82 + 1.8"的竖式计算时，可以故意将竖式写成如下形式：

$$3.82 + 1.8 = 4$$

$$\begin{array}{r} 3.82 \\ + 1.8 \\ \hline 4.00 \end{array}$$

利用学生经常出现的错误形式展现，让学生主动找出教师的错误，并分析原因，最后改正过来。

（三）灵活处理"意外错误"提升教学智慧

课堂中生成的错误资源，往往比较隐蔽不易发觉。相较在备课过程中预设的错误资源而言，课堂中生成的错误资源缺少普遍性和规律性。课堂教学是千变万化的，随时可能出现无法预设的情况。因此，智慧课堂中教师要有随机应变的能力，及时调整课前的预设，为生成提供条件，并有效地利用这一资源。同时，教师还要引导学生自主地探究这一错误产生的原因，充分展开错误的思维过程，不断深化对知识的理解和掌握，拓宽学生的思维空间，培养思维的灵活性和创造性，使教学更有针对性和实效性。

（四）针对不同学生错误采取不同措施提高学生纠错能力

平时作业中，学生的错误有一些是共性的，这些错误教师往往一眼就能看出导致出错的原因，但也有一些错误会让教师感觉莫名其妙，这样的时候，其实更需要教师用心去思考，真诚地与学生交流，以找出引发学生不合理答案的根源，纠正学生对相关问题的错误认识。同时，还应对学生出现的错误进行整理、分类、分析、总结。找到学生出错的相同点，剖析其产生错误的原因，以便对症下药。

1. 理解错误，画图分析。

在解决问题的过程中，学生往往因为不能准确地分析题目中已知信息之间的关系，而不能正确地解答。对于这种情况，应该帮助学生掌握理清已知信息间的数量关系的方法。画图，是一种最简洁、最直观的分析方法。根据不同的学段以及不同的学习内容，可以选择不同的画图方法。如在解决重叠问题时，可以选择集合图；在解决方阵问题时可以选择点子图；在解决植树问题时可以利用点和线段进行分析；在解决和差问题时，可以选择线段图。

2. 计算错误，剖析算法。

计算问题是学生在小学阶段最容易出现的错误，往往教师和学生都觉得是做题不认真、马虎导致的，而没有重视。但是，如果经常计算出错，则有可能是不理解算理或没有掌握计算方法。如一年级的《两位数加减一位数》，学生在计算如"56＋8"时是通过一个数一个数地往后数的方法解决的，说明学生没有理解、掌握凑十法。又如在《简便运算》这一部分内容中，学生在计算形如 a-b-c 的算式时，不会变形为 a-（b+c），或遇到形如 a-b+c 的算式时，又给变形为 a-（b+c）。说明学生没有理解减法的性质，只是简单地去记忆结论。

3. 借助实物，直观操作。

在解决一些不易理解的问题时，可以采用实物操作的方法，尤其是在解决一些空间与图形中的问题时，直观的实物操作是一个很有效的解决方法。例如，在《观察物体》这一部分内容时，刚开始，学生的空间观念不强，则可以利用小正方体的学具，让学生亲自摆一摆，再观察。

4. 探索规律，总结方法。

对于有些问题，学生虽然能理解解题的一般方法，但在解题时仍然会出现一些错误，对于几种不同的情况容易混淆。此时，教师就可以针对不同类型的情况进行分析，带着学生一起探索其中存在的规律，总结方法。

例如，在教学《植树问题》时，在学生理解了一一对应的关系后，则可以总结出：有头有尾：棵树=间隔数＋1；有头无尾：棵树=间隔数；无头无尾：棵树=间隔数－1 的一般规律。

古人云：人非圣贤孰能无过？学生在学习中出现错误在所难免。经验是在实践过程中获得的知识和技能，或者说是一种经历。出错并不可怕，可怕的是这些错误没有被我们重视起来，这些重要的资源悄悄地从我们的身边溜走。让学生在实践中尝试错误，而教师只需掌握有效的方法加以利用、引导、点化，学生在有了错误的经历后，再寻找"灵丹妙药"根治错误，用这些错误资源点亮课堂，铸就精彩，往往能达到事半功倍的效果。

浅议民族艺术在学校的传承与保护

刘广清

摘 要：北京市大兴区再城营村的五音大鼓是典型的民族艺术表演形式，是区级非遗保护项目。通过访谈和口述史记录以及查阅资料等，厘清了五音大鼓的历史缘起、基本形式和发展演变，对其保护和传承有了详尽的方法和措施。

北京市大兴区再城营五音大鼓产生于清代光绪年间，目前，已经传承了四代有130多年，这一民族艺术形式是大兴区非物质文化遗产保护项目，如何传承并弘扬这一传统的原生态民族艺术，让其薪火相传，应该以学校为主渠道，让他在本土学校传播与自然生存。

五音大鼓是一人使用鼓板击节说唱，另有三人分操三弦、四胡和扬琴专司伴奏的曲艺表演形式。

《中国音乐词典》这样记述："'北京琴书'前身称'五音大鼓'，清代道光年间兴起于北京的东南部及河北省安次县农村，因以三弦、扬琴、四

胡、鼓板伴奏，再加上演员的唱腔，合为五音，故名。"

传承五音大鼓有两种途径，一是自然传承，另一种是学校传播。过去的单渠道自然传承有自生自灭的性质，而将学校作为传承主渠道就可以很好避免自然传承的缺陷，使五音大鼓很好地保存和传承下去，使"源头活水"永不枯竭，让大兴的五音大鼓薪火相传，让它在本土学校传播与自然传承并存。

一、指导思想

弘扬中华传统文化，利用本土资源优势，在学校传播具有北京地方特色的文化。在学校传承五音大鼓，是让学生了解大兴的地域文化、推进学校素质教育的方式之一，也是保护传承的有效措施。力求使学生根据个人兴趣和需求自主选择学习，满足学生全面发展的需要，以此搞好校本课程开发、创非物质文化遗产传承基地，普及传统文化艺术，创建艺术特色传统学校。

（一）以美育为中心。艺术教育的本质是审美教育，以五音大鼓的相关文化来感染学生，以民族文化的丰富情感陶冶学生，使学生逐步形成健康的音乐审美观念、高尚的道德情操及审美能力。

（二）以音乐与文化为主线。作为五音大鼓传播教学，将音乐与相关文化为主要内容，注重姊妹艺术及生活文化的综合，突出浓郁的本土特色，加强曲艺艺术文化素质的培养。

（三）激发学习兴趣。学习兴趣是促使学生学习的保证，在教学活动中，充分挖掘五音大鼓的艺术内容和情感内涵，发挥其艺术魅力，创造性地设计生动活泼的教学内容和形式，以激发、培养、发展学生对五音大鼓的兴趣及爱好。

（四）实践与创新。重视学生感受、体验，表现曲艺艺术及姊妹艺术的感染力，在实践中逐步提高与创新。

二、原则

（一）符合学生身心特点和认知规律

形式上重视学生的审美趋向，变要我学为我要学，内容力求从学生的兴趣点切入，符合认知规律，以新颖独特的教学情境、丰富多彩的学习内容、生动有趣的活动，贴近学生生活实际，使学生主动感受、积极表现、自觉欣赏和大胆创造艺术美，使学生的个体和谐发展。

（二）自主、平等、开放

五音大鼓的传播,提供适合学生兴趣爱好的内容与场所，给学生和老师留出足够的自由想象和随意发挥的空间，创造师生平等交流、共同提高的环境，同时在学习和活动的过程中，培养学生的集体主义精神，使其具有良好的群体意识及合作能力。

（三）经典性与时代并重

五音大鼓教学内容的选择,注重学习本地艺术家与经典作品，使学生尽量了解优秀的非物质文化遗产内容，选材上，既要有继承又要有发展，使内容贴近学生的生活，贴近现代社会，并引导学生逐步形成正确的审美观。

三、特点

五音大鼓在学校传播是为学生的终身发展奠定基础，办特色学校，力求使学生在愉悦的活动中，掌握学习方法，提高自身素质。

（一）具有大兴文化特色——独特、神秘、珍贵、贴近学生、丰富有趣。

（二）根据学生兴趣爱好和认知规律由浅入深、由低至高的顺序与螺旋式循序渐进的过程，形成纵向结构。培养学生的兴趣，开辟学生主动参与和探索发现的学习园地。

（三）弘扬民族音乐，扩展学生的文化视野。通过对音乐、戏曲、曲艺、说唱等多种形式的学习，使学生得到本土文化的滋润，培养热爱家乡的情感。

（四）注重生活实际的趣味性。力求形式活泼，精悍，丰富多彩，多有自创作品出现,到生活中寻找素材。

（五）建立完善的评价体系。要看到学生的点滴进步，奖励表扬激发其兴趣，促使其形成良好的心理素质。

（六）五音大鼓的传播是实施美育的载体之一，其过程既是培养学生审美情趣和审美能力的过程，也是课堂美育教育的延伸。

四、内容与传播

（一）鉴赏

歌曲：北京民歌、新童谣、儿童歌曲等。（介绍本市知名的李丹书、陈树林等）

戏曲：京剧、评剧、河北梆子、北京曲剧等。（介绍艺术家梅葆玖、筱玉霜、刘玉玲、朱强、张馨月等）

曲艺：五音大鼓、北京琴书、京韵大鼓、相声、快板等。（介绍本市艺术家李金斗、关学曾、种玉杰、梁厚民、崔琦、贾德丰等）

乐曲：民族（民间）音乐（本区于瑶、德茂中学"金帆"民乐团）

（二）演奏

扬琴、二胡、三弦、四胡等。（本区艺术家于瑶、刘广清等）

（三）演唱

五音大鼓、北京琴书。（艺术家刘砚声、王树才、刘广清等）

在学校创建五音大鼓艺术传承通道，一方面通过课程中每两周开设一次五音大鼓音乐课，并组建二至四支20人左右的五音大鼓表演队、北京琴书表演队（或课余辅导班），以此来传播；另一方面通过传承教学实践，编写适用于中小学教学的五音大鼓教材，如：《新童谣》《品德与生活》《音乐》《五音大鼓唱词精选》《北京琴书与五音大鼓》等作为校本教材，让五音大鼓能够科学地、规范地进入课堂，使之更有效地将民间文化传承下去。

五音大鼓的传播，还可以把艺术家请到学校现场表演，现场教学。学生也可随教师长期不间断的向艺术家学习、请教。俗话说：世间难事千百种，唯有说唱最难学。说唱和伴奏的内容丰富，既有演，又有唱，还要打鼓、击板，还要与伴奏配合默契天衣无缝，这是一门综合艺术，非经长期见习熏陶不能掌握。

国家基础教育课程改革提出了课程资源的重要概念，并倡导"无论是国家课程的创造性实施，还是地方课程和校本课程的建设，都应该充分发挥当地社区和学校的课程资源优势，为促进学生个性的健康和多样发展服务。"因此，我们必须树立课程资源意识，利用五音大鼓这一文化资源，把传承和弘扬作为义不容辞的责任，不要像京城"万里云程踏车老会"那样，因隋少甫先生的辞世，使原汁原味的"杠箱会"就此失传。

目前，北京曲艺家协会、大兴区文委、教委、区文联、镇政府等非常重视，中国艺术研究院曲艺研究所、中国音乐学院研究部、首都师范大学音乐科技系、北京信息科技大学人文学院等正在挖掘、整理、研究。

清朝就有称赞五音大鼓的诗："五音齐奏带笺簧，大鼓说书最擅场，野调无腔偏入妙，皆因子弟异寻常。"（清同治《都门纪略》）

已故北京琴书泰斗、著名表演艺术家关学曾先生说："我学的就是五音大鼓，这么多年了，还传承演唱着，可真不容易阿！一定要把他留下来，传下去！"

中国音乐学院研究部的刘小平先生说，再城营五音大鼓保存了原生态的鼓曲基因，保留了传统文化的宝贵基因，堪称北方鼓曲的"野生稻"；具有极高的研究价值、欣赏价值和传承价值。

《北京大兴百科全书》这样记载：清末至民国年间，再城营、前高米店等村先后成立了曲艺组。主要曲种有五音大鼓、琴书、西河大鼓等。《北京文史资料精编》（大兴卷）——"五音大鼓在大兴"也有详细记载。

总之，为了形成和构建多个层面、多种形式相互配合的有效传承机制和传承通道，使民族艺术在注重原生态传承的基础上，使之进入学校课堂，通过对少年儿童进行民间艺术培训，激发他们对民族艺术的兴趣，培养他们对北京城南文化的热爱。

（注：本文作者刘广清为五音大鼓第四代传人）

践行・研修篇

  本次教学论文的选取，从时间的维度上突出从传统课堂教学到学本课堂教学的发展历程，在教学模式的发展过程中，学校始终秉持美的教育理念，让教学模式服务于学校办学理念，将美的教育贯穿于整个课堂教学的全过程，在传统课堂，学生通过老师的讲解体验美，感受美；在学本课堂，学生主动发现美，分享美。不同学科教师在教学过程中，通过对教学理论研究与实践，明确研究方向，撰写出了体现学校美的教育理念及自己教学特色的教学论文。本板块以教学模式演变为主线，从不同学段、不同学科选取有代表性的论文进行选编。

敲开学生的兴趣之门

——谈培养学生学习记叙文本的兴趣

鲁美娜

摘 要：语文它不仅负载文化、传承文化，传达社会价值观，从而维系社会的正常运作，而且它本身就是一种文化。它着眼于语文课程对于学生思想感情熏陶感染的文化功能和创造力与生命力的过程。如何培养学习语文的兴趣是学生学好语文的前提。因此课堂的每个环节设计都要考虑到从孩子的兴趣出发。可以说，敲开学生的兴趣之门，从此学生便可以在兴趣之上充分的享受学习语文的过程。

孔子说过："知之者不如好之者，好之者不如乐之者。"苏联教育家苏霍姆林斯基也说过："兴趣是学习的动力。"在学生的学习中，兴趣有着定向和动力作用，学习兴趣是学生主动参与学习活动的基础。激发起了兴趣，学生学习就会积极主动，学得轻松而有成效。但是学习兴趣不是天生的，主要在于教师想方设法诱导学生，充分调动学生对学习的积极性和主动性，进而能创造性地学，最终达到优化课堂教学，提高教学效率的目的。每一个教师都希望在自己的课堂上学生对学习感兴趣。怎样才能把课上得有趣呢？是不是所有的课都能上得有趣呢？兴趣的源泉何在呢？笔者是从以下几个方面来做的。

一、课前准备　诱发兴趣

充分的课前准备让孩子在课堂上更能够有的放矢。记得在笔者教三年级时，学校进行了青年教师的评优课评比。笔者所授课的内容是《遥远的恐龙世界》。至今感触颇深。在讲课之前，笔者把全班同学分成七个小组，各小组分工收集恐龙的图片，恐龙的知识以及恐龙的影音资料，并能够小

美的教育

组合作向大家进行汇报,并在学习之后对小组的收集内容做个评比,因为通过小组合作及比赛的形式进行布置,这样孩子就有了学习和求知的欲望。并且在课上能够代表自己的小组积极的发言和展示。

二、创设环境　激发兴趣

记得曾经一位专家给我们做讲座时,说道:语文课就要给人以语文的氛围。的确,语文教学首先就是要创造了良好的语文氛围。良好的氛围能够让孩子们身临其境,充分感受语文的魅力所在,这样也正是充分激发了孩子们的兴趣。笔者在教授《遥远的恐龙世界》这一课之前,对教室进行了布置。笔者喜欢画画,在业余时间,画了几张特大恐龙图片,在上课之前把恐龙图片贴在四面墙上,让孩子走进教室一目了然,就如同进入了遥远的恐龙世界。同时,笔者还找到了恐龙的声音,在孩子走进教室时,能够听到恐龙叫的声音。让孩子从视觉和听觉上充分感受遥远的恐龙世界所带给我们的神奇。想必在这样的环境下,能够充分激发学生的求知欲望。

三、精心导入　激发兴趣

良好的开端是成功的一半。小学生的好奇心特别强,对新鲜事物特别感兴趣。导入布疑则能诱发他们的好奇心,从而产生强烈的求知欲。迅速地吸引学生的注意力,就能诱发他们的学习兴趣,提高整堂课的效果。所以在学习新课时,就应在导入这一环节激发学生的求知欲望,促使学生在愉快的心理状态中进入新课教学。

在导入时,教师用巧妙的语言巧设"悬念",能把学生的好奇心诱导出来,就很容易激发学生对新知识的强烈兴趣。如教《遥远的恐龙世界》一课时,笔者巧设"悬念":"同学们,这节课我们要去一个神奇遥远的地方。"笔者指着教师周围的环境说:"大家想必知道我们要去哪里了,但这是一个什么样子的世界?"说完板书课题《遥远的恐龙世界》。学生疑惑感更强了,便随之产生疑问,遥远的恐龙世界?有多遥远?那里是什么样子的呢?这时,我顺势引语:"在几亿年前,请看那片原始森林……"于是播放 VCR 带孩子真正走进这里,这样,便激发了学生的好奇心。

四、多媒体教学 直观激趣

在语文课堂教学中，合理使用现代教学手段，结合课文教学内容，让学生听听美妙的音乐，看看生动逼真的画面，欣赏品味形象化的词句，可以使学生的精神处于轻松的状态，让学生迅速进入状态，走上一条到处充满轻松，愉快的学习道路。在讲《遥远的恐龙世界》时，笔者考虑到，孩子的知识有限，因此找到了很多关于书中这几种恐龙的影音资料，而且资料中介绍的非常详细，比如说，暴龙的牙齿是最锋利的。PPT中就会出现暴龙龇牙的样子。这样既生动，又形象，孩子们很直观地便掌握了这几种恐龙的特点。

五、多种形式的朗读 培养学生的兴趣

小学语文教学大纲明确指出："朗读能发展学生的思维，激发学生的情趣。学生朗读能力逐步提高，对课文内容的理解就会逐步加深。"以《遥远的恐龙世界》为例，文中有几个段落在写法上是先概括后具体的段落，也是教学难点。因此，我采用不同形式的朗读：如：笔者读一句话，孩子们读其他几句；孩子读第一句，笔者读其他几句；一个小组读第一句，其他小组读剩下的几句。俗话说得好：书读百遍，其义自现。让孩子在读中自己充分去体会，孩子们能够发现这种写法的特点及优点，笔者适当地再加以总结，这样对孩子的写作也有很大帮助。

六、回归原文 保温兴趣

精彩的一堂课，便是有头有尾，因此结束语言也会给学生很大的影响，而且能够保温孩子们的兴趣。以《遥远的恐龙世界》为例，记得在这堂课即将结束的时候，让孩子们再次快速浏览课文，然后看看教室墙上的这些恐龙，哪些你已经认识了，可以边说它的特点边把它摘下来，作为自己学习的奖励，孩子们蜂拥而上，一边说着："我想让翼龙作为我的奖励，它的特点是……"笔者想，通过这样回归总结，孩子们的兴趣一定不会减退。

语文它不仅负载文化、传承文化，传达社会价值观，从而维系社会的正常运作，而且它本身就是一种文化。它着眼于语文课程对于学生思想感

美的教育

情熏陶感染的文化功能和创造力与生命力的过程。总之，笔者想只要我们巧妙运用各种方法和手段，就能敲开学生的兴趣之门，充分地激发学生的学习兴趣，促使他们产生强烈的求知欲，从而达到更好的学习语文的目的。可以说，敲开学生的兴趣之门，从此学生便可以在兴趣之上充分享受学习语文的过程。

践行·研修篇

学本课堂中的小组合作

吴国防

摘 要：学会合作，善于交往，可以说是少年儿童进入现代社会的"入场券"。而学本课堂中的小组合作学习就是一种行为参与、情感参与、认知参与、社会化参与有机结合在一起，让学生在合作中展开的学习活动。在学习过程中以小组为单位，小组成员之间相互依赖，彼此协调，共同承担责任，完成教师分配的学习任务，并以小组的总体表现为主要奖励依据的一种学习方式。

新课标指出："学生是学习和发展的主体。语文课程必须根据学生身心发展和语文学习的特点，关注学生的个体差异和不同的学习需求，爱护学生的好奇心、求知欲，充分激发学生的主动意识和进取精神，倡导自主、合作、探究的学习方式。""学本课堂"的提出可谓是应运而生。"学本" 即在课堂教学中以学生作为学习的主体，高度关注学生的学习状态，重在培养学生的学习品质，着力指导学生的学习方法，并以此为根本展开教学活动。"学本课堂"主体是学生，核心是学习，标准是会学。学会合作，善于交往，可以说是少年儿童进入现代社会的"入场券"。学本课堂中的小组合作学习就是一种行为参与、情感参与、认知参与、社会化参与有机结合在一起，让学生在合作中展开的学习活动。在学习过程中以小组为单位，小组成员之间相互依赖，彼此协调，共同承担责任，完成教师分配的学习任务，并以小组的总体表现为主要奖励依据的一种学习方式。这一年来我校进行了学本课堂教学模式改革，经过摸索，不断的实践，现在在这里不仅有常见的师生之间的互动，以小组合作学习为主要形式的生生之间的互动也成为课堂一道亮丽的风景。我是一名语文老师，下面，我就谈谈在学本课堂实践中我所做的一些粗浅的尝试。

一、明确分工，各负其责

学本课堂强调生生之间的互动合作。实现生生互动的最佳方式就是把学生分成一个个合作小组。首先，我按学习差异搭配，按优、良、中等把不同学习水平的学生分配到一组，形成以优带差机制，实现共同提高的目的；按个性差异搭配，不同个性的成员可使合作交流不至于过于热烈或过于沉闷，通过合作交流，认识不同成员个性中的优点，帮助成员纠正自己个性中不利的一面。其次，每个成员在小组中都要被赋予特定的职责。如"小组长"要负责本组成员各科学习的上课纪律情况，"学科长"监督本组成员本学科学习进程，上课讨论安排发言顺序等；确认每位成员是否当堂都完成了学习任务。

二、注重小组交流的有效指导，让学生乐于参与

小组合作交流是学本课堂中的一种常规化模式，小组交流有没有实效性，直接关系到课堂效果。如果合作不好不但浪费时间会影响学生的成长，而且会使学生两极分化。刚开始时，在语文课堂上，学生不会小组交流。在交流时还是那几个平时上课总回答问题的孩子在说，不会说的只顾东张西望，不知该做什么好。看到这种情况，我并没有批评他们。下课后，我认真分析了发生这种情况的原因，其一在于我没有明确合作交流的具体要求。有的学生对做什么、怎么做不清楚。其二，学科长没有发挥作用，致使大家的发言多次重复，没有真正意义上的思维碰撞、相互启发。于是我利用课余时间，对小组长和学科长进行了培训：让他们把小组的6个人编上号，每次都按1、2、3、4、5、6号的顺序来发言。一个人发言的时候，要求其他人必须注意倾听，有不同意见先举手示意，经学科长同意后再补充。这样慢慢坚持下来以后，我发现学生的小组交流发生了很大变化。学生在交流时不仅有序，而且学生的思维更加活跃。每个人都能够发表不同的见解，并能对同组的发言提出意见和建议，做出中肯评价。有时小组交流不能解决的问题，能够及时向老师与其他小组求助。因此在合作交流的学习中，学生学会了互相帮助，共同分工合作，共同去解决疑难，共同体验与分享学习的成功和快乐。还有效地培养了学生的团队协作精神，培养

了学生对知识的探究精神，让学生在合作中学会了与他人友善相处，学会了乐于助人，学会了沟通，学会了理解。例如，我们班的杨子旭同学，平时上课听讲注意力集中时间短，不爱回答问题。自从形成小组合作学习模式，他变得积极了，在小组讨论时，积极发言，辩论。展讲时，声音洪亮，变得自信了。全班学生现在已养成一个习惯，无论做什么事情，他们都会以团队的形式出现，团队中若有哪个同学在学习、行为上掉队了，其他人就立刻想办法去帮助他。

三、小组展讲锻炼了学生的勇气，培养了学生的能力

刚开始的时候，到全班展讲环节时，小助理问哪个组愿意上来展讲，下面没有一个组大大方方的举手，即使被叫上来，也是扭扭捏捏上来，始终不敢抬头。原因是怕说错了在全班出丑，挨老师批评，丢面子，伤自尊，所以我总是鼓励学生大胆发言，敢于展示。无论对与错，只要敢于到前面来，我就给这个小组积分。尤其是平时发言少的，说错了我也给予鼓励。老师以宽容之心，善待错误及说错的同学，让"错误"成为教学资源。充分挖掘错误的价值，在容错、纠错中让学生收获知识，收获自信，收获快乐。学生胆怯不敢展讲的另一个原因是，不知如何表述。开始的几节课，我就一句话一句话地教学生怎么说。比如：学生小组到了前面，小组长可以说："大家好！下面由我们小组来进行展讲。"然后成员依次说汇报的内容，汇报完之后，可以说："我们小组汇报完了，其他小组有什么质疑和补充吗？"这样一节课一节课的训练下去，时间长了，学生自己就知道如何来做了。现在语文课上再展讲时，学生的热情非常高涨，争先恐后，生怕老师不叫自己组。很多时候我让这个组学生发言了，另外组的学生就不高兴，埋怨我没有给他们展示的机会。后来，我改变方法，让学生主动到前面来展示，其他组有补充的，也主动站起来说，他们表现得非常好。记得我在讲《快乐的小河》时，有一个环节是分角色朗读。小组合作时，各组的热情很高，学科长分配角色时，充分给了成员自主选择的机会。等到展读时，全体学生的小手高高举起，小助理为难地看着我，我微笑着对着他的耳边说，给辉煌组一个展示的机会，这个组学生说话声音普遍小。小助

理点了他们，只见他们大步流星的走上前，开始了他们的展读。只听那旁白声音高亢的朗读，给了其他角色以信心，每个人都读出了特色。下面的同学们情不自禁的给了鼓励的掌声。从此以后，在语文课堂上，他们的小手不再退缩。在学本课堂上，学生的勇气增加了，对自己越来越有信心；学生的能力提高了，敢于向困难挑战。

四、加强小组的激励评价

"人的潜能是无限的，在于人是一个可以激励的系统。"我在小组合作学习中注重自评、互评和师评相结合，尽可能多地去发现每个学生在合作学习过程中的参与度、讨论中的情感态度以及交流的能力，尽力去捕捉每个成员的潜在优势，给予学生激励性的评价。为了激励小组合作学习，我还设计了小组争章积分活动，每月都会评出优秀月冠军小组和个人。各组竞争意识增强，小组内自律性、团队意识增强。全班学生的集体荣誉感提升。

总之，在这一年学本课堂改革实践中，我深刻体会到在语文课堂教学中运用小组合作学习，激发了学生学习语文的兴趣，树立学生良好的师生关系，创造轻松活泼的语文学习氛围，真正做到了因材施教。通过小组合作探究交流，使每个学生都得到发展的目标，同时通过小组成员之间互动，不断提高学生学语文、用语文的能力。

学本课堂带给我的挑战

安莉娜

摘　要：随着基础教育课程改革的推进，广大中小学教师的教学观念正逐渐转变，中小学课堂教学模式也在全面转型，由"教本课堂"向"学本课堂"发展，中小学课堂文化也逐渐从单一、封闭的课堂文化走向多元、开放的课堂文化，这一必然趋势也必将给专注于教书育人的"教书"者带来更严峻的挑战。

自彼得·圣吉的学习型组织理论传入中国，其对构建我国学习型社会起到了积极的推动作用。无论信息化技术，还是学习型组织理论，都以不可抗拒的力量推动着"教的世界"向"学的世界"变革。正如日本教育家佐藤学在《教师的挑战：宁静的革命》中写道：全世界学校的课堂都在进行着"宁静的革命"，都在由"教授的场所"转换为"学习的场所"。

一、课堂改革已成必然趋势

历经十多年的新课程改革对课堂教学也提出了新的要求：由传统以"教"为主向以"学"为主的教学模式过渡，在课堂教学中以学习兴趣为出发点，充分发挥学生的主体作用，自动探讨知识，以提高课堂教学效率、学生学习能力养成为落脚点。

面对国际国内教育改革的趋势，还有对未来人才素养的要求，"会学习、会合作"都成为最重要的衡量标准。那么，再看我们的教育现状：老师不仅要备课、写教案，还要想尽各种办法调动学生听讲的积极性，从而提高课堂学习效率。然而，积极向上的优等生依然优秀，但各科老师却又不得不面对"潜能生"，天天劳心劳力地追着他们要作业、查改错、补漏洞，甚至是邀请家长配合学校教育，做孩子的思想工作：让他们能够重视学习，能够按时作业，能够主动学习并提高成绩。可结果呢？往往不尽如人意。

美的教育

教师苦不堪言，学生无所收获，家长身心憔悴，一切努力都收效甚微。面对如此教育困境，我深感无能为力。

恰逢2015年9月1日，我校迎来了一位具有先进教学理念的、敢于实践敢于担当的、有魄力的校长，为我们的课堂教学改革带来了新的理念，注入了新的活力。课堂改革势不可挡。"学本课堂"的引入，在我们教师当中也掀起了不小的革命。

二、学本课堂概念

学本课堂，是指以学习者学习为中心的课堂，这里的学习者不是单一指学生，而是包括学生、教师和参与者。这种课堂是通过师生共同学习来建构知识、培养能力和丰富情感的能力建构型课堂。其理论基础是素质教育思想、终身学习理论和建构主义学习论等，其实践依据和逻辑推理是我国未来学习型社会发展和创新型国家建设的需要。

学习型课堂是能够让学生、教师及参与者学会学习、学会终身学习的课堂，追求的是能力取向的教育价值观。学本课堂是学习型课堂，是学习者学习共同体课堂，是针对教本课堂弊端而提出来的。

三、学本课堂带来的挑战

随着新理念的引入，学生变化日益凸显。在创建新型小组合作学习机制的过程中，每位学生都参与其中，为小组想口号、思愿景，每位学生也根据自己的特长分担了各科学科长任务，学习不再单纯是老师家长强迫的事，仿佛开始成为他们自己迫切的需求。那些平日寡言的学生在这个过程中的变化最大，他们争相发言，为能给小组加分而感到自豪。有的学生胆小，从不参与课堂发言，现在也开始大胆发表自己的言论。

通过结构化预习方法的指导，一部分学生开始主动预习、思索，提前做好学习准备。当课桌椅不再是单行单桌，而是小组围坐后，学生学习氛围空前高涨。然而，小组的纪律却难以保证。课上总有同学听不进别人的发言，情不自禁地小声议论；更有甚者那些让人头痛的"潜能生"又有了"交流"机会，以至于课堂纪律出现了混乱，甚至是失控的局面。

凡事都有两面性，这种课堂改革也不例外，也不会一帆风顺，总会出现意想不到的问题，总要迎接不断地挑战，促使我们教师不断研究和探索、不断反思和改进、不断实践和完善、不断创新和发展。

（一）步履维艰　评价助力

学本课堂初始阶段，面对那些学习没动力、坚持没毅力的学生，预习成了"三天打鱼，两天晒网"的事儿。于是我放慢脚步，一步一步带着学生做结构化预习，原先一课书两课时完成，现在要四课时、甚至五课时才能完成。进度慢了，效率低了，我着急；学生不预习，预习不到位，我着急……原本带来希望的改革突然变得步履维艰，究竟是什么出现了问题？如何调动学生的持久动力？我想到了韩教授说过的"评价力"。

教师评价力是指教师在一定的评价理念指导下，能够从知识与技能、过程与方法、情感态度与价值观等方面，按照目标多元、方式多样、注重学习过程的原则，将量化评价和质性评价相结合，能够设计多元、连续、注重表现和发展的评价方案，合理选择、开发与运用科学的评级工具，综合运用一定的评级策略，对学生和自身以及相关因素进行全面评价，并对评价结果进行有效解释和反馈的能力。

于是，经过和几位老师共同商讨，制定了适合我班学本课堂的评价表，如下图：

小组合作学习评价表　　　__月__日

班级：			学科长：			发言人：		
个人评价			合作学习				小组加分		总分
姓名	作业完成	作业质量	参与积极	合作友好	倾听认真	自觉守纪	发言次数	加分	

评价表的使用以"预习作业的完成"和"完成质量"作为个人的评价

目标，把"参与积极"、"合作友好"、"倾听认真"、"自觉守纪"作为合作学习的评价目标，另外将个人发言次数作为小组加分的依据。如果全组当月总分全班第一，将被评为冠军小组，每人一张绿星卡，以示奖励。同时规定个人分数累加不能达到一定分数时，要扣除个人游戏时间10分钟，让他利用这个时间为本组同学提供服务，以示警告。这种过程性评价不但体现了评价的多元性，还明确了学生课堂上的努力方向。在改革步伐缓慢行进的过程中，及时全面的评价助力课改，让我们顺利地度过了第一阶段的瓶颈期。

（二）盲目跟学　抛砖引玉

我带学生进行结构化预习两个月后，全班同学基本掌握预习方法，逐渐能独立运用预习六字诀"查、画、写、记、练、思"进行预习，学生的书上写满了预习的收获，让我欣喜不已。

我们教师设计的学生学习评价单也日益完善，学生终于可以提前两三天就收到评价单，有针对性地进行预习了。然而，问题接踵而来，学生开始只针对评价单上的内容进行预习，学习变成了有目的地表演；大家为了得到积分，纷纷从参考书上直接抄写答案；对于评价单上的内容背得滚瓜烂熟，但对于单子以外文本鲜活生动的语言缺乏深刻的体会，对文本的朗读能力也逐渐弱化了……这，还是语文课吗？难道这是"答题竞赛"？我一时不知所措。这种盲目跟学并不是我们所期望的结果。

在教学京剧《赤桑镇》选段那一课，我突然抛出一个问题："谁知道京剧有几大行当？"教室里顿时鸦雀无声。原先大家都在得意：这么难懂的课文，我们都理解了内容，课后题答案更是胸有成竹。没想到我一个问题，大家全傻了眼，就连我的学术助理都愣住了。于是我话锋一转，说："结构化预习中九大问题之一就是要充分了解文本背景和文体以及相关文学常识。怎么？你们没预习？"学生们都低下了头，我语重心长地说："同学们，老师教你们预习方法，提前下发预习评价单，是希望大家在课前能够针对老师提出的问题提前预习，有自己的思考，然后带着你的问题，我们共同学习交流，这样才能让我们都有所提高。而不仅仅是完成那一张张单子上的题，那样和我们以前完成练习册有什么区别呢？"看着学生羞愧的神情，我接着说，"我相信经过今天这节课，你们一定可以吸取教训，在下节课前做更充分的准备。我等着你们的新发现。"

学生们终于抬起头，坚定的目光注视着我，冲我点点头，仿佛又注入了新的力量。

（三）精彩生成　顺水推舟

学习《老人与海鸥》这节课，当学生体会老人对海鸥无私的爱时，一个男生抓住了"他背已经驼了，穿一身褪色的过时布衣，背一个褪色的蓝布包，连装鸟食的大塑料袋也用褪了色。"这句话中的三个"褪色"，说明老人家庭收入不高，还说明老人来喂食海鸥坚持很长时间了，这也充分体现了老人对海鸥的爱。

我惊讶于这个发现，备课时我并没有在意，而只考虑了这是人物外貌和动作描写，并没考虑到这句话中作者的用词如此巧妙用心。而这个同学却抓住了这点，我也顺水推舟，借机表扬他对文本的理解有自己的独到见解，让我也有了新思考。我说："教学相长，我这个大同学从你这里学到了知识，谢谢你。"那个男生心满意足地坐下，我想他对语文的学习兴趣肯定更高了，思考肯定会更深入。

我发现语文课上学生的思考越来越多，越来越有深度，有的学生每节课都有自己的创新理解，甚至不满足于所谓的标准答案……尽管他们的回答很多次与我的预设不同，但我却觉得我们的学习"渐入佳境"，学生终于敢大胆说出自己对文本的理解，大胆表达自己的所思所想，大胆展示自己的个性思维了，那么我们"大同学"还等什么？

学本课堂的路还很长，我和学生还将面临更大的挑战。

路漫漫其修远兮，吾将上下而求索……

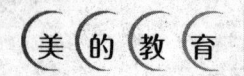

初试"学本课堂",小荷才露尖尖角

安 淼

摘 要:通过学习使我初步了解"学本课堂"是坚持"以学生学习为中心、以学生的个性发展为目标"的价值取向所进行的一种教学尝试;在教学中教和学的关系发生了微妙的变化。通过去"学本"教学老校参加学习,我体会到课堂教学无论是先学后教、边学边教、先教后学,只要能让学生更高效的学习知识,让他们掌握学习方法就是好的课堂。我班的徐晓晶同学已经可以胜任"小助理"的工作了。并以她为表率在培养更多的小助手!学生已经六年级了,往往是不爱发言的越来越多,通过小组合作的学习,他们的积极发言展示的能力提高了。通过学本课堂的学习,学生们的学识在自学自悟中不断成长,也涌现出更多优秀的学习助理!在学习之余给我们的课堂注入了活力!

通过查阅有关"学本课堂"的定义与有关论著,使我初步了解"学本课堂"是坚持"以学生学习为中心、以学生的个性发展为目标"的价值取向所进行的一种教学尝试;在教学中教和学的关系发生了微妙的变化,要体现学为中心的特点,要建构"先学后导、互助展评"的基本模式。这一模式强调学生在课下进行预学习,学习助理参与教学,让课堂真正属于学生,学习助理可以根据自己的理解,进行教学,同时进行有效点评,而且教师参与评价,让课堂变得轻松愉快,学生有时更能接受学生的朴素教育语言。细细研读感觉先学后教的教育思想符合学生的学习方式。让学生更有自主性,让学生从被动到主动,从而让我们真切地认识到教育改革势在必行,"学本式"教学的模式被更多的专家、领导、学校认同推行,而作为大兴十小的一线教师的我们注定将是改革的先头部队。在教学实践中,我觉得孩子们学会了学习,对于语文的积累是相当有帮助的。

一、初步感知　掌握方法

在改革之初，我作为一个门外汉，着实有些犯愁。如何上好课，成为了新的挑战？以前的教学模式彻底改变了，我一路实践着、困惑着，听了韩教授的报告，觉得燃起了我的激情。韩教授的示范展示课,让我了解学本课堂的架构，模式深入我心，自己平时上课进行针对性模仿实践，沿着"学生课前自学——学术助理引导——小组互学交流——全班汇报点评——教师归纳总结——课堂问题生成"这样的模式教学，我看到了孩子在课堂上的积极性高涨，班名、口号、愿景编写得热烈富有激情。看到了部分孩子学习能力、组织能力、表达能力的提高使我的成就感倍增。当看到学生预习的情况越来越好，工具单写的越来越详细，我作为大同学反而轻松很多。学校还经常组织我们去外面学习，通过去学本教学老校参加学习，我体会到课堂教学无论是先学后教、边学边教、先教后学，只要能让学生更高效的学习知识，让他们掌握学习方法就是好的课堂。我深深地感到教无定法，贵在得法的深层意义。模式是否一成不变、是否堂堂都如此、课课都适合呢？这又使我进入了新的思考。

在整个教学过程中，充分体现了学生自己去学习、去探索、去实践、而教师则起到组织者、引导者和参与者的作用。开始有了一个较为清晰的认识。在学习《穷人》这一课时，列夫·托尔斯泰写的一篇文章，主要写桑娜和丈夫在自家十分艰难贫穷的情况下，收养因病去世的邻居西蒙的孩子，反映了旧俄时代人民的悲惨生活和穷人的善良。本文对人物的心理活动描写细腻，感人至深。根据"学本"课堂倡导的"自主、合作、探究"的学习方式，我主要通过让学生有感情朗读、思维想象去感悟人物的内心，从而受到爱的教育。在教学中前,导学案中设计让学生分析掌握桑娜内心的矛盾，体会桑娜的善良，让学生通过标注重点词语进行品析、指导朗读来解决重难点。如《穷人》中渔夫和妻子的对话，我先让学生小组内揣摩他们的心理，再让他们通过分角色朗读，理解渔夫和妻子是个怎样的人。从中掌握人物语言、动作的描写和环境变化的衬托，是写好人物文章的重要组成部分。

美的教育

　　我还安排学生在弄清主要人物性格特点、思想品质及故事情节的基础上，引导学生合理想象，有感情朗读课文，做好批注。抓住本段的重点句，让学术助理引导学生从这朴实的语句中深入领会桑娜那颗善良的心；再引导学生用圈、点、勾、画法找出相互依存对桑娜行为、语言和心理活动的描写，并着重理解桑娜抱孩子后忐忑不安的心情。当堂编排课本剧让学生对课文有了更深刻的认识。每一组的展示各有特色，让学生更好地把握了文章的高潮部分，演得绘声绘色。

　　二、深入学习　以行之有效

　　去山东学习活动中，我听了济阳实验二小教师的语文课和一节音乐课，这些课让我感受到了那里的学生称得上是"学习的主人"。

　　（一）在合作中共赢

　　采用小组合作的形式让学生有了领头羊，还有了互助对象。在小组交流合作过程中，学生在组长的安排下，分工明确，轮到谁发言，谁就会起立交流，其他同学都会认真看着书或发言的同学，如果这个小组说的不全面，其他小组随即补充，直到问题明了完整。他们在学习活动中，开展星级小队评比活动，促进每个学生都积极参与，从而提高了学生能力，提高了课堂教学效率。我在班级中采用小组积分情况记录，由组长负责记录组员的每一节课的情况，学术助理负责评价小组长的课上表现情况，总积分计入黑板上的光荣榜，进行组间评比！

　　课堂上，老师能做的只是给困难学生的一两句提醒，给精彩交流的鼓励和表扬，以及引导教学有序进行，学生却是全身心投入到课堂学习的思维、交流、竞争和展示之中，合作讨论，互相学习，各抒己见，发表自己的看法，展示自己的学习成果。教师与学生形成了一个良好的"学习共同体"，充分实现了"自主学习、合作学习、竞争学习、愉悦学习"，学生在学习中找到乐趣，找到自我。

　　（二）预习到位促生成

　　这个环节主要是在课前，是学生利用课余时间按照自学提示培养学生自主学习的能力，使学生养成良好的预习习惯。这里的学生养成了良好的预习习惯，这完全可以从课堂表现看出来。为此，我在班中采用六字歌诀：查、画、写、记、练、思，逐步培养学生的预习能力。而且涌现了很多爱学习，会学习的好学生，他们的书上记得满满的，以前上课不爱发言的同学，因为自己查找资料的细致、全面，所以课上的发言频率很高。

（三）专项训练促优化

不管是哪节课，课堂上都有几个环节是一致的，专门对学生进行有效的字词句的训练。课堂开始没有精彩新颖的导入设计，而是将与本节所学有关的已学知识和本节新知较好衔接起来，且有层次、有梯度，向学生渗透思维方法和学习策略，可以说长期坚持是让学生规律牢固掌握的过程。但是要想发挥这一环节的效果，教师必须课前深挖教材，思考设计。为此，我要学以致用，在模仿中成长，其中的几个环节我也是固定的，字词的学习、拓展，课文的段意（小标题）、主要内容，重点语句，课后习题，工具单的利用。这样训练了一段时间，因为有了固定的格式学生有章可依，预习的效率明显提高，看着他们课堂上呈现的种种，我心中喜悦难抑。

三、新路初探　让学生崭露头角

我校也在进行学本课堂的研究，学生若能够在课堂上合作交流，侃侃而谈，就必须在课前熟读文本，扎实做好预习，而小学生自主预习的能力需要培养，需要有一个导引的航向，我们的导学案就能很好地发挥这一效能。

我班已经根据学生的不同情况，如学习成绩、表达能力、表现欲等，合理分组，可以通过小组交流和小组展示汇报的形式进行交流。

我班的徐晓晶同学已经可以胜任"小助理"的工作了。并以她为表率在培养更多的小助手！学生已经六年级了，往往是不爱发言的越来越多，通过小组合作的学习，他们的积极发言展示的能力提高了。开学我班来了7个同学，明显觉得开始他们发言声音小，不敢发言。经过这四个月的学习他们的发言次数直线上升，有效率也提高了！

通过学本课堂的学习，学生们的学识在自学自悟中不断成长，也涌现出更多优秀的学习助理！在学习之余给我们的课堂注入了活力！

美的教育

结构化预习课堂精彩绽放的准备

曹桂茹

摘 要：结构化预习的提出是韩立福教授在新课程背景下所提出的一个全新的预习概念。它是指学生依据学案，在教师的引导下，有目的，有计划，有步骤，有章法地自学文本的学习活动。它是学本课堂的一个重要环节，为学生能在课堂中充分展示自我，绽放自我的准备。初识结构化预习，众里寻他千百度。走近结构化预习，乱花渐欲迷人眼。使用结构化预习，芳林新叶催陈叶。用过结构化预习，路漫漫其修远兮。通过这一年多的实验，学生们在课堂上精彩绽放着自己。

我们都知道，课前预习很重要，因为课前预习可以为上课做好知识上的准备，也可以提高课堂学习的目的性和积极性，还可以发展学生的自学能力，课前预习效果直接影响着课堂的学习效果。结构化预习的提出是韩立福教授在新课程背景下所提出的一个全新的预习概念。它是指学生依据学案，在教师的引导下，有目的，有计划，有步骤，有章法地自学文本的学习活动。它是学本课堂的一个重要环节，为学生能在课堂中充分展示自我，绽放自我的准备。

一、初识结构化预习 众里寻他千百度

早就知道预习是一种学习的心理准备过程，总没有一个完善的能体现学生自主学习的预习方案。认识了结构化预习，才知道它给学生提供了一个自由探索的空间，体现了学生学习的独立性。通过结构化的预习，学生为掌握新知识做好知识和心理两方面的准备。这样满怀信心地走进课堂，由以前的一无所知到现在的心中有数，大大提高了学生学习的起点。

在预习时学生们依据导读单，按照查、画、写、记、练、思六步，通过搜集与学习内容紧密相关的资料、查阅工具书、理解分析内容、在书旁

批画自己的感悟等，来锻炼学生自主学习的能力。

参与了结构化预习的学生不仅对教学内容有了初步的感知，还会将预习时的困惑上升成解决不了的问题，在探究学习的过程中，学生不仅带着已有的知识储备和习得的学习方法走进课堂，还带着困惑问题走进课堂，这不仅有利于提高学生的学习效率，还有利于教师有的放矢地深入开展新的教学活动，使教学更具针对性和实效性，真正实现学本课堂

爱因斯坦说："提出一个问题，比解决一个问题更重要。"学生在结构化预习活动中，学生要完成读、导、作、问四个环节，就务必自觉动脑思索，解难质疑。由于认知能力的局限，学习往往处于浅层次，教师不断引导鼓励学生质疑，长此以往就会更好地培养学生的问题意识，提高学生提出问题的能力。

教育家叶圣陶老先生说："教是为了不教"，要达到这个目的，就必须注重培养学生的能力。把开启知识大门的钥匙交到学生自己手里，让学生自己走进知识的宫殿，挖掘知识的宝藏。一份好的"导学案"是学生自主学习的路线图，学生依据"导学案"进行结构化预习，是学生参与知识形成的全过程，更有利于学生掌握学习的规律和方法，自主构建知识网络。学会学习，学会思考。

结构化预习，真是众里寻他千百度，蓦然回首，那人却在灯火阑珊处。

二、走近结构化预习　乱花渐欲迷人眼

结构化预习，首先开发灵活而多样的预习导读单，导读单是学生进行结构化预习的拐棍，尤其是在学生刚开始进行预习的阶段。这时候教师就要认真钻研教材，把握教材的目标、重点、难点，更要结合本班学生的实际情况精心设计导读单上的每一个问题，以问题为主要引导学生预习的主要线索，让问题引导学生进行结构化预习。比如语文，每一课的重难点不同，内容就会不同。每一课的题材不同，内容也会不同。学生与学生不同，每一题的深度也不同。因此要灵活掌握，恰当设置。

导读单形式的不拘一格。导读单依据内容可采用不同形式。如语文中一般的记叙文，就采用字、词、句的练习和文后习题的问答式导读单。说

明文可采用表格式导读单，比如《漫谈沟通》一课。游记可采用图文并茂的形式的导读单，让学生当导游。如《记金华的双龙洞》一课。形式可以多种多样，但目的只有一个依据文本抓重难点，激发学生兴趣。

其次、结构化让学生依据导读单，学会预习。

语文是按照韩教授交给我们的"查、画、写、记、练、思"六步法进行的。具体做法是：查，查着工具读。查作者，文章写作背景，标自然段。画，画着重点读。画本课生字、新词，画多音字及形近字，并进行积累。画能说明事物特点的词语。画能说明本科表达方法的句子、有修辞手法的句子，寓意深刻的句子，中心句等。写，写着感想读。写文本大意，段落大意，表达方法及写作方法。与文本对话，经典赏析，给自己的启示等。记，记着内容读。背自己喜欢的词语和句子，背课后要求背诵的段落。练，练着习题读。做课后练习题，做导读评价单上的习题。思，思着问题读。在前面的几个环节基础上，再进行阅读，积极思考：把自己发现的问题标注在文本的末尾处。学生按照这六步法进行预习，基本把课文读了10遍以上，对课文有了自己的理解，也有了自己的思考，课堂上才能碰创出智慧的火花。

第三，要及时对预习效果进行评价。

这是预习不可缺少的过程环节。教师适时对学情进行评价，这样既让学生发现自己的不足，又能让教师发现学生较集中的问题，以便在下一步的教学过程中抓住重点、难点，关注学生的焦点问题，以学定教，顺学而导。评价可以多元化。学生互评，学科长评，组长评，学科助理评，教师评相结合。可以打分，也可以盖评价章。根据学生的喜好设计评价方式，这样评价才能事半功倍。对于学生每次的预习评价要在第一时间进行，它能调动学生的积极性。

三、使用结构化预习　芳林新叶催陈叶

因为有了结构化预习，学生们有了可喜的变化。曾经上课不喜欢发言的同学现在变得能对问题侃侃而谈，声音是那么洪亮，表情是那么自信。曾经不写作业的同学，现在居然对老师还没布置的课文，进行了预习。曾经课间追跑的同学，现在居然能在学校的书吧安静的读书。

最精彩的是，由于有了结构化预习，课堂上生成了许多无法预知的精彩，一个个超越预设、洋溢着灿烂向我们的老师款款而来，这样的课堂绽放着生动的美丽。记得在学习《老人与海鸥》一课时，学生小组展示对老人的评价，其中一名平时并不起眼的小男生，抓住了课文中"他背已经驼了，穿一身褪（tuì）色的过时布衣，背一个褪色的蓝布包，连装鸟食的大塑料袋也用得褪了色。"这句话中的三个"褪色"来分析老人，他说"从这三个褪色中可以看出老人衣服穿的时间长，布包用的时间长，连塑料袋也用的时间长，可见老人生活不富裕……"听到这里，有些汗颜，我这个教了好几个五年级的语文老师都没注意过。同时心里暗暗感叹：孩子虽小，但他们都是一个个小精灵，虽然看着普通，心里藏着多少智慧和才能，等着我们去发掘啊！

这样的精彩真真实实的出现我们的课堂上，这不正是我们敢于把机会交给学生，让他们通过结构化预习，自我展示，自我成长的学本课堂的体现吗？

四、用过结构化预习　路漫漫其修远兮

实践证明，结构化预习能够给学生明确的指导，使学生能抓住学习的关键点，自主地进行预习。在课堂学习之前已经对学习内容有一定的理解，就有了急于想展示学习成果的心理，同时因为有了问题，急于想求得伙伴或教师的帮助，急于想解决问题，就产生了学习期待，所以课堂上学习的主动性、积极性高涨起来。在课堂教学中，老师带着欣赏赞美的表情，朴实激励的话语，和学生进行着对话沟通。学生双眼闪烁着兴奋求索的光芒，凝神静气的倾听、质疑、补充。学生展讲更是精彩纷呈，真情再现。

结构化预习，在小学阶段的学生的自学能力还是初期，所以教师的导读单起到了预习主线的作用。这就对教师的导读单的要求提高了。导读单要要求明确、细化，能让学生按要求高质量地完成预习。布置导读单的预习后，要减少其他的作业，让学生有更多的精力去预习，才能达到高效果。

结构化预习要尊重学生的差异。不得不承认学生之间是有差异的，对

美的教育

于潜能生，我们在对他们寄予期望和期待的同时，更应该给他们较多的指导。对这些学生的辅导，可以在课上，在课堂上的各个环节有针对性地进行。较容易的问题让他们回答，给他们自信。也可以在课下，在学生的业余时间。我们对他们要给予更多的关注，给予更多的爱。

总之，通过这一年多的实验，我深切感受到每一个学生都有着灵动的思想。每一个学生，不管高矮，无论胖瘦，个个都有阳光灿烂的笑脸。每一个学生，无论男女，不管俊丑，个个都有积极健康向上的心态。他们在课堂上精彩绽放着，这些源于结构化预习。

小组合作学习在小学英语课堂中的应用

刘 涵

摘 要： 小组合作学习方法与传统的教学方法相比，更能增加学生之间交流，学生之间互助的意识，促进学生社会技能、社会情感的发展及提高学生成绩上具有较显著的优势。同时合作学习是一种有效的语言学习策略，它已广泛地应用到英语语言教学与学习之中，特别是在我校英语课堂教学中取得一定的成效。我校现以"学本课堂"的课堂教学模式，旨在摸索着改变英语教学多年传统的教学模式，给课堂注入新的活力，让学生成为课堂的主导，让学生学会学习，老师的作用致力于高度关注学生的学习态度，培养学生的学习品质，着力指导学生的学习方法，并以此为根本展开教学活动。因此本文是建立在小组互助合作学习在我校被应用到课堂之中一段时间后取得的成效，以及现阶段我校小学英语课堂的现状的基础上，笔者结合实际的课堂经验来浅谈小组互助合作学习是如何建立、如何应用在英语课堂中并取得初步成效的，以及针对在小组互助合作学习中出现的各种问题提出笔者的几点应对策略。

一、小组合作学习在英语课堂中是如何建立的

以让学生成为课堂的主体为根本，让学生在组内互助下学会学习，提高学习品质为前提，从而提升学生学习英语的兴趣与互帮互助的合作意识，共同进步，共同发展。笔者简单阐述是如何建立小组合作团队学习的。

首先，将全班分成5-6大组，每组为4-6人，让学生自主创建本组的组名、口号、角色、愿景以及评价机制。其中的角色的设置借鉴"大雁飞翔效应"，小组内增设新职务—学科长，体现生生是"代表"的理念，"课代表"创新为"学术助理"负责本学科学习力；"学习委员"创新为"学习

长"，负责全学科全班学生的学习力。"班长"创新为"班主任助理"，协助班主任负责全班学习生活等全面工作。"教师"创新为"大同学"这样的做到人人有事干，人人是"代表"增强差生的自信心，让各方面优秀的学生带动差生，形成个体学习愿景化、同班学习合作化、小组学习承包化三位一体的学习机制。

其次，笔者指导学生设置本组的评价机制，分别从课堂纪律的表现、小组活动的活跃程度、课堂上回答问题的表现、课后作业、课堂检测以及课下互助等方面评价各个小组。通过小组间的竞争，小组内合作团队学习，让学生学会自主合作学习，逐步缩小学生学习差异，大面积提高学业成就，让学生学会合作交往，提高学生的表达能力、交往能力、合作能力、创造能力等。

二、小组合作学习在英语课堂中的应用

（一）课前组内共同预习

提到课前预习，我们都知道其重要性，课前预习可以为上课做好知识上的准备，可以提高听讲的目的性和积极性。小学阶段的英语旨在激发与培养学生学习英语的兴趣，让学生敢于开口用英语表达，学会用英语做事情，基于这一目标，笔者主学习新课之前，下发设定的学习任务，即"问题导读单"，创设任务情景。导读单上明确呈现出需要学生在课堂需要做的事情以及需要掌握的知识。比如：在学习北京版三年级上册 Unit6 I have fifty markers Lesson20 课时，本课谈论的话题是询问爱好和用数字描述物品数量。学生需要掌握的功能句型为：A： What do you collect? B： I collect ....I have...对于这一课，笔者是这么做的：在导读单上首先用中文呈现出让学生想一想自己有收集什么东西的爱好，其次，让学生调查本组成员或班里其他伙伴有收集什么物品的爱好与物品的数量。制作成一个"小小调查表"，这样学生就可以在一起作业网的协助下初步了解本节课的内容，为新课的学习做好铺垫。"问题导读单"上还会呈现本课的主题图，对主题图提出相应的问题，比如：Who are they? Who is she? Who is he? Where are they? Do they...? 这样的问题，让学生在小组内讨论出答案，在讨论的过程中也由"英语学科长"给组内成员分配任务，共同预习，提前了解本节课的内容，为新知识的学习做好充分的准备。

（二）课中组内合作操练

在英语课堂中，应给学生足够的时间让学生操练本节课的功能句型，操练的方式多种多样，那么在笔者的英语课堂中，在各组"英语学科长"的带领下，让学生成为主体，自行分配任务和角色，完成对话操练、角色扮演、单词操练游戏等任务，教师在旁边巡视指导。最后，由"学术助理"代表教师组织课堂活动，秉着机会均等的理念给各个小组机会进行展示，在展示过程中培养学生大胆、大声开口表达的能力。例如在操练：北京版三年级上册 Unit6 Lesson19 May I borrow your...? Here you are.这个功能句型时，可以在"学科长"的带领下，分配组内六个成员两人一组，用实物进行操练替换练习，练习之后，由"学术助理"挑选机组进行展示，并给予相应的评价，根据本组展示时声音是否洪亮、句子表达正确与否、创新程度如何等评价本组能得到一颗星、两颗星、三颗星，（满分五颗星）。这样既锻炼了学生的口语表达能力，同时也激发了小组间的竞争意识，力争本组做得更好。

（三）课后组内互相督促

英语有时也往往避免不了书面的作业形式，根据本学校笔者任教的三年级学生的学情来看，大部分学生是能自主并积极的完成老师布置的各项任务。但还是存在小部分"后进生"他们基础薄弱，不会学习，不能主动并独立的完成任务，那么这就需要小组互助合作学习，组内成员互相帮助、督促来使自己的小组做到更好。教师在完成任务这一项上设定相应的评价机制，比如一个人没完成扣除几颗星，都完成的加几颗星，哪组课下最努力加几颗星，哪组最团结协作加几颗星，这样学生的荣誉感与挫败感就会油然而生。都会互相激励、督促本组成员完成任务。

三、小组互助合作学习过程中出现的问题

（一）小组构建不合理

在小学英语课堂中，使用最多的小组划分模式是按座位划分，笔者也

是这样划分的，所以出现了各组间的水平差异过大，有的组整体英语水平很高，有的组则没有太强的学生去引领，导致做什么事情学生都会觉得不公平，笔者在这个问题上没有考虑到每位学生的学习情况和性格状况。

（二）小组合作课堂组织管理混乱

小组合作学习中存在的最大问题就是课堂的纪律问题。课堂活动处处以学生为主，把课堂交给学生自己，让他们进行属于自己的学习，因此不免会出现杂乱无章的情景，学生大声喧哗，乱成一锅粥的情形，有的学生自主能力差，学习能力也弱，导致合作学习的模式流于形式，达不到预想的效果。

（三）合作评价单一

小组合作学习中的评价是整个学习过程中非常重要的组成部分，它可以对学生在活动过程中的学习态度、学习能力和学习成绩上做出一定的价值判断。但是给予小组合作学习的评价往往是对整个组的评价，虽然这些评价可以瞬间点燃起这个组学习英语的热情，但是忽略了对个体学生的评价，没有给学生充分的肯定与赞扬。

四、对解决小组互助学习过程中出现的问题的一些策略

对于小组建构的问题上，笔者发现出现问题之后及时做了调整，充分分析每位学生的学习情况和性格状况。部分学生学习成绩很好，但英语不是强项，或者有的性格比较闭塞的小孩，在英语上却很有自信，勇于用英语大胆地表达自己，对于这样的学生给予更合理地安排，做到让每个小组的学习水平尽量一样，机会均等。并不是强强联手，也不是弱弱相辅，既不是男男合作，也不是女女合作，二十个小组成员之间各方面都达到互补，各个小组成员在合作学习中取长补短、互相学习、互相帮助。小组成员的选择应从学生的性别、性格特点、学业成绩、能力特长、家庭背景等等各方面考虑。

对于小组合作课堂组织与管理的问题上，笔者是这样做的：从旁指导，发挥监控者调节者的作用。通过观察小组活动，巡视小组合作情况、参与小组讨论等等进行有效管理。学生在小组讨论过程中往往会出现一些错误

的理解，这时教师需要用心聆听他们的探讨，纠正他们的错误认识，给予及时地指导和帮助，避免在错误理解下无效讨论。在小组讨论过程中调皮捣蛋的学生个体，制止他们不好的行为，让他们尽快融入小组合作中。

对于评价方式单一的问题，笔者是这样调整的，增加组内成员评价，小组与小组间的整体评价，老师对各个小组的评价以及对学生个体的评价。多维评价系统去激励学生。

美的教育

巧妙设计作业，快乐学习数学

张永兴

为减轻学生的课业负担，促进学生健康快乐成长，我积极探索创造性地进行了数学作业习题设计的教学改革实验。小学数学的作业设计既要与教学相辅相成，也应与学生的作业练习做到适度、高效，教师就必须精心设计好每一道练习题，做到让学生既减轻了课业负担，又能掌握知识，发展能力。应将作业的设计着眼于学生的发展，而非单一的、千篇一律的重复。就要在练习设计的目的、形式、容量等方面下工夫。练习题应打破以往只进行"静态的"纸笔检测练习的局限，将动态的数学活动和动手操作融入作业中，不仅扩展了数学习题的形式，也拓展了作业练习的内容，同时也会增强学生参与数学学习活动的积极性和乐趣！

一、设计动手操作题 培养数学思维能力 提高单位时间内的效率

例如：五年级教学完《空间与图形》这一章内容后，我设计了这样的一道动手操作的练习题：利用附页中的方格纸，剪出一个面积是48平方厘米，高是6厘米的梯形，并贴在方格内。

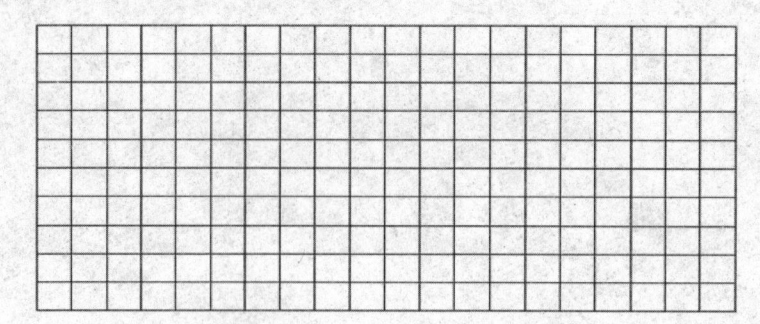

这道练习题的设计由原来的一题一用变为一题多用，帮助学生完善原有的认知结构，实现教学资源利用的最大化目的。学生要想在方格纸中剪出符合要求的梯形，首先就要先根据"面积是48平方厘米，高是6厘米"这两个条件计算出梯形上下底之和是16厘米，而上、下底之和是16厘米，

高是 6 厘米的梯形，在取整厘米的情况下，上、下底都会有很多种不同的选择。例如：上底：1、2、3、4、5、6、7、9、10、11、12、13、14、15；下底：15、14、13、12、11、10、9、7、6、5、4、3、2、1。另外即使是上、下底相同、高相等的梯形也会有很多种不同的形状，例如：上底为2cm、下底为14cm、高为6cm的梯形就会有很多情况（如下图）。

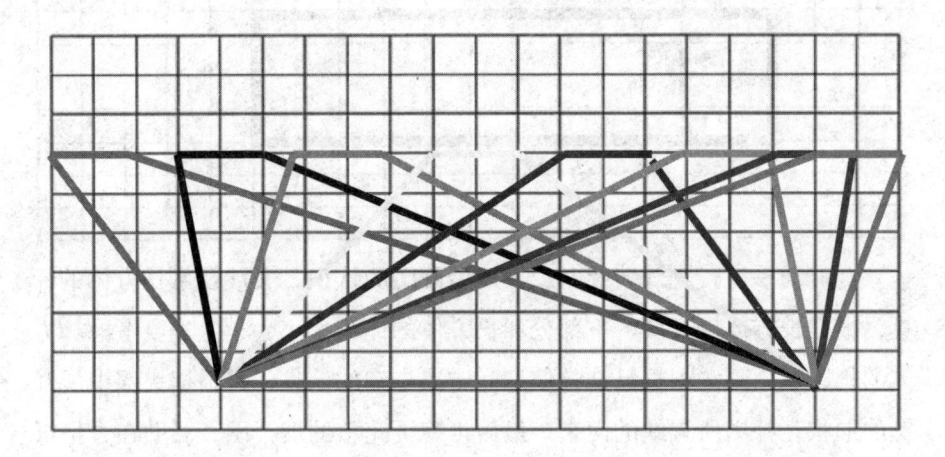

由此可见，适合这个问题的答案会有很多种，学生再一次体会到面积相等的梯形它的上底下底可以是不同的，即使上底、下底相同的情况下图形的形状也会不一样。

学生在计算、比较、选择和操作中，不仅巩固了梯形的特征，复习了梯形面积计算的知识，学生在梯形面积中最容易出错题的地方，"2"的处理再一次有了更加深刻的体验。也培养了数学思维能力，学生在动手操作过程中，不仅体会了方法的多样性，同时还感悟了数学知识的本质特征。在前期的准备设计后，再动手剪一剪、贴一贴，学生兴趣很高。这道活动题的设计突出了数学思维与动手操作的巧妙结合。提高了单位时间内的效率。

二、设计动手实践题培养学生的空间想象力 提高了作业的实效性

在教学完《长方体正方体体积》一节时，根据学生的认知规律，学生习惯看着长方体的展开图，标出它的长、宽、高，再计算出体积。为了培养学生的空间想象力。我利用书后附页上的方格纸，为学生设计了下面的

美的教育

一道动手实践题。

"请你补足欠缺的面,设计一个体积是24立方厘米的长方体展开图剪出后把它贴在空格内。"

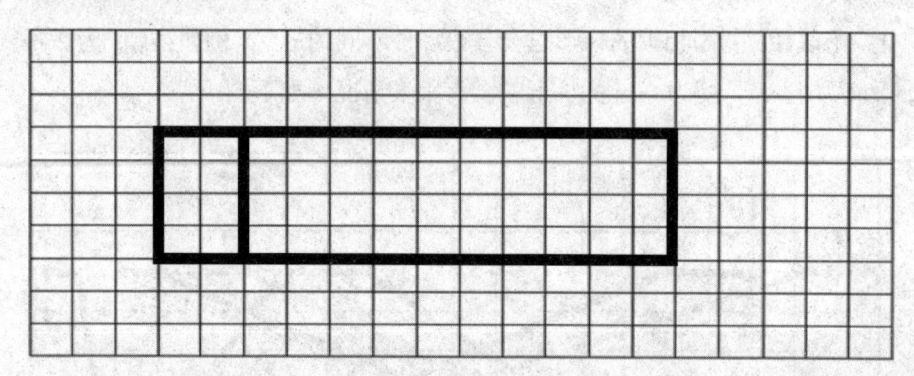

这道动手实践题既涉及对长方体展开图的认识,又涉及了长方体的计算,根据长方体展开图的一部分和长方体的体积大小,学生先要考虑长方体的长、宽、高。根据已知的信息,定出未知的信息,再根据头脑中展开图的形状,补出所欠缺的面来,最后再剪下完整的展开图,黏贴在方格纸上面,答案也是不唯一的,解决此题的过程,需要学生综合运用所学知识,对数学思考、计算推理和动手操作的要求都很高,学生的空间想象力自然在活动中得到了发展。在这道题中学生收获的不仅仅达到了预期的目的,还使学生获得了多种感知培养学生的空间想象力,提高了作业的实效性。

三、设计开放题 增强主动学习的意识 扩大学生视野

例如:教学三位数乘两位时,为了让孩子对枯燥的计算产生兴趣,我设计了这样的一组练习题:

11×1 =　　　11×2 =　　　11×3 =　　　11×4 =　　　11×5 =
11×6 =　　　11×7 =　　　11×8 =　　　11×9 =

孩子们一看都笑了,都不用算就知道等于多少。

11×1 = 11　　11×2 = 22　　11×3 = 33　　11×4 = 44　　11×5 = 55
11×6 = 66　　11×7 = 77　　11×8 = 88　　11×9 = 99

那你们知道:37×3 =　　　37×6 =　　　37×9 =　　　37×12 =　这几个算式结果是多少吗?

156

践行·研修篇

孩子们闷头算了起来不一会儿，一个一个笑脸展现在我的眼前，"老师不用算了，我不仅知道这些算式的结果是

$37 \times 3 = 111$　　$37 \times 6 = 222$　　$37 \times 9 = 333$　　$37 \times 12 = 444$，

我还知道后面的算式的结果分别是，$37 \times 15 = 555$　　$37 \times 18 = 666$

$37 \times 21 = 777$　　$37 \times 24 = 888$　　$37 \times 27 = 999$"

"你们不仅知道了结果，还联想出来与其有关的那么多算式真是了不起呀！这么大的数你又是怎么算的呢？"

"根据 $37 \times 3 = 111$，我觉得 $37 \times 27 = 999$，我可以把 27 拆成 3×9，也就是 37×27 转化成 $37 \times 3 = 111$，再用 111×9 所以等于 999"。

你们真会学习呀！那这些结果都是由清一色的数字组成的，那你还知道哪些清一色的数字组成的结果的算式呢？留做家庭作业吧！

$101 \times 11 = 1111$

　　（　　　　）×（　　　　　）= 2222

　　（　　　　）×（　　　　　）= 3333

　　　⋮　　　　　⋮　　　　　⋮⋮

这道开放题留给了学生作为家庭作业，我设计的目的是让孩子们回家练一练三位数乘两位数的计算步骤，让他们对枯燥的计算有点兴趣，不至于把作业当成负担去完成的。我认为他们算到 $101 \times 99 = 9999$；也就该偃旗息鼓，就此罢休了呢？可谁知第二天一到校孩子们就兴趣高涨地来到我的办公室问我，老师我们知道用两位数 11 去乘一位数积是两个 1　两个 2 一直到两个 9；用三位数 111 去乘一位数积是三个 1、三个 2 一直到三个 9；用三位数 101×11 积是四个 1；$101 \times 22 = 2222$；……$101 \times 99 = 9999$，那有没有积会是 5 个 1、5 个 2 一直到 5 个 9 的；6 个 1 到 6 个 9 的算式呢？或者更多的呢？

我笑着对他们说："你们真会思考，有一双发现问题的眼睛！"这样的算式是有的，结果都是由清一色的数字组成的，孩子们你们可以自己去试一试，找一找吧！

由此点燃全班学生创造性思维的火焰。学生们的感觉是自己在解决自

157

己的问题，完全是一种自愿，不是完成老师布置的任务，这样学生乐此不疲兴趣极高。无形中把探究的触角延展到课外。让"问题"成为学生学习知识、习得能力的纽带。他们每天都迫不及待地告诉我：老师我知道了！

15873 × 7 = 111111　　　15873 × 14 = 222222
15873 × 21 = 333333　　 15873 × 28 = 444444
15873 × 35 = 555555　　 15873 × 42 = 666666
15873 × 49 = 777777　　 15873 × 56 = 888888
15873 × 63 = 999999

老师我还知道了：4645 × 2125 = 7777777

老师我还知道了：152207 × 657=99999999

还有：　　333667 × 2997=999999999……

看到同学们找到的结论和他们的热情我十分感动。我问他们："你们是怎么找到的？"一个学生说："我把这些清一色的试题让我爸爸看了，我爸爸告诉我说还有更神奇的呢？是他告诉我的"。另一个同学说："我是在网上搜索到的"你真的很了不起，找到了新的学习方法。有一个同学说："我妈妈说'她还知道19个1所构成的清一色的数字是一个素数，不可能再由别的数字生成'"。听完大家的发言我激动地说：同学们，你们真了不起，你们寻找结论的这个过程，其实是很多学者和科学家终生都在使用的。今后你们可以用这种方法解决很多的问题。

他们的自学能力及知识的搜集能力是不容低估的。我们要选择适合的教学内容放手训练，大胆让学生在求知的过程中，挖掘出内在的潜能。这样，把课堂的40分钟，有效地延伸到了课外，学生在课外学到了书本上没有的更多的知识，远远超过做多少道算式题的收获大，把孩子从繁重的作业中解放出来，以各种形式带领大家窥探数学世界的一角，从而吸引学生去发现欣赏到数字间的神奇魅力，从而喜欢上数学这门充满乐趣的学科。让他们去了解数学文化的美妙所在，扩大视野，增强主动学习的意识。主动学习的意识就像一粒种子，终于在合适的土壤中扎根、发芽了。在这个过程中，学生们不仅仅是获得了知识，更重要的是掌握了一种学习方法。

学本课堂的初步探索

赵凤辉

摘 要：结构化预习指的就是在预习时做到目标结构化、知识结构化、问题结构化。具体采用"阅读六字诀"进行预习，即查、画、写、记、练、思。查就是查着工具读，查不认识的字词，不理解的句段、查作者的简介、查文章的写作背景等，凡是自己能动手查到的就自己解决；画就是画着重点读，画课后要求记住的字词、画多音字、画重点句段、画积累的好词佳句等；写就是写着感想读，写文本大意，写段落大意、思想感情、品词赏句写作方法等，可以体现学生的理解程度；记就是记着内容读，记字词、作者、文本大意、思想感情、背诵段、重点句等，做到熟记于心；练就是练着习题读，实现作业前置化、全程化、全优化，这样可以使学生在读时发现问题及时解决，不会的上工具单，最终实现简单问题书本化，复杂问题工具化；思就是思着问题读，把自己在读的过程中产生的问题写下来，解答不了的上问题工具单。

一、学生方面能力培养策略

（一）培养学生的结构化预习能力

结构化预习指的就是在预习时做到目标结构化、知识结构化、问题结构化。具体采用"阅读六字诀"进行预习，即查、画、写、记、练、思。查就是查着工具读，查不认识的字词，不理解的句段、查作者的简介、查文章的写作背景等，凡是自己能动手查到的就自己解决；画就是画着重点读，画课后要求记住的字词、画多音字、画重点句段、画积累的好词佳句等；写就是写着感想读，写文本大意，写段落大意、思想感情、品词赏句写作方法等，可以体现学生的理解程度；记就是记着内容读，记字词、作者、文本大意、思想感情、背诵段、重点句等，做到熟记于心；练就是练着习题读，实现作业前置化、全程化、全优化，这样可以使学生在读时发现问题及时解决，不会的上工具单，最终实现简单问题书本化，复杂问题工具化；思就是思着问题读，把自己在读的过程中产生的问题写下来，解答不了的上问题工具单。在培养学生这方面能力是需要时间的，开始的时候可以带着孩子们一点一点地做起，可以在课堂上直接指导学生，让学生知道每一步的意义。特别是学生读15遍课文时，要明确每一遍课文读书的目的是什么。此过程先由老师指导完成，时间长后学生自主完成，启用阅读评价章，实行五级评价机制。

（二）如何创建新型合作小组

在学本课堂上，学生主要是以小组为单位进行学习的，班级是一个大家，那么每个小组就是一个个小家。在小组内主要让学生学会学习，学会合作、缩小成绩差异、大面积提高学业成绩，那么，就要把小组建设成一个温馨之家，成员像兄弟姐妹一样团结、帮助、合作，没有嫌弃和排斥。在这个家中，学生们学会交往，提高了社交能力，把班级作为一个社会雏形，既有合作又有竞争，培养学生的竞争能力和适应能力。

教师通过刚开学时对小组的组建，就要培养小组成员间的凝聚力，并通过小组的组名、口号、愿景、组歌、承诺词、小组公约等，定期开好团会，即学术团会、行政团会、教育团会，不间断的加强组员的团队意识，最终让班内的同学达到良性学习。

如我们班的班名是快乐少年班。我们的口号是快乐成长，永争第一。我们的愿景是创造完美世界、建设美好未来。学生们还给自己的小组也取了自己的组名有快乐成长组，阳光少年组等。孩子们在组建自己的小组时那份开心，那份投入，是以前从来都没有见到过的。

（三）培养学生的自主合作展示学习能力

学生自主学习采用"三定"123策略，三定即定时间、定任务、定问题，如"下面用10分钟进行自主学习，内容为几页到几页，围绕工具单上几到几题进行学习。"123指在学生自主学习时，老师要做到1要闭口不说话，2要巡查观看，对学困生的指导声音控制在三度以内，3要心照，就是教师根据学生的学习质量随时调整时间。保证学生真正静心独立完成。在指导学生三定时，一定要多次强化。孩子们要养成某一方面的习惯时是需要时间来强化的。

学生的合作学习采用讨论组小组方式，采用小组学习12345加2策略。具体这样操作：当学术助理说讨论开始，学科长喊起立、聚首、分配任务、小组讨论、组员间评价，为了方便书写可以坐立自如，为了组间交流，可以行走自如。真正让教室成为学生学习的学习场。学生的展示交流，采用展示对话学习"六字诀"，即展（展讲、展写等）、思、论、评、演、记。学生在展讲过程中，要注意话语结构，遵循"破冰语——陈述语——讨论语——结束语"，还要把握说话的时间度、语言简明扼要、切合问题，最后要注意仪态大方、声音洪亮等。小组展讲时，要求同学们认真倾听，及时加入讨论，并做好记录。如果学生们不讨论时，教师要善于扮演打火机的作用，煽风点火，让学生们讨论起来，让课堂活起来。学生能够在自己的课堂上发挥自己的智慧，积极主动的参与本组的讨论中来。

课堂上孩子们参与度高，每节课学生都愿意参与本组的讨论。一次我的语文课上，我们在讨论遗产一词的意思时，学生讨论的非常激烈而且分歧还是很大。一般学生认为所谓遗产就是遗留下来的，而我们班的另一半学生则认为是祖辈遗留的才能算是遗产。孩子们课堂上纷纷阐述着自己看法，通过有序而激烈的讨论，孩子们最终统一了看法。这是他们自己通过自己的学习研究得来的结果，这跟老师直接给结果要强得太多了。这也是学本课堂给孩子们带来的巨大财富。

二、教师方面能力培养策略

鉴于此，在新课程背景下实施有效教学，教师首先要在以下方面不断提升自己的专业素质：

（一）**树立先进的教学理念**。理念是灵魂。教学理念是指导教学行为的思想观念和精神追求。对于教师来说，具有明确的先进的教学理念，应该是基本的素质要求。在推行新课程中，教师必须以新观念来实施新课程。

（二）**丰富个人知识储备**。课堂上，如果教师对教材的理解缺乏深度广度，那么教学就会肤浅，学生学习就无法深入。可见，作为新课程直接实施者的教师，一定要不断学习和探索，不断拓展自己的知识内涵。知识的厚度增加了，课堂就能深入浅出，左右逢源。

（三）**做一个有反思力的教师**。叶澜教授有一句著名的话：一个教师写一辈子教案不一定成为名师，如果一个教师写三年教学反思，就可能成为名师。教师应在实践——反思——再实践——再反思螺旋式上升中，实现专业成长。

学本课堂的精髓远远不止这些，这只是我自己对学本课堂的一些粗浅的看法。我始终记着韩教授的话，让学生预习时就把所有的知识掌握，课堂上就只想着怎样展示，怎样讲解别人才能听得清楚明白，锻炼自己的语言表达能力，使自己思维的刀子磨得快快的，将来成绩就业都是棒棒的。我也将不断努力，在韩教授思想的引领下逐渐"懒"起来，实现自己的专业成长。

构建焕发学生生命活力的学本课堂

范亚利

  摘　要："学本课堂"新课程理念为教师提供了一种"先学后导——问题评价"教学模式，提高了数学课堂教学中学生的参与度，在有效课堂教学中，通过以问题发现生成解决为主线，以问题评价为手段、以任务驱动为问题解决途径的有效教学模式，让学生学会自主参与，合作学习，走进有效教学，创建卓越课堂。

  苏霍姆林斯基说：教育的技巧并不在于能预见到课的所有细节，而在于根据当时的具体情况，巧妙地、在学生不知不觉中做出相应的变动。在教学中教师要以合作者的身份参与学生的学习活动，要遵循学生认知特征、思维的张弛、情感的变化，以自己独特的、富有个性化的教学机智随时调整教学环节，激活学生思维，是新课程教学改革所期望的教学模式。2015年韩立福博士来到大兴十小，进行一周的学本课堂有效教学策略的大力实施与推广，构建适应新课程理念的小组合作学习，教学生们如何预习，如何读，让学生学会自主、合作、探究学习，构建焕发学生生命活力的课堂教学，从而提高课堂教学的有效性。"先学后导，问题评价"教学模式，极大地鼓舞了我内心深处参与课改的积极与热情。

  一、转变观念　创建充满活力的学本课堂模式

  教育是一项实践性极强的事业，在课程改革的实践中全国各地教师积极探索实践，积累了丰富的教学经验，取得了丰硕的教学改革成果，不断改进自己的课堂，在不断地打磨和历练中逐渐形成自己的教学风格，使自己更快成熟起来。2016年大兴十小全体任课教师，分批赴山东济阳实验二小、莘县实验小学、泰安实验小学进行观摩学习，学习中我对韩教授的"先学后导——问题评价"教学模式有了深刻的认识：学本课堂的教学模式是

美的教育

以问题发现生成解决为主线，以问题评价为手段、以任务驱动为问题解决途径的有效教学模式。教与学的过程分"问题发现"、"问题生成"、"问题解决"三个阶段来进行，把教学过程简单概括为"问题发现+问题生成+问题解决"教学模式（分别取"发现""生成""解决"三个英语单词的首字组成"FFS"），简称为FFS教学模式。

新课程理念下的有效课堂教学模式是灵活多样的，在具体的学本课堂中，学生自主参与到课堂中，自己选举产生学科长、学术助理，在班内建立小组合作学习机制。在高效教育模式的基础上对教育教学方式进行了大胆的革新，在上课时有自己明确的口号、目标，每个学习小组有合作学习公约、愿景等。在韩立福教授创新设立的"行政""学术"两个体制的驾驭指导下齐头并进、有效有序运行。在教学方式上转变传统的教学观点，构建了"以生为本、先学后导、全面发展"的教学理念，具有"师生共备""师生共学""师生共拓""师生责任""师生双赢"意识。积极尝试上好"问题发现评价课""问题生成评价课""问题解决展示课""问题拓展训练课"、"问题综合解决课"、"单元回归评价课"、"问题专题解决课"、"综合实践活动课"等几种课型！韩教授的有效教学策略，进一步激发和鼓励了教师积极投身教改的积极性与工作热情，有力促进了教师专业能力的持续进步与发展，在有效教学中"教师不再以知识权威和绝对权力的姿态走进教室"传道、授业、解惑而是充当课程实施的积极推进者、平等对话者、行动研究者的多种角色。教师有时还不仅要当好课堂教学的导演，而且应该当好学生的配角，师生之间平等自由地发表见解、商讨问题形成，互相交流、互相鼓励的氛围中自主、合作、探究学习。例如《长方体的认识》一节，学生以小组为单位做一个长方体，小组展示自己的作品，介绍长方体的面棱顶点后，学生以小组为单位探究长方体的特征，同时完成学习单的表格，各组汇报自己的发现，我从中适时点拨，学生在自主学习中掌握了长方体的特征。每位学生都积极参与进课堂交流、展示中，特别是为在某一方面成绩优秀、能力出众的同学的成长与发展搭建了展示的平台，彰显了他们的蓬勃朝气，使他们更加积极进取，同时也让那些在学习上待合格、待优秀的学生有了前进与发展的动力，受到了一定的鼓舞与鞭策，拓展了前进的空间与视野！

二、转变角色　为学生搭建自主学习的舞台

学生学习应当是一个生动活泼的、主动的和富有个性的过程。认真听讲、积极思考、手动实践、自主探索、合作交流等，都是学习数学的重要方式。学生应当有足够的时间和空间进行观察、实验、猜测、计算、推理、验证等活动过程。

课程标准指出实行启发式教学有助于落实学生的主体地位和发挥教师的主导作用。课程标准指出数学教学是数学活动的教学，是师生之间、学生之间交往互动与共同发展的过程。数学教学，要紧密联系学生的生活实际，从学生的经验和已有知识出发，创设有助于学生自主学习，合作交流的情境，使学生通过观察、操作、归纳、类比、猜测、交流、反思等活动，获得基本的知识和技能，进一步发展思维能力，激发学生的学习兴趣，增强学生学好数学的信心"先学后导——问题评价"教学模式是以问题为主线、评价为媒介的教学模式，这里所说的"问题"是指在师生交往、多元评价中产生，又在多元评价中得到解决的问题。在有效课堂教学中，通过小组合作学习，让学生学会主动参与、自主合作学习，逐步缩小学生学习的差异，大面积提高学业成绩；让学生学会合作交往，提高学生的社会化能力。韩博士指出：预习先让学生读，主要采用"查、画、写、记、练、思""六字诀"阅读，并且要求强调阅读遍数。阅读"六字诀"的主要内容是："查着工具读；画着重点读；写着感想读；记着内容读；练着习题读；思着问题读"。我们必须牢记陶行知先生说过的话"先生的责任不在教，而在于教学生学。"而学生主动学习的精神，需要教师经常的启发、点拨和引导。需要长期有计划地进行培养。教师要充分考虑教给学生学习数学的方法。例如，根据高年级学生的年龄特点，交给他们自学看书的方法，要求学生在自己看书时，做到认真读，动脑想，动笔画，动手做，及时问。认真读就是读课本上的说明、例题或结语；动脑想就是想书中的知识是否明白了，多问几个为什么；动笔画就是在不理解的地方或重点、难点处画上

美的教育

记号,最后自己攻破或上课认真听;及时问就是不懂的地方及时向老师质疑或请教同学。长期这样训练下去,学生就会学会看书自学的方法,以后,便能在课外阅读中获取更多的知识。

三、转变学生的学习方式　构建焕发学生生命活力的课堂教学

叶澜教授也曾说过:"课堂应是向未知方向挺进的旅程,随时都有可能发生些意外的通道和美丽的风景,而不是一切都必须遵循固定的线路而没有激情的行程。"动态生成的课堂生活的一大特点,他可能会超越教师的预设,是教学处在不断的调整和变化中。

一年来,从第一次观摩安老师的示范展示课和自己平时模仿实践,沿着"学生当堂自学——小组互学交流——全班汇报点评——教师归纳总结——课堂巩固检测"这样的模式教学,通过几次大活动的开展,我看到了孩子在课堂上的自信与快乐,看到了部分孩子学习能力、组织能力、表达能力的提高。每个孩子都积极参与到课堂中,表现非常棒,质疑不断!百名校长听课活动中,我执教了《三角形的认识》一节课,使我对学本式课堂教学又有了进一步的认识。课前把《三角形的认识》的导学案发给学生,让学生在先预习的基础上进行课堂教学,放手让学生小组互学交流学案,然后在全班以小组形势汇报展示,自己板演完善板书。其余学生对每个知识点补充完善,汇报交流中教师时时参与点拨。最后分层达标检测。在整个教学过程中,充分体现了学生自己去学习、去参与、去实践、而教师则起到组织者、引导者和参与者的作用。一个个问题在师生互动和交往中得到解决,使课堂充满主动学习的气氛,出色地完成教学任务。从课堂中,我们也感受到,当课堂交给学生去互学交流汇报时,40分钟时间是短暂而仓促的,学生的练习是没有真正落实的,所以我认为学本课堂并不是要求我们严格遵循和执行,主要是在充分理解的基础上,结合教师自己的教学个性和风格,根据学生的学习需要,创新出适合自己特色的教学模式。例如,《分数的意义》教学中,结合具体情境让学生在理解分数意义的基础上,体会分数对应的整体不同,所表示的具体数量也不相同,体会"整体"与"部分"的关系,感受分数的相对性。为了使学生真正建立一个整体的概念,由我来先引入,我从一个长方形开始,再出现"一个梯形""一根粉笔""一个苹果",每次出现一次,学生就写一个"1"。当大屏幕上出现五个苹果时,教师提问:"这是苹果的个数还能用一来表示吗?"接下来老师课件演示把五个苹果放在一个盘子里,就形成了"一盘苹果",也可以用"1"来表示,接下来到"一箱苹果"再到"一车苹果"最后到"一堆苹果"数量越来越多从"可数"到"不可数"。这个时候再揭示"一个整体"的概念便能水到渠成。实践证明这样的教学效果非常好,等到教师让学生举出生活中还可以把什么看做一个整体时,学生的思路非常开阔,在接着学习下去就非常顺畅了。

苏霍姆林斯基指出:"教育的最高目的是提高学生的自我教育能力和水平。"我们要在尝试中逐步使小组成员在同学习、同实践、同参与、同竞争、同评价的过程中,构建起一个学生自主管理、自主教育的机制,这样学生才能真正乐学、善学、会学。有效教学是指教师指导下创建学习共同体,使学生学会积极参与自主合作探究学习,单位时间内提高学习绩效,全面实现课程目标,有效促进学生全面发展和教师专业成长的学习过程,因此有效教学不仅是一个教学活动,更是一个持续发展的、高质量的合作学习过程。走进有效教学,创建卓越课堂,这需要我们用心去钻研,去实践。作为一名新时代的教师,只有不断学习,努力提高自己的师能,才会让自己的课堂更加和谐、卓越!

美的教育

在学习与探索中起航"学本课堂"

姜玉红

摘 要：2001年北京进行了轰轰烈烈的课程改革，至今十多年了，但小学语文课堂教学仍是教师唱主角，牵着学生的鼻子讨论着问题，教师教起来累，学生学得厌烦。学生硬着头皮学，毫无兴趣，还要完成大量机械地重复练习，厌学现象没有改变。所以要改变现状就要真正把课堂还给学生，以学生自主学习为本、以学生学会学习为本的课堂。韩立福教授带来的"学本课堂"模式，彻底颠覆了原有教学模式，在语文课堂教学中营造了浸润着民主、平等、激励和谐的人文课堂环境，实现了新课程倡导的自主学习、合作学习、探究性学习，改变了学生的学习方式，极大地提高了课堂教学质量。让学本课堂"有血有肉"，学生在老师的引导下，可以学到应有的素养。

韩立福教授的"学本课堂"，是指以学习者学习为本的课堂。这里的学习者不是单纯指学生，而是指教师、学生和直接参与者。也就是说，在学本课堂中，没有纯粹的教师，教师身份将发学本质性变化，教师是大同学。具体而言，学本课堂就是教师和学生协同合作，共同围绕着核心问题开展自主性的探究学习，在单位时间内解决问题，实现学习目标，促进教师和学生共同成长的学习活动。在师生关系方面，有别于教本课堂，师生关系不是上对下的长幼关系、授受关系，而是真正意义上的民主、平等、人文和谐的发展关系。师生为了共同的目标而相互合作，相互帮助，追求的是一种真学习。在教学关系方面，师生之间不是那种传授和告知关系，而是合作学习，共同建构知识发展能力的关系。师生共同创建小组合作团队学习机制，创建人文、自由、开放、多元、灿烂的学习氛围，让学生实现真实、自由、自主的阳光学习。通过学本课堂学习，最终目的是让每位学习者生命得到精彩绽放。

一、清除头脑固有模式，开始推行改革

自从我上学开始，妈妈每天叮嘱的话便是"到学校要听老师的话。"老师在我心里便是"神"一样的存在，课堂上我专心听讲，老师说什么就是什么，老师让干什么就干什么，老师说的话就是圣旨。这种思想根深蒂固的存在到我当老师，我觉得我就是课堂的主角，我指挥着学生上了一节又一节课程。但十多年教学过来越来越体会到累，学生越来越难教，我让他们干什么他们不情愿，甚至不干。这是哪出了问题，我常常和同事们探索，大家得出的结论是：现在的学生越来越难管，学生不听话！

直到韩立福教授来到大兴十小，他的教学理念如一缕春风轻抚着每一位教师，他把"学本课堂"带给了我们，才使我认识到旧的"一尊独大"教学模式只发挥教师的主体作用，没有考虑到学生，甚至低估了、扼杀学生的学习潜能和主观能动性。韩教授把他的"学本课堂"手把手交给我们，韩教授告诉我们要进行课改就必须彻底改变教师定位，先从称谓改起，课堂上老师要叫"大同学"，要放下高高在上的架子，蹲下身来站在学生角度，想学生所想，完全融入学生中，把自己真正当做学生的一员。我对这种朋友式的师生关系深深赞同，困扰多年的问题好像解开了，学习自然学生是主角，是学习的主体，教师是他们的组织者，参与者，激励着，课堂上只有这种和谐，民主，平等的师生关系，才做到真正尊重每一个学生。他又带着他的团队走进班级，教我们创建"学本课堂"的班级，从如何起班名、班歌、口号愿景开始，先确定一个班级的灵魂，这样班级就"活"起来，心聚起来，集体凝聚力更强大。然后如何分组，小组成员的组成，组长竞选，大家协商小组名称，口号，组歌，愿景，建立起一个个小团队。学生不再是一盘散沙，小组把他们紧紧凝聚在一起，为了一个共同的目标奋斗。最后就是如何指导小助理上课，学生如何发言，如何讨论，如何汇报。这样一个学本课堂的框架基本建成，改革开始。

二、下工夫在课前准备，积极投入改革

进行学本课堂改革看似解放了老师工作，小助理充当老师角色。其实完全不是，教师的大量工作只是由台前转移到幕后，课前要下大工夫。课前既要深入钻研文本、教参，还要思考学生学习接受方式方法，更要储备课堂来自学生学习过程的生成问题解决策略。也就是课前不仅备教材，还要备学生，更要备各种策略。然后才能根据学生的实际水平和知识特点制定出一案三单。学习方案是根据一篇文章教学目标和学生已有认知水平、知识经验，把知识问题化，能力过程化，在充分尊重学生主体地位的前提下，积极发挥教师的主导作用，通过科学有效的训练达到课堂教学效益的最大化。在学习方案的设计上要注重"问题化原则"，即将知识点转变为探索性的问题点、能力点，通过对知识点的设疑、质疑、解释，从而激发学生主动思考，逐步培养学生的探究精神以及对教材的分析、归纳、演绎的能力。

教师还要在课前培训小助理，指导她先学习课文，掌握重难点，完成导读单和解决单的问题，做到心中有数，指导她课前备课。我班杨鑫垚聪明伶俐，语文功底深厚，选她做语文小助理当仁不让。刚开始交给她任务时，她对新岗位新角色有抵触情绪，几次找我推辞，我利用课余时间给她讲学本课堂，告诉她当小助理不仅可以提高自己的语文水平，还能锻炼组织能力……会有很多优势，并且老师会一点一点指导，经过我耐心开导，她接受了，而且感到很光荣。于是，她积极投入工作，课前自主学习，主动找我解决遇到的问题。后来经过一次次实践上课，她大胆了、放开了，主持语文课落落大方，张弛有度。年末同学谈新年愿望时，她说："我希望明年继续当小助理，向我的当老师理想前进。"

三、抓小组合作出成效，脚踏实地改革

小组合作学习在传统课堂也常常使用，但大多数活动流于表面形式，热热闹闹的表面背后是小组里一两个所谓好学生发言，其余学生来不及思考就被强行知道答案。这种学习不是真正意义的合作学习。"学本课堂"的小组合作是有组织，有目的，各成员分工明确的自主、合作、探究的学习方式。我在分组前对全体学生进行分析，全班分成7大组，每组6个同学，挑选7名品学兼优的学生做组长，然后根据学生学习水平均匀分配，使各

组成员实力相当，这样既保证小组学习时相互启迪，更能激发小组间的竞争，促使各小组共同成长进步。

"小组合作"的学习方式进行于学本课堂，我站在教室一旁，通观全局，能不说的不说，能少说的少说，协助小助理上课。下课后再总结课堂中的优劣，指出改正措施，下节课继续努力。学生也不是一上课就开始小组学习，而是按照学习单的问题自主学习，独立阅读文本，独立感受。然后小组讨论，讨论时有时间控制，小组成员由易到难分别由不同学生主持，一人汇报，大家补充完善。这样每个学生既保证有独立思考的空间，又保证在讨论时都参与，都有发言机会。通过这样的小组合作的课堂活动，学生的学习兴趣大大提高，学生的课堂参与积极性也会不断提高，而且学生讨论问题的热情高涨，提高了解决问题的能力。

"学本课堂"模式才开始实行一学期，但在语文实践中，已经成为学生学习的课堂，不同层次的学生都能成为课堂的主体，在一次一次讨论中提高能力，在一次一次争论中撞击智慧，在一次一次展示中绽放精彩！

美的教育

"授人以鱼"不如"授之以渔"

于淑艳

　　学本课堂，是指以学习者学习为本的课堂。这里的学习者不是单纯地指学生，而是指教师、学生和直接参与者。也就是说，在学本课堂中，没有纯粹的教师，教师身份将发生本质性变化，教师是大同学。具体而言，学本课堂就是教师和学生协同合作，共同围绕着核心问题开展自主性的探究学习，在单位时间内解决问题，实现学习目标，促进教师和学生共同成长的学习活动。在师生关系方面，有别于教本课堂，师生关系不是上对下的长幼关系、授受关系，而是真正意义上的民主、平等、人文和谐的发展关系。师生为了共同的目标而相互合作，相互帮助，追求的是一种真学习。在教学关系方面，师生之间不是那种传授和告知关系，让学生真正成为课程的主人、学习的主人。教师要把学生视为与自己平等的生命个体，树立新型的学生观，使课堂教学成为师生一起经历的生命过程，从而激发课堂教学的生命活力。

一、培养学生的结构化预习能力

　　结构化预习指的就是在预习时做到目标结构化、知识结构化、问题结构化。具体采用"阅读六字诀"进行预习，即查、画、写、记、练、思。查就是查着工具读，查不认识的字词，不理解的句段、查作者的简介、查文章的写作背景等，凡是自己能动手查到的就自己解决；画就是画着重点读，画课后要求记住的字词、画多音字、画重点句段、画积累的好词佳句等；写就是写着感想读，写文本大意、写段落大意、思想感情、品词赏句写作方法等，可以体现学生的理解程度；记就是记着内容读，记字词、作者、文本大意、思想感情、背诵段、重点句等，做到熟记于心；练就是练着习题读，实现作业前置化、全程化、全优化，这样可以使学生在读时发现问题及时解决，不会的上工具单，最终实现简单问题书本化，复杂问题工具化；思就是思着问题读，把自己在读的过程中产生的问题写下来，解答不了的上问题工具单。此过程先由老师指导完成，时间长后学生自主完成，启用阅读评价章，实行五级评价机制，保证预习质量。例如高年级的语文阅读教学。曾经的语文教学是按照老师给的问题进行学习与交流，在我看来，这远远不够的，它不仅限制了学生的思维，而且有些同学在课堂上根本就没有学习，没有收获。那么高年级如何培养学生自主学习呢？"课前预习"是一个很好的方法。课堂上我们指导学生按照下面的问题进行预习：

  a：本文有几个生字词？

  b：本文的作者是谁？

  c：文本大意是什么？

  d：题目的含义是什么？

  e：文章分几个部分？每部分含义是什么？

  f：文章的写作顺序、表达方法、修辞方法有哪些？

  g：文中有哪些经典字、词、句含义是什么？

  h：作者在文中表达了什么样的思想感情？

  i：本文给我们什么样的启示？

  g：你有什么疑问？

  在开始组织自主学习的过程中，我发现每个孩子的预习结果是不一样的。有的同学，一节课下来，只是之言片语，有的同学课本上写得满满当当。这就证明：孩子的自主学习能力是不同的。经过一段时间，我按照这样的课前预习的方法，指导学生进行课前预习，孩子们的自主学习能力都有了不同程度的提高，这便是他们的自学所得。因此，教师要及时引导学生归纳学习方法，培养学生自主学习的习惯。

二、培养学生的自主、合作、探究展示的能力

  学本课堂强调培养学生自主合作探究的学习能力。为此，研究者开发了一系列涉及课前、课中、课后指导学生掌握自主合作探究学习方法的操作策略。如指导学生学会结构化预习的"查画写记练思"行动策略；指导

美的教育

学生学会小组合作讨论学习的"12345+2"行动策略；指导学生学会展示对话学习的"展思论评演记"行动策略；指导学生学会多元拓展学习的"纳练思展问演"行动策略等。这些操作策略都围绕一个核心，即指导学生学会学习。这一过程真实有效地体现了"一切为了促进学生全面发展"和"让学生学会终身学习"的课改核心理念。学生的合作学习采用讨论组小组方式，具体这样操作：当学术助理说讨论开始，学科长喊起立、聚首、分配任务、小组讨论、组员间评价，为了方便书写可以坐立自如，为了组间交流，可以行走自如。真正让教室成为学生学习的学习天地。学生的展示交流，采用展示对话学习"六字诀"，即展（展讲、展写等）、思、论、评、演、记。学生在展讲过程中，要注意话语结构，把握说话的时间度、语言简明扼要、切合问题，最后要注意仪态大方、声音洪亮等。小组展讲时，要求同学们认真倾听，及时加入讨论，并做好记录。这样让学生们讨论起来，让课堂活起来。学本课堂为学生搭建了学习的平台，注重学生学习能力的培养，尤其是学生结构化预习能力、自主学习能力、合作探究能力、问题发现生成能力、问题解决能力等。将学习还给学生，将方法教给学生。例如在教学《挑山工》这篇课文时，我把语文课堂全权交给了学生，他们各小组在组长的安排下根据问题导读单上的问题进行了自主学习，在自主学习的基础上，进行了探究性学习。既讨论出挑山工和游人登山的不同？又通过课文的学习受到了启发。有时学生通过这种学习，甚至生成了达到目标以外的知识。因此，在教学中要力争做到为学生服务，依据问题导读单、解决单上的内容进行合作学习、探究学习，展示交流。可能，在我们组织学生合作、探究学习中会产生疑难问题，但是我们要鼓励学生自己去很好地进行合作、探究学习，查找相关资料、开展某种实验等形式，找到解决问题的途径。

总之，学本课堂尊重了学生的生命本能，关注了学生的学习动力，强调了学生的思维能力的培养。扎扎实实地让学生掌握了阅读理解的方法。他们以生为本，从学生中来，到学生中去，真真切切地教给学生阅读理解的方法，正如他们所说："授人以鱼"，不如"授之以渔"。

探索学生参与学本课堂的有效途径

田如侠

摘　要：在探索学本课堂教学的实践过程中，课前全面、系统地预习，课上学生积极思考、讨论、展讲，课后及时评价是提高学本课堂效率的有效途径。在实施过程中，学生的课前预习是最关键的环节，没有充分、有效地预习学本课堂就无法实施，教师还要关注小助理的培养、多元评价的有效进行等其他环节。

教学的本质是教学生学会学习。多年来，我的教学改革一直在进行，而教学效果却不明显。学习的主人要会学、巧学、善学，边学边总结学习经验，不断完善，并且要持之以恒地学习，在这方面，我引导学生还有很多不足之处。而韩立福博士的学本课堂，给我的课堂教学带来了全新的教学理念，带来了生机和活力，带来了教师和学生课堂角色的根本转变，使学生逐渐成为学习的主人。

《韩立福有效教学法》中明确指出：教学是遵循学生身心发展规律、认知发展规律，基于每位学生需要，有计划、有组织地通过自主合作探究学习，逐步指导学生学会学习，不断挖掘潜能、开发智力、丰富情感、发展能力的，促进师生共同学习和成长的交往活动。在这一全新学本课堂理念指导下，我们的学本课堂教学改革紧张但有条不紊地进行着。在这一教学过程实施中，教师成了大同学，和学生平等的在课堂中学习。学生成了课堂的真正主人，他们课下按"六字诀"预习，课上讨论和展讲、补充和质疑、提炼和升华，在讨论、展讲的过程中学习能力得到了提升，学习效果明显改善。

一、系统，全面，扎实的课下预习是开展学本课堂的基础

预习是一种学习方法，指在学习某件事情之前进行自学准备以达到更好的学习效果，也就是说学生对要讲的课事先进行自学准备。而预习效果的好坏，不仅关系着课堂教学效果，还检验着学生对事情的认真参与程度，也是对良好学习习惯的培养。

以语文课为例，以前传统的语文预习，只是让学生对字词进行学习：会读，知道音序、部首，会组词，再读读课文，思考一下课后问题就可以了。经过多年的语文教学实践我发现，预习与不预习效果差别甚微，达不到预期的效果。

在实施学本课堂的过程中，我采用结构化预习的方法，即"查，画，写，记，练，思"的语文阅读预习方法，为学生思维锻炼构建了广阔的平台，使学生能力得以全面施展和提高，对课文的认知程度得到了最大限度地提高，这是以前的语文预习无法达到的。根据韩博士的"六字诀"预习法，结合我所教三年级实际情况，我制定了符合学生实际的"六字诀"预习法。1查：要利用工具书对不认识的字、不懂的词进行查找，理解。2画：用直线画出生词、曲线画出认读词、画出喜欢的句子或段落，并简单说说喜欢它的原因。3写：写字词，简单写出课文主要写了什么内容。4记：通过学习这篇课文，你有哪些知识性的收获？例如《可爱的鼠狐猴》一课，要知道鼠狐猴的样子，外形特点和一些生活习性。重要的是要把这些知识记在头脑中。5练：对基本习题要进行练习，以达到预习的效果，如果不会，要加以标记，课上在组内进行讨论。6思：对课文中不懂的问题、课后问题要积极思考，寻求答案，再不懂，要重点标记，课上在小组内讨论，还要思考通过学习课文有哪些感受？

有了这一系统的预习方案，学生的预习有法可循，有法可依，就可以有条不紊进行了。按这六大项，我列出预习要求，给每个孩子打印出小单子，每课贴一张，完成一项打一个勾，到最后一项结束。在这种模式下预习，学生偷懒的少，按要求做得多；一知半解的少，深度思考的多。因为有了六大项要求摆在那里，孩子们不再是被动地完成老师留的字词预习，而是不断开动脑筋，查找资料，理解课文，思考问题，在家庭预习中，成为了真正学习的主人。

二、培养个性，兼顾全体让学本课堂充满活力

学本课堂，以学生为本，学生主宰课堂。学本课堂上以小组合作学习为主，班内展讲发言，组间质疑补充，只有在课结束之前，老师做个总结，学名是大同学总结。学本课堂的课，我真正放手让学生学习，把时间交给学生，把思考空间交给学生，把演绎课本的舞台交给学生，使孩子们在学本课堂这个自由的平台上施展才华，尽显风采。

（一）学术助理展主持人风采

在学本课堂的实施过程中，我努力培养小助理的能力，使其锻炼胆量，发展语言表达能力，训练思维灵活性，使学本课堂在学生的主持下能够异彩纷呈。在我的有计划、有重点地训练下，我班的小助理能够在课堂上灵活掌控、组织课堂。

我的小助理在学本课堂上相当于小老师，首先用规范的串课语言，把各个环节融洽地联系在一起，而且语言极具有吸引力，把大家的目光、注意力都集中起来。他们组织同学小组讨论问题，在此期间，巡视小组是否认真学习，学习讨论结果是否合理，在不合理的情况下，及时解决，解决不了再汇报大同学。这一气派，俨然一个主持人。在此同时，还要掌握各个环节的时间，按事先计划的时间进行，必要时做及时地调整。任务确实不少，担子也不轻。但经过长期的学本课堂的训练，小助理的即兴发言能力，思维敏捷度，课堂掌控能力得到了空前的锻炼。不经风雨何以见彩虹，不经历练何以得发展，小助理是辛苦了，但小主持人的风采也呈现了。我的小助理周嘉那端庄的表情，机敏的反应，大气的仪表，沉稳又不失幽默的语言令我和全班同学折服。

在我的学本课堂上，为了使更多的学生能力得到锻炼，才华得以施展，我训练了不止一位小助理，让他们在课下做足功课，以便上课时随机应变。并且，有做小助理意愿的同学，随时可以提出，我都会给孩子展示的机会。

（二）小组讨论，人人展个性

小组讨论是启发思维，检验学习结果是否正确的重要环节。小组讨论时，人人是课堂的主人，每个人都要发言，参与到课堂中来。学本课堂把

美的教育

语文课由被动学习向主动学习转变,由传授学习向探究式学习转变。在这一转变过程中,每个同学都积极参与了进来,动笔、思考、发言、倾听、质疑、补充,总结。传统课堂一节课的问题由全班同学来抢答,机会总是留给部分同学,而学本课堂是一节课的问题先由小组讨论,每个人都要发言,再由同学来补充和质疑,归纳完美答案。之后,每个问题再由不同的小组来展讲,其他组员再进行质疑和补充。这种反复的讨论,发言,展讲,质疑的过程,学生的思维得以碰撞,思想得以展示,个性得到了发展,学本课堂上出现了精彩纷呈的展讲场面,而且每个人都参与其中。

(三)帮助后进生,让学本课堂提升每个孩子的能力

经过我多年的观察,后进生主要因为缺乏学习兴趣而导致后进。而兴趣是一种带有情感色彩的认识倾向,它以认识和探索某种事物需要为基础,是推动一个人认识事物、探索事物的一种重要动机,是一个人学习和生活中最活跃的因素。如何培养后进生学习兴趣,激发大脑中的因素,投入到学习中呢?

在小组合作学习的过程中,我首先给各组的学科长下达命令,在学习讨论过程的最初阶段,把最简单的问题留给需要帮助的同学,逐渐加大题目难度,他们回答得好就要极力表扬,答得不好也不能批评,目的是让他们在学习过程中有成就感,认为自己是可以把事情做好的。久而久之,被表扬的次数多了,自信心增强了,学习的兴趣自然有了。这就是所谓的好言一句三冬暖吧!成功成为了激发学习兴趣的动力,成功是敲门砖,敲开了差生的心扉,成功是铺路石,为差生取得良好成绩铺下了一条阳光之路,使他们逐渐成为学习中的主人。我班的小雨同学,性格内向,不参与班里的活动,成绩不理想,不爱与同学交流。自从实行小组学习后,每次组内都分配给她最简单的任务,完成后大家表扬她,鼓励她,渐渐地她脸上洋溢出自信的喜悦。因为每节语文课都要发言,她的胆量、声音越来越大,也喜欢和同学们交往了,集体活动也参加了。她在学本课堂中找到了成功的动力,对学习有了兴趣。

三、全员参与评价，使学本课堂更加完善

课堂教学评价是对课程实施过程与结果的价值判断，是描述评价教与学在某种程度上发生变化的科学方法。在学本课堂上，我把全新的"五星"学习评价机制引入课堂，以往过于注重对学生学习结果的评价改为注重学生学习过程与结果评价并重；改变了以往过于注重教师对学生的评价变为自我评价、同伴评价、学科长评价、小组长评价、学术助理评价相结合的多元化评价形式。在这一评价机制的实施过程中，每个人都是评价的主人，来评价别人和被别人评价，遵循了公平与公正的原则。在评价别人的过程中，学生的自信心、原则性、主人翁精神发挥得淋漓尽致。例如班里的小雨、小建等几名同学从来都是被评价，从没参与过对别人的评价。自从实行"五星"学习评价后，每天都要参与对自己、组员的评价，心里别提有多高兴了。

学本课堂是一种全新、高效的学习模式，它彻底改变了师生在课堂上的角色，把教师的教变成了学生自己学、自己讲、自己辅导的模式；它给了学生得以展示的舞台，让学生在知识的海洋中遨游；每个班级都是一个团队，每个团队都分成几个小组，组员之间互相监督，共同进步，协调发展。

学本课堂让课堂更精彩

袁桂芝

摘 要：学本课堂是以问题发现生成解决为主线、以问题评价为手段、以任务驱动为问题解决途径的有效教学模式。旨在教师指导下使学生和教师以问题发现为主线进行评价性的自主合作学习，对生成问题进行互导性的合作探究学习，并在此基础上进行以任务驱动为载体的问题探究学习。

为了更好地调动学生学习的积极性，也为了让学生能够自主学习，提高学习效率，本学期，我校大胆尝试，改变以往的传统教学课堂为学本课堂，取得了非常满意的效果。

教学的本质就是教学生学会学习。教学是遵循学生身心发展规律、认知发展规律，基于每位学生需要，有计划、有组织地通过自主合作探究学习，逐步指导学生学会学习，不断挖掘潜能、开发智力、丰富情感、发展能力的，促进师生共同学习和成长的交往活动。

学本课堂能更有效地调动学生学习的积极性，让学生真正成为课堂的主人。在学本课堂中，由学生作为学术助理来充当老师的角色，这样让学生之间的关系更亲密了，让学生的压力减小了，让学生的学习能力提高了……学本课堂非常注重小组合作的学习与研究，因为在小组合作中，每个学生都能充分发挥自己在小组中的作用，有利于集体意识的增强，让孩子们都能以集体利益为己任，这也是当今社会渐渐缺失的良好品质。

自 2006 年以来，中央教育科学研究所"新课程有效课堂教学行动策略研究"课题组，在新课程教学改革视野下，开展了有效教学的理论研究和实践探索。经过两年多的实践研究，初步探索了符合新课程教学改革理念的有效教学模式。本课题研究的重大突破是研究视阈由"知识传授型"教学范式转向"知识建构型"教学范式，在"知识建构型"理论视野下，创新性地建构"有效教学"基本卷论，重新界定了"有效教学"的概念。认为"有效教学"是指在教师指导下创建学习独特体，使学生学会自主合作探究学习，单位时间内提高学习绩效，全面实现课程目标，有效促进学生全面发展和教师专业成长的学习过程。这里的"有效教学"是个大概念，包括有效备课、有效上课、有效拓展和有效评价。认为"有效教学"不仅是一个教学活动，更是一个持续发展的、高质量的合作学习过程。其核心理念是"以学生发展为中心、先学后导、全面发展"。我们结合学生发展、教师成长需要，通过"先学后导–问题评价"教学模式，创新性地用了小组合作学习的教学组织形式，这种形式有以下特点：

一、改变预习方式

以往我们的复习只是简单的读读课文，练练词语，而学本课堂的预习法更加系统化，标准化，更具实效性。

韩博士指出：预习先让学生读，主要采用"查、画、写、记、练、思""六字诀"阅读，并且要求强调阅读遍数。阅读"六字诀"的主要内容是："查着工具读；画着重点读；写着感想读；记着内容读；练着习题读；思着问题读"。其中，"写着感想读"强调：文科，主要写文本大意、段落大意、名句赏析、思想感情、写作特点、逻辑关系。

通过一段时间的预习练习，学生学会了这种预习的方法，还能将此发扬光大，在上课交流中，孩子们各抒己见，分别把自己预习的效果展示给大家，每课的知识点基本在课前预习中就已解决。

二、改变上课模式

以往的教学都是老师教，学生学，一节课都是学生围着老师转，学生自主性差，各项能力也得不到良好的发展。而学本课堂是完全学生成为学习的主体，学生自己讲课，自主交流学习，教师成为一个大同学，全程中只是一个学习者，不再是施教者。

学本课堂自我展示策略有五大招数——"三定""一二三策略"，其中以讨论完成后的展示性对话学习策略为例来简单叙述。展示性对话学习策略也采用"六字诀"："展、思、论、评、演、记"，即"展讲、思考、讨论、评价、表演、记录"，具体操作过程是：一人展讲，其他人认真听、思考，遇到问题及时讨论，讨论结果如何，认真及时评价，为进一步说明讨论程度，可进行多元化补充性表演，整个过程中，所有人都要认真做好记录。这一部分展示过程中，同学们遇到什么困难教师就适时采用煽风点火策略或小纸条策略等，让课堂有效进行下去。我认为："当学生遇到疑难时，教师要引导他们去想；当学生的思路狭窄时，教师要启发他们拓宽；当学生迷途时，教师要把他们引上正路；当学生无路时，教师要引导他们铺路架桥；当学生'山重水复疑无路'时，教师要引导他们步入'柳暗花明又一村'的佳境。"在展示中，通过大声喊口号，说愿景，让孩子们充满了激情与自信。

这样的课堂真正把课堂还给学生，让学生更加自信，摆脱了来自教师的压力，学习效果也更加显著。

三、改善小组合作方式

以往的小组合作流于形式的太多，合作交流内容单调、简单。学本课堂的小组合作更加具体化，内容更丰富，形式更多样。

学本课堂的小组合作学习是一种以异质小组为主的学习共同体，旨在促进不同程度学生在小组内自主、合作、探究学习，共同实现学习目标，并以小组的总成绩为激励依据，全面促进学生知识、能力、情感、态度、个性和谐发展的学习创新体系。这是一种新型的小组合作学习，从内涵来看：这种小组合作学习属于以生生互动、生师互动为主要特征的学习共同体，它的内涵涉及以下几个层面：一是以激发全体学习者共同愿景的学习型组织；二是在教师指导下的以异质学习小组为主体进行的一种教与学活动；三是一种同伴之间、小组学习者之间的合作互助性学习活动，包含小组学习者的自主性学习、探究性学习；四是以各小组在单位时间内实现共同目标过程中的总成绩为评价的依据；五是为实现共同的教学目标而展开的合作学习活动；六是由教师事先设置问题、分配学习任务和预设教学流程的学习活动。

这样的小组合作让每个孩子都能体会到自己在小组中的重要作用，让每个孩子都能体会成功的快乐,孩子们也会更加自信,学习效果也更加理想。

四、改变评价机制

学本课堂的评价机制不同于以往的教学评价,这种评价更客观,更公正,更有利于学生接受。

在班级内,评价方式多样,有生与生间的评价,有组与组间的评价;有对学习的评价,也有对纪律、卫生以及各种行为习惯的评价。而且每种评价都有相关的细则,以便每个学生心里都有一杆秤,知道平时该怎样做,怎样评价,知道自己努力的方向。这样,班级整体自然而然就形成了良好班风、学风,班集体充满了正能量。

走进学本课堂,创建卓越课堂,这需要我们用心去钻研,去实践。作为一名新时代的教师,更应该不断去学习,不断去创新,努力提高自己的师德师能,使我们的课堂更精彩,让我们的学生在知识的天空翱翔!

"学本课堂"之我见

孙 玉

摘 要：在学本课堂中，没有纯粹的教师，教师身份将发生本质性变化，教师是大同学。具体而言，学本课堂就是教师和学生协同合作，共同围绕着核心问题开展自主性的探究学习，在单位时间内解决问题，实现学习目标，促进教师和学生共同成长的学习活动。从中，师生关系发生了变化；另外，课堂从"静态学习"到"动态学习"。

我校于 2015 年正式接触韩立福博士的"学本课堂教学方法"，韩老师亲自来我校进行指导。使我对学本课堂有了进一步的了解。学本课堂，是指以学习者学习为本的课堂。这里的学习者不是单纯地指学生，而是指教师、学生和直接参与者。也就是说，在学本课堂中，没有纯粹的教师，教师身份将发生本质性变化，教师是大同学。具体而言，学本课堂就是教师和学生协同合作，共同围绕着核心问题开展自主性的探究学习，在单位时间内解决问题，实现学习目标，促进教师和学生共同成长的学习活动。在师生关系方面，有别于教本课堂，师生关系不是上对下的长幼关系、授受关系，而是真正意义上的民主、平等、人文和谐的发展关系。师生为了共同的目标而相互合作，相互帮助，追求的是一种真学习。在教学关系方面，师生之间不是那种传授和告知关系，而是合作学习，共同建构知识发展能力的关系。师生共同创建小组合作团队学习机制，创建人文、自由、开放、多元、灿烂的学习氛围，让学生实现真实、自由、自主的阳光学习。通过学本课堂学习，最终目的是让每位学习者生命得到精彩绽放。

开始实施的时候，我有些抵触，觉得数学不适合这种教学，文科类才适合。经过一段时间的慢慢适应，慢慢琢磨，自己从不适应甚至是排斥的心态，到现在喜欢这种教学模式。在实践中，我发现了自己课堂的一些变化，通过实行学本课堂我的课堂比以前充满了生机与活力感受到了生命的向上与蓬勃。

长期以来我们都是老师在讲台上讲解，学生在下面听记，学生很少有自己独立动脑思考，独立发言的机会，学生一直规规矩矩地学习，"老师说什么，我就记什么"，不动脑思考，只等着老师去讲解，就像等着喂养的幼儿，这样的学生如果遇到老师没有讲解的习题，自己就会心慌没了主意，导致成绩下降。而"学本课堂"的主体是学生，核心是学习，标准是学会。放手让学生自主探究，同时更要通过实验培养学生的"求真"的精神。以学生学习为本的学本课堂，无疑是孩子们喜欢的，面对孩子们喜欢的，面对所学的知识，面对小组合作学习，孩子们纷纷表示喜欢，老师角色的转变，成为倾听者，来到学生中间，使得课堂学习氛围轻松自在。学生们通过预习完成学习内容，具体采用"六字诀"进行预习，即查、画、写、记、练、思。这样可以使学生在预习时发现问题及时解决，不会的写在工具单上，最终实现简单问题书本化，复杂问题工具化；此过程先由老师指导完成，时间长后学生自主完成，实行五级评价机制，保证预习质量，使学生预习后能达到 85 分以上。

老师在课堂上要给学生创造机会，让大家自主设计、表达、修改、完善。创造性地教，充分发挥了探究主体的创造性和想象力，使得这一环节成为亮点。真正的努力实现"以学为本，以学定教；以教导学，以学促学；还教于学，共同成长"的课程变革目标。

通过这段时间对学本课堂的实施自己的课堂变化如下：

一、师生关系的变化

（一）学生的认识有了转变

学生认识到，自己不是学习的被动者，而是学习的主动者、参与者。"听过看过不是学，思过熟出才是学，用过做过才有效"原来的学生是等待的被动的学习，在这种模式下，变"要我学"为"我要学"。"团队合作式"学习改变了原来"单打独斗的怪圈"，"会不会我帮你"成为学生的流行语，学生围绕问题进行小组合作探究，从而使学生合作学习能力提升，这不仅有利于学生成绩的提高。班里平时不太爱讲话,上课从未回答过问题的学生也积极地参与到小组讨论合作学习中,找到了自己的闪光点,也积极地起来展讲,积极地表现自己。

(二)老师角色发生了质的变化

从称呼上我们就可以感受的这种变化,"学本课堂"中称"大同学"。有效教学模式要求老师由课程的复制者变成课程开发的研究者;由知识讲授者变成问题发现者;由知识抄写者转变为学习活动设计者;由课堂的教学管理者转变为学生有效的服务者。老师备课需要用"心","学本课堂"看似老师的解放,实则是对老师提出了更高的要求,特别是在备课环节,要求我们要充分准备,博学而深入,随时可以应对学生的各种质疑与"挑战"。备课不仅要备知识,还要备学法,备课不是自己备,而是"师生共备",课堂学习不仅是学生学,而是"师生共学",老师与学生是学习的合作者,这样坚持了师生之间的民主和平等,更好的尊重了学生的人格与权利。(老师在课堂上关注差生,做好《随堂记录评价卡》,激发引导差生。老师采用一扶、二放、三退、四隐的策略,让学生逐渐勤起来,让教师逐渐"懒"起来)

二、课堂从"静态学习"到"动态学习"

回想以前,自己在课堂中最常用的就是点名回答问题,而且也没有觉得这样做有什么不好的地方。而在学本课堂模式下,学生"活",大同学"活",整个课堂"活"了起来,学生们积极合作,热烈讨论,热情高涨,做了课堂真正的主人。"行走自如""坐立自如""大胆交流"学习策略的应用,实现真实,有效的课堂学习环境。平时班里有些比较内向、怕发言、怕说错的同学都有了不同的进步。生生之间,师生之间,围绕所要解决的问题进行合作交流、探索学习,"静态学习"转换为今天的"动态学习"。这种活的课堂,非常有利学科的学习,学生通过讨论,可以自由发表自己对某个概念的理解与感悟,在预习前置的基础上,再来解决问题,激发学生探索新知的欲望。

在使用学本课堂的过程中,我有时也出现了一些棘手矛盾的问题,需要和大家共勉。比如，学生基础掌握参差不齐，差别太大，成绩突出的学生总是在讲题，不可避免的产生情绪：觉得总给其他学生讲题，浪费自己太多的时间。这时需要大同学指导，并采取积极地措施。这时，我觉得可以尝试把小组成员分为 A 级，B 级，C 级，然后根据知识与题目的难易分配任务，或者就某一题先教会某级一个同学，再让其他同学给其他学生讲解，这样就让每个同学都得到了锻炼，并且各有所获。

  在"学本课堂"的教学中，我们取得了一定的进步，但我的不足也很明显，在改革之路上我们还需要走得更远，学本课堂的精髓也远远不止这些，以上仅仅是个人的一些粗略的领会，接下来我还需要更深入地研读理论，坚定不移地将学本课堂模式进行到底，与学生合作学习，共同发展。

美的教育

如何让学生成为语文课堂中的主人

汪 涛

摘 要：韩立福博士说："学本课堂中教师的作用将随着学生学习能力的提升，由显性逐步走向隐形。教师功夫主要下在课前，而不是课中，把课中有限的时间和空间让给学生。"

"在教本课堂的视野下，我们教师不讲授知识被视为误人子弟，而在学本课堂中，教师系统地讲授知识，忽视学生自主合作探究能力的培养才是真正意义的误人子弟。"

学生低年级的时候学生课堂参与度较高，课堂秩序较好，小红花啊、小奖状等把小孩子的积极性调动得挺高，或者靠严厉的斥责也能令学生扬起求知的双眼。但是到了高年级后，表扬啊红花啊学生都不感冒了：讲台上老师旁征博引，口若悬河，但是台下的"听众"却学致不高、昏昏欲睡。每当这个时候教师，兴致全无，冲到台下指鼻子瞪眼，揪住打瞌睡的张三李四狠批评一通。师生关系有时闹得比较紧张。每每语文课都成了老师的表演课了。典型的皇上不急太监急。这是为什么呢？很多教师都有这样的困惑。

遇到了韩立福教授问题才有了答案。初次遇到韩立福教授是在2015年的上半年，韩教师也曾经耕耘在教学一线，消瘦的身材，戴着金丝眼镜显得很儒雅。当他也曾是一名的普通的人民教师，未老先衰，刚刚步入中年，就已经大罐子小罐子吃药，三天两头的向医院跑。说话间，韩教师从座位下面拿出个大大的塑料包裹给我们看，满满的一袋子药。韩教授还说："人到中年，正是出成绩的时候，却疾病缠身。为什么会这样呢？以教师为中心的传统课堂有它的弊端：教师绞尽脑汁设计教案，虽然取得一些教学成果，但是长此以往，广大一线老师超负荷劳动，身体健康亮起了红灯，学生只会填鸭式被动的吸收知识，汲取知识的方法一点没有提高。

初高中由于有升学的压力，强迫学生学。但是到了大学，学生没有了升学压力，学生没有兴致，也不知到怎么自学，这是怎么一回事呢？"

一、初识学本课堂

即问题导学为核心，以建构体验为方法，以团队协作为平台实施的教学模式，以"问题发现体验课""问题生成体验课""问题解决体验课""问题拓展体验课""问题解决体验课""问题拓展体验课""回归拓展体验课"为基本课型，开发出《导读体验价单》《解决体验评价单》《拓展体验评价单》三种工具单位为抓手，从而在学习过程中有的放矢，记录成长经历。

学本课堂和传统的小组合作学习模式有什么不同呢？

传统课堂教师既是组织者又是引导者。学本课堂，教师变成了大同学，变成了矛盾的制造者。制造的矛盾推动着问题的探究。学生以小组为单位，在学习过程中自己发现问题，解决问题，形成探究的能力。每个组员根据能力不同，自学的任务分工也是不同。

小组合作、探究学习的方式在传统的教学中也非常重要。例如《全日制义务教育语文课程标准》就阅读的教学就对学生提出了以下的要求：阅读后要求学生在交流和讨论中，敢于提出自己的看法，做出自己的判断。写作的要求：修改自己的习作，并主动与他人交换修改，做到语句通顺，行款正确，书写规范、整洁。韩立福教授的学本课堂教学模式是保存传统的小组合作学习模式前提下，植入了学术助理和学科长。这两个角色职责就是牵引组员自学。例如学科长根据自学提示分配展读任务。学科长是学本课堂的引领者，而传统意义的老师变成了"大同学"，其任务质疑、设置矛盾点。

二、实施阶段

（一）准备开发工具单。

开发工具单是保证上课质量的关键。

对于全新模式的学本课堂，我做了充足的准备。设计开发小组学习的导读单和问题解决单，简称双单。导读单就是传统意义的要求自学的内容，

美的教育

本课书生字组词、扩词；易写错和易读错的字；作者、作品的常识；还有分段和主要内容；还有课文是如何体现中心思想的；还有就是和传统预习不同的就是生成问题即先生成组内问题，再生成班级问题。

（二）建立同学喜爱的班级名字。

1. 让学生成为班级的主人，有憧憬的意愿。学生脑洞大开：班名、口号、愿景；组名、愿景、口号；认定学科长。本班的口号是：个性飞扬，越飞越强！全班37人好中差结合被分为6个小组。各个小组也制定了含义深刻的组名和口号。例如：拼搏小组的口号为——黑发不知勤学早，白首方悔读书迟！梦想小组的口号是——放飞梦想，勇争第一！这些都包含着学生深深的意愿。

2. 学术助理在学本课堂的学习中起着穿针引线的作用。

刚开始学生助理的扭扭捏捏，放不开，但是一经韩立福教授开导，小小的学术助理各个自然大方，放开了嗓音；每个组员也是精神抖擞，声音大而齐喊出了口号……

不久，个性飞扬班级进行了第一次的学本课堂的学习。学习的是老舍的一篇文章《林海》。

课前准备可谓十分充足。围绕导读单做好预习工作。书上被写得满满的。有图可看。当然都是指导性预习。以自学为主。学科助理是我们班的付娆同学。板书是王思齐同学。第一次试讲，展讲字词、设计了一个书后

190

题"大兴安岭的岭、林、花各有什么特点？说说作者是怎样把这些特点写具体的。"一堂课 40 分钟，问题没有说完，教学任务没有完成。这到底是为什么呢？经过对课堂实录的时间分析，发现在聚首分配问题环节，学生频繁的站起时间过长。还有对问题理解的不透彻，问题含糊其辞。怎么办呢？小组学习的特点就是小组成员要有个交流过程。课间，在办公室和同事交流这个问题，终于把问题彻底解决了。首先对问题进行了分割："大兴安岭的岭、林、花各有什么特点？说说作者是怎样把这些特点写具体的。"把这个问题分割成"兴安岭的岭有什么特点？花有什么特点和林有什么特点。作者是分别把它们写具体的"一个大问题被分成了三个小问题。学生准备批注都预习的妥妥的。

正式上课的时候，年级的其他语文老师都来听课。问题展读进行得非常流畅。板书也为之清晰。在课堂上展读环节，随着学科助理的布置展讲问题，学生们又缩短了聚首讨论的时间，展讲的大问题被分解了小问题。小组都跃跃欲试。表现相当好。在小组质疑中，两个同学围绕"为什么说大兴安岭有兴国安邦的意义？"

一生说："人们既伐木取材，也植树造林"；

一生站起来说："我来补充——伐木取材是人们向大自然索取，植树造林是人们回报自然。"学生说得好，补充的更加深入。

实施学本课堂，对组员的评价必不可少。这对学生的自学能力有良好的促进作用。

原来韩教师的评价方式是组内互相评价。经过实施感觉繁琐，不实用。只保留了小组为单位的评价。如，飞梦小组为同学展读（讲），各个组员展读课文段落之后，谈谈自己的如何批注的。然后其他的小组针对这些这个小组谈谈自己的意见（按着课标对朗读的要求：正确、流利、有感情）去评价给分。对讨论评价的同学也要给分。然后，学科助理把这个小组的得分记录在案。

美的教育

《林海》一课，王思齐同学工整的板书，受到师生的一致好评。

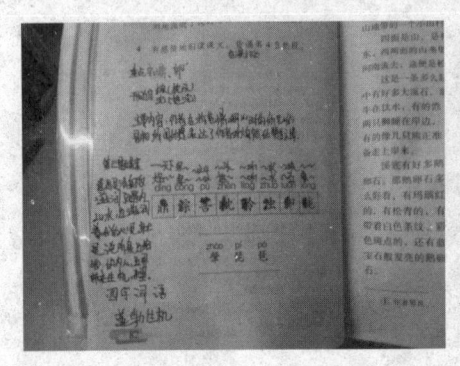

拼搏小组成员为预习导读单做好了准备！

本学校实施的学本课堂促进了学生自学能力、合作探究能力和评价能力的培养；使学生成为主动会学习的人。

"问题导学型"学本课堂带给我的思考

孙 姣

摘 要: "教学就是'教'学生'学'"的认识,"问题导学型学本课堂"是对教学改革本质的理解,其有一套细化的可实施的步骤,帮助学生建立自信,学会学习。但在实施的过程中也会遇到很多问题,需要进一步去研究探索。

所谓"问题导学型学本课堂"指的是在问题的引领下,师生共同围绕问题开展自主合作探究学习的课堂。课堂不是讲堂,至少在中小学校是这样。要提高课堂教学的效果和效率,从根本上说要依靠每个学生的努力和进取。改革课堂就是要转变观念,把课堂还给学生,让学生成为学习的主人。

就语文学科而言,根据韩教授"问题导学型学本课堂"课堂主要步骤,我将本班学生课堂学习总结为以下几个阶段:

一、自主高效完成预习

学生在接到老师布置的预习任务后,充分利用工具书和课下的注释自我阅读,依靠"十问"原理法解决力所能及的问题。在此阶段,是禁止学生相互交流的,以此培养学生个人自主阅读的能力。同时,学生在这一学习过程中可以根据自己掌握的知识去选择,去综合,去感悟,去发现并提出问题。这一过程是自我构建知识的过程。鉴于学生年龄特征、学科或教材特点的不同,教师在这一过程中要进行必要的自学引导和有效的思维点拨。教师布置的前置任务要开放、简单,要带有启发性。对学生提出的疑问老师充分肯定,保护其积极性。

二、完成导读评价单,生成共性问题

学生在自主完成前置任务的基础上,进行充分的小组讨论,并在班级

范围内进行展讲，其他组的组员对其展讲的问题进行评价或质疑，力图解决导读评价单上的大部分问题。在这一过程中学生还会提出五花八门的甚至是教师意想不到的问题。教师要从学生的问题中找到突破口，和学生一起共同归纳、综合，筛选出有共性，最符合教材要求，最富于求异，创新的问题进行探讨。通常我在布置前置任务时，要每个学生把在导读评价单上不懂的问题一栏至少提出两个自己不懂的问题，然后收上来检查，将学生提得比较多的问题提炼出来作为我备课的一个重点。

三、再次走进教材，小组内交流，完成解决评价单

根据第一课时生成的班级问题，学生再次走进教材去理解寻找答案。教师根据班级内学生的学习情况去制定教师的预设问题，学生在课下完成解决评价单。课上组内成员充分讨论探究去验证自己的答案是否正确，并对自己不能解决的问题寻求组内同伴的帮助。对学生之间互动交流的内容，教师不发表任何看法，只发挥组织作用，以激发学生人人有"问"、人人有"答"的欲望，创造良好的学习氛围。这种互问互答，是学生彼此之间根据阅读的感受和疑问进行的自觉的无遮拦的问答，它是一种真实、有效的问答，这有利于学生养成独立思考、质疑探究的习惯。在小组内不能解决的问题把它记录下来，向全班提问。

四、全班合作交流，提问解答

小组成员经过"互问互答"之后，仍存有未解决的问题，便放在全班范围内公开提问解答，对学生提出的问题，老师要先激发学生来解答；对学生实在跳起来也摘不到的果子，再搭建梯子，给予必要的启发、引导，直到学生弄懂为止。在学本课堂教育教学中，很重要的一点是要给学生留有查资料、思考、讨论、交流的时间。而在实际教学中，很多老师不敢放手让学生讨论，忽视了集体的智慧和"全体"二字，使问题不能被真正理解。这一步是学生在开放、民主、愉悦的气氛中驰骋思维、各抒己见感悟知识，共同探究的一步。教师在认真倾听学生讨论、发言的基础上进行"点火"，让学生的思维进行碰撞，让智慧之火熊熊燃烧，让学生的潜能得到发挥与拓展。

五、教师及时准确地点拨归纳

前面有两个环节都是学生的学习实践，问题是学生提出的，结果也是合作探究出来的。但是，毕竟学生发现、提出的问题是粗浅、有限的，所以老师在最后要做适当点拨、归纳，即对知识进行简单的梳理，这样才能称之为师生共建的课堂。

以上是我根据韩立福教授"问题导学型学本课堂"理论实践出的课堂进行步骤。但是理论学习只是教学改革的开始，真正地去付诸实施，才会发现问题比想象中要多得多。虽然在将近半个学期的教学改革中学生与我都最大限度地去接受、去实践，但还是遇到了很多的问题。

存在的问题主要有：

第一，学生课前准备不充分。

学本教育突出的特点是学生成为学习的主体，我们不但要高度尊重学生，而且要充分相信学生，全面依靠学生，把学习的主动权交给学生，把学生的学习潜能激发出来。如果课前没有做好深入研究，课堂上就很难对知识点进行准确理解，更不用说拓展延伸了。

第二，讨论过程中少数学生参与意识差。

学本教育的课堂中"讨论"是常规，学习的过程主要是以学生的讨论为主，学习中的诸多问题是让学生在讨论、合作、探究中解决的，学习的讨论是以学习小组的形式完成的。在讨论中，如果仔细去观察，我们就不难发现，多数学生都显得非常活跃和积极，而少数学生似乎是一个旁观者、听众，他们极少发表个人见解，甚至不发表任何意见。

第三，交流时不发表自己独到的见解。

学本教育理念认为学生在交流、争执、论证的基础上才能得到提高，而我们的学生可能是不自信吧，讨论时教师明明知道他的想法很好，交流时就是不发言。

第四，教师总是受教学进度的制约。

在进行学本教育教学的半个学期里，仍是放不开，心中总有一个计划，计划着每个课时要让学生进行哪些学习活动，完成哪些学习任务。可是往

美的教育

往一节语文课下来有时只能完成一个问题的讨论，碍于学习任务的要求，该深入的讨论就会被强制停止。

　　有问题并不是坏事，问题的出现是促使我们进一步学习思考的动力，教学改革路上并不是一帆风顺的，而且我们只是刚刚迈出了第一步，学本课堂的精髓远远不止这些，他促使我们去挖掘寻找更精华的东西。通过对学本课堂的实践和反思，值得肯定的是学生变得比以前自信了，也知道自主预习了，而且有了更强的小组集体荣誉感。我也将不断努力，在韩教授思想的引领下逐渐"懒"起来，实现自己的专业成长。

浅谈小学语文阅读教学

范亚利

摘 要: 阅读是学生的个性化行为,是一个人精神成长的重要途径。阅读教学要从优化课堂结构,构建自主探究的教学模式和将阅读扩展到课外两方面进行阅读教学改革,使学生获得个人对阅读独特的理解、体验和感受。

一篇好文章,就犹如一只精美的花瓶。它的美在于语言文字的精妙和情感如歌的流淌。过碎的分析,无疑是把这只花瓶打碎了,成为碎片的花瓶又有何美之言;而没有对花瓶精要处的仔细品察,同样亦无法领略它别具一格的韵味。新课程标准对阅读有这样的阐述"阅读是学生的个性化行为,不应以教师的分析来代替学生的阅读实践。应让学生在主动积极的思维和情感活动中,加深理解和体验,有所感情和思考,受到情感熏陶,获得思想启迪,享受审美乐趣。"阅读伴随着人的终身,在阅读中能美化人的心灵,提高人的素养,是一个人精神成长的重要途径,因此阅读教学应建立起自主、探究、合作的学习方式。

一、优化课堂结构 构建自主探究的阅读教学模式

《语文课程标准》明确指出:"学生是语文学习的主人""学生是学习和发展的主体。" 这就决定了学习语文的过程是自主学习的过程,教师则是"学习活动的引导者和组织者"。那么,阅读就应成为学生的自主性阅读。

(一)学生自主质疑,产生浓厚的阅读兴趣

古语说:"思源于疑"有疑才有思,才有探索,问题是思维的向导,当一个人有了强烈的问题意识,就会激起求知的冲动性和思维的活跃性。要充分发挥学生的主体性就要营造一种无拘无束、自由自在的课堂气氛,规矩少点,束缚少点,让他们思维动起来,语言活起来。在自主的前提下,

美的教育

进行小组合作学习，展开讨论，畅所欲言。正如叶圣陶先生说的："上课，在学生是报告和讨论，不是一味地听讲；在老师是指导和纠正，不是一味地讲解。"新课标要求学生"能运用合作的方式，共同探讨疑难问题。"所以在阅读教学过程中，对一些有争议、答案多样、有一定难度的问题，我就引导学生展开讨论，让学生在讨论中交流，各抒己见，相互启迪。因此，在阅读教学中我特别重视引导学生学会质疑问难，鼓励他们大胆提问。

质疑的前提是做好课前预习，在预习中画出重点词句，寻找出不理解之处，进行质疑，这样学生产生了浓厚的阅读兴趣，营造出新的学习氛围，为课堂上的深入学习做好了铺垫。我教的是二年级，刚开始，学生提的许多问题都不着边，尽管如此，我还是认真倾听，给予肯定。同时表扬一些问题提得好的学生，引导他们围绕课文重点来提出一些有价值的问题。起初由于问题提得多，课堂教学时间是会受到一些影响。为了避免问题重复或问题过于简单，我让学生先在小组中质疑释疑，小组解决不了的问题在班上汇报，再由大家进行讨论。经过一段时间的训练，学生的提问水平提高了。有了问题，学生自然会急于寻求问题的答案，这就充分调动了学生探求真知，继续学习的积极性。例如，《神奇的小罗盘》一课，学生提出"什么叫'陷入了沉思'"，于是，我做出了"沉思"的神态，让学生体会到沉思是在想问题，我接着问："这时爱因斯坦在想些什么？"由学生做出回答：是什么力量拉着它，使他总是指向北方呢？进而指导学生读出疑问的语气，学生接下去读出"激励他去探索，去研究。后来，他成了一位伟大的物理学家。"这样避开了"以词解词"，在情景和语言环境中理解和运用词语。因此，让学生带着问题再进行阅读，"让学生充分地读，在读中整体感知，在读中有所感悟"使学生变被动接受为自主探索，会有效提高教学效果。

（二）品味语言，激发朗读情趣

21世纪教材题材广泛，体裁多样，内容各异。课文很多都是文质兼美，蕴含着丰富的爱国主义情感和审美情趣。新课标提出要尊重学生在学习中的独特感受。因此，阅读课中，朗读与理解要有机结合，相互补充，朗读中品味，品味中朗读，只有这样才能不偏离语文课的根本特点：语感的培养、方法的掌握和情感的抒发。在课堂上我常常发现：有的学生读得很有感情，但说不出自己的体会；有的学生理解得很好，但读不出感情。于是，我就启发学生把刚才理解的意思和情感通过朗读表达出来。并用"这个地方应该怎样读？""为什么要这样读？""你读出了什么？"等问题来启发学生读出形象，读出画面，读出情节，达到以朗读促理解的目的。朗读的形式也是多种多样的：感受文章层次结构的，采用分层读；体会叙述逻辑顺序的，采用问答读；激发情感的配上音乐和画面朗朗诵读；比较内容、体会含义的可采用对比读等等，富于变化的读，更能激发学生朗读的情趣，使读充满活力。例如，《我最喜欢春天》一课，我采用配乐朗读，引导学生展开想象，把话变成画儿，体会春天的美好。通过感情朗读体会：表达了"我"怎样的心情？该怎样读才能把自己高兴、自豪的心情表达出来。

（三）发挥多媒体优势，优化阅读教学

随着信息科学技术的发展，多媒体技术越来越广泛地应用于教育科学领域。这对激发学生学习语言的兴趣，拓宽学生的视野，扩大其知识面，开发其智力，有着积极作用。利用多媒体可创设生动有趣、富有启发的情境，激起学生的求知欲，激发学生兴趣，使学生很快进入教师创设的学习情景之中。在教学《回声》一课，第四、五自然段是学生理解的重点和难点，为了帮助学生读懂，我利用多媒体课件演示：在平底玻璃缸中装一些水，放在投影仪上，然后往水中投进一个小石子，让学生从屏幕上清楚地看见水的波纹一圈一圈的扩展开，碰到玻璃缸壁在荡回来的情景，这时候，学生们就像文中的小青蛙一样，兴奋极啦！我说："小青蛙的心情和你们相同，应该怎样读出来呢？"学生们体会到了小青蛙心情的变化，读得有声有色。

二、将阅读扩展到课外

凯勒说过："一本新书像一艘船，带领我们从狭隘的地方驶向无限辽阔的海洋。"书是孩子们认识世界的一个窗口，但如果把眼光盯在有限的课本知识上，那是远远不够的。新课程标准要求培养学生广泛的阅读兴趣，扩大阅读面，增加阅读量，多读书，好读书，读好书。因此，我注重把学生

美的教育

的阅读扩展到课外，让他们开阔视野，自觉地在书海里遨游，汲取丰富的养料。

首先，广泛阅读，增加积累。

我向学生推荐优秀的童话、散文、小说及科普读物。利用晨读或阅读课时间学习新童谣，吟诵新童谣的过程也对学生进行了文明礼仪教育。

其次，背诵、摘抄优秀诗文，我每周都要求学生把优秀的诗歌、散文摘抄在一本专门的好词佳句本里，熟读成诵，并运用在自己的写作中。既开阔了视野，又丰富了知识，同时还提高了写作水平。

总之，学生是学习的主人，语文教学应培养学生的自主学习意识、自主学习能力以及自主探究精神。叶圣陶老先生指出："所谓教师之主要作用，该在善于引导启迪，俾学生自奋其力，自致其知，非谓教师滔滔讲学，学生默默聆听。"教师要根据孩子的心理需要，让他们的思维始终处于"愤悱"的态势中，这样孩子们便不知不觉地进入到学习的角色中，主动地去探究未知的领域，获得个人独特的理解、体验和感受。

如何提高孩子学习数学的兴趣

赵凤辉

孩子喜欢看动画片是因为有绚丽的图案，动听的声音。喜欢听故事是因为有跌宕的故事情节，所以只有对新事物有了兴趣，他们才愿意去尝试去接受。新的《基础教育课程改革指导纲要》把"以学生发展为本"作为新课程的基本理念，提出"改变过于强调接受学习、死记硬背、机械训练的现状，倡导学生主动参与、乐于研究、勤于动手"，"逐步实现教学内容的呈现方式、学生的学习方式，以及教学过程中师生互动方式的变革"。新课程指导纲要改变了以往历次教学改革着重从教师教的角度研究变革教的方式，转为从学生学的角度研究变革学的方式。也就是说，基础教育课程改革，既要加强学生的基础性学习能力，又要提高学生的发展性学习能力和创造性学习能力，从而培养学生终身学习的愿望和能力。因此，本人在贯彻素质教育改革的实践过程中，就改进学生的学习方式作了如下几方面的探索。

一、情景导入 激发兴趣

教学实践经验告诉我们，优化数学课堂教学，第一步也是最重要的一步，就是要激发起学生对所学材料的兴趣。信息技术手段的运用在这方面具有独特的功能。他能把抽象的数学概念具体形象化，变枯燥为生动，富于感染力，可激发学生学习的兴趣，使学生在兴趣盎然的情境中去学习，去接受知识。

在讲《统计的初步知识》的教学伊始，我利用几部动画片的精彩片段，将学生带入了探索之门。接下来学生热情高涨地说着自己喜欢的动画片。由于选取了学生们喜闻乐见的"动画片段"作为学习内容，使学生尽快进入了学习状态，全身心的投入数学活动，使枯燥的数学学习成为一种享受。

实践证明，各种年龄的儿童都喜欢看电视、看幻灯，我们经常发现只要备了幻灯片、录像片等采用信息技术手段上课，学生顿时就会精神百倍，兴趣盎然，课堂气氛活跃异常。如果教师这时抓住了学生想看到本节课教师将给他们展示什么情境的迫切心理，不失时机运用信息技术手段开篇或导入新课或制造悬念等就会激发学生更加浓厚的学习兴趣，提高课堂教学质量，教学效果尤佳。

（一）把学生作为学习的主体

学生自主学习的能力，是在学习过程中，不断地培养出来的。因此，精心设计学习过程尤为重要。教师要从"学什么、为什么要学、怎样学"的角度，依据"学是教主导下的主体，教是以学为主体的主导"的原则，按儿童学习数学的认识规律设计好教学过程。做到该扶则扶，该放当放。与旧知紧密相连的新知，教师基本不讲。要在强化旧知的前提下，确定学习目标，让学生自己运用知识的正迁移，完成认知冲突，顺利掌握新知。教师只需在旧知与新知间架起一座能让学生自己通过的桥梁。如在教学《角的认识》时，学生最容易犯"角的大小与构成角的两边长短有关"的概念性错误。为了克服学生这一错误的认识，我运用多媒体自制了一个课件，很好地解决了这个问题。其做法是：在讲完《角的认识》新课后，反馈练习时，依次出示一组练习：1.根据屏幕上提供的各种图形（图中有的是角，有的是两条没有相交的射线，摆放的形式多种多样）判断哪些是角，哪些不是角。2.接着出示一组两个大小相等而边的长短不相等的角和两个边的长短相等而大小不等的角的画面，要求学生判断每对角的大小。3.为了直观验证他们判断的错误，屏幕上出现了一个以黑色为背景的高亮度的角。此时教师提醒学生注意两条边长短变化时这个角的大小有什么变化。学生通过观察屏幕演示自己得出"角的大小与边的长短没有关系"的结论。

接下来教师就可完全放手让学生自己去学。这样的设计就充分体现了由扶到放，该放则放的原则。

（二）给学生主动发言的机会

新课程倡导建立自主、合作、探究的学习方式，对我们教师的职能和作用提出了强烈的变革要求，即要求传统的居高临下的教师地位在课堂教学中逐渐消失，取而代之的是教师站在学生中间，与学生平等对话与交流；过去由教师控制教学活动的那种沉闷和严肃要被打破，取而代之的是师生交往互动、共同发展的真诚和激情。因而，教师的职能不再仅仅是传递、训导、教育，而要更多地去激励、帮助、参谋；师生之间的关系不再是以知识传递为纽带，而是以情感交流为纽带；教师的作用不再是去填满仓库，而是要点燃火炬。学生学习的灵感不是在静如止水的深思中产生，而多是在积极发言中，相互辩论中突然闪现。

学生的主体作用被压抑，本有的学习灵感有时就会消退。在教学中，我大胆放手，给学生充足的时间，让学生成为学习的主角，成为知识的主动探索者。我经常告诉学生："课堂是你们的，数学课本是你们的，三角板、量角器、圆规等这些学具也是你们的，这节课的学习任务也是你们的。老师和同学都是你们的助手，想学到更好的知识就要靠你们自己。"这样，在课堂上，学生始终处于不断发现问题、解决问题的过程中，一节课下来不但学到了自己感兴趣的知识，还使自己的自主性得到充分发挥。例如，教学"平行四边形的面积计算"一课时，推导平行四边形的面积计算公式是本课时的教学重点和难点，学生往往很难掌握。教学中借助多媒体课件声音、动画的渲染，引发学生探究平行四边形的面积计算方法的欲望。然后让学生动手操作电脑，用重合的方法比较出等底等高的一个长方形和一个平行四边形面积相等。再让学生动手剪拼和操作电脑相结合，学生观察比较得出沿平行四边形底边上的高剪开，然后平移可以把平行四边形转化成长方形。学生根据直观判定拼成的长方形和平行四边形面积相等，这时让学生通过小组学习讨论长方形和平行四边形有什么关系？有多少种剪拼法？学生通过操作电脑、观察讨论得出不同的剪拼法推出共同的结论：拼成的长方形的面积与平行四边形的面积相等，长方形的长与宽分别和平行四边形的底与高相等。如此教学，教学重点、难点在动态演示和直观表象中得以化解，学生不仅总结出了平行四边形的面积计算公式，而且从中尝到了成功的喜悦。

（三）温故而知新

全新的知识，教师也要寻找新知的"最近发展区"引导学生学习，教师只在关键处点拨和讲解。《认识物体》一课，我在听完多节公开课之后，学生对于常见的圆柱体、长方体都能够准确判断。但对于又扁、又长的特殊的圆柱体、长方体就不认识了。比如：

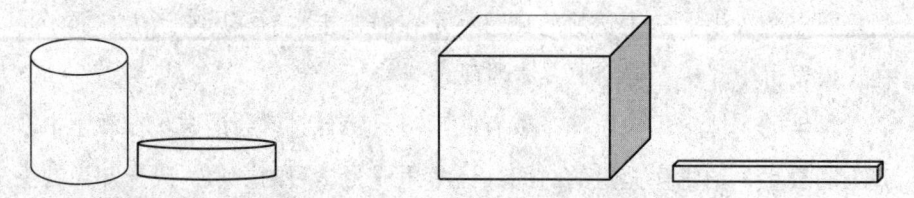

为了突破这个教学难点，我利用白板技术中的拉伸功能，使规则的、常见的物体，在我的拉伸变化中，让学生形象的感知虽然物体的大小发生了改变，但是他们的特点并未改变。教学效果证明，通过白板的演示，学生都能够从物体的特点考虑问题，而不是简单的判断了。

二、合作交流 提高兴趣

采用小组合作制，合作学习是指学生在小组或团队中为了完成共同的任务，有明确的责任分工的互助性学习，它有这样几方面的要素：积极的互相支持、配合，因而合作学习将个人之间的竞争转化为小组之间的竞争，有助于培养学生合作的精神和竞争意识；有助于因材施教，可以弥补一个教师难以面向有差异的众多学生的教学的不足，从而真正实现使每个学生都得到发展的目标，因而在数学教学过程中，采用小组合作方式，在难点、重点时让学生讨论讨论，在建立概念、理解算理时让学生小组合作进行操作等多方面的实践，有利于学生整体素质的培养。如在教《年月日》一课中，在课前，我让学生小组合作找一找，看一看，数一数,找出一年里有多少天?每个月各有几日?学生在小组中友好地进行合作交流，将原来要暴露于大庭广众之下的不足在小组交流中就消灭了，最后面对老师的同一情况，这样学生不仅学到了知识，而且保持了自己完善的人格和尊严。课堂上感怀愉悦，各抒己见，提高效率。数学学科除了注重培养学生的思维能力以外，千万不要忽视学生口头表达的能力，有些教师认为口头表达能力训练是语文课的专利，其实，多一点让学生发表自己的想法和高见，除了会提高学生学习的兴趣外，还培养了学生追求真知的热情，同时消除学生学习紧张的情况，使学生在轻松愉快的环境中牢牢掌握知识。

三、探究学习 延伸兴趣

（一）创设悬念 激发探究兴趣

兴趣是最好的老师，为了让学生对学习产生浓厚的兴趣，我们可以创设一些悬念，启发学生把生活中的现象与问题变为数学的对象，把生活的实际问题和数学紧密联系起来，从数学的角度，并运用数学知识对其进行思考，对之进行解释、阐述，让学生认识到平时学习的数学知识对解决生活中的实际问题很有帮助，唤起学生的有意注意，引起学生对学习内容的好奇心，使学生对学习产生浓厚的兴趣。例如：在《能被2、5整除的数》的教学中，教师请学生任意列举一个数，教师能快速判断出它是否能被2整除。随着学生列举的数的增多，教师依然十分快速地判断出结果。秘密何在呢？学生们的兴趣被调动起来了，学习热情很高涨，他们以积极主动的态度投入到新知识的学习中。这样学生的思维在教师提供信息的撞击和引导下得以活跃，使双方都沉浸在一种轻松愉快的研讨气氛中。

（二）开放课堂 营造探究环境

开放课堂，首先要为学生创造宽松、民主、和谐的课堂学习环境，教师要同学生一起参与学习的全过程，并保证学生自主探究的时间和空间，让学习者积极参与、合作学习、自主探究，在参与中表现。开放课堂以课内为点，课外为面，课内外和谐衔接。更重要的是要用数学知识本身的魅力去吸引学生，影响学生，感染学生。例如：在口算训练里，我出了"230+450"一题后，很多学生很快说出了答案，并说出他们的计算方法。有的说"230+400=630，630+50=680"有的说："200+400=600，30+50=80，80+600=680"，还有的说："200+450=650，650+30=680"方法多样，课堂活跃。学生们跃跃欲试，都想发言，还有的学生问我："老师究竟有多少种算法？"于是，我趁机让他们分组展开讨论，说一说还有哪些算法。通过师生共同探究，学生总结了十余种算法。课后教师又激励学生：你们想不想把你学到的知识去帮助别人，如果有兴趣，放学后就可以到集贸市场去练习……这样，学生探究的欲望才能不断生成，思维才能不断地发展。

（三）开放思维　留足探究的空间

心理学研究表明，儿童的思维的发展是外部活动转化为内部活动的过程。因此，教师应尽量给学生提供可进行自主探究的感性材料，学生有了问题才会有探究，只有主动探究才会有创造，问题情境是促进学生构建良好认知结构的推动力，是体验数学应用，培养探究精神的重要措施，所以，在教学时，多鼓励学生运用自己喜欢的方式进行主动学习，使学生通过观察，操作实验等途径调动眼、口、手、脑、耳等多种感官参与认识活动，探究知识规律，为知识的内化创造条件。如：《千米的认识》一课，过去我们常为学生设计相同的学习方式并要求学生按照教师设计的流程展开学习。这样的课堂教学看上去效果好。为了给学生创设个性化的学习空间，鼓励他们用自己熟悉的方式去学习，我这样引导学生进行猜想：1千米大约有多长?大约是从哪儿到哪里的距离?你要走多长时间?作了猜想之后就进行验证："课桌上放着一些材料（米尺和皮卷尺），我们到运动场上和学校门前，你们可以根据自己的需要选择材料来验证自己的猜想，如果你觉得不需要这些材料，当然也可以。"这样的设计不仅给学生的探索活动提供了自由选择的机会，也增添了活动的趣味性和挑战性。事实上，学生的验证方法是丰富多彩的，甚至是出乎意料，富有创造性的。其中有借助实物来验证长度相等关系的；也有的不用实物根据长度单位之间的换算的关系算出数值来验证相等关系的。这样一猜一想，一量一度，走一走便验证了。可见，给学生学习留足探究的空间，能为学生的个性化学习提供广阔的学习空间，使活动真正自主开放。同时让学生体验到知识的应用过程，感受到成功的喜悦。良好的学习方法，是学好知识的前提和保证，并能达到事半功倍的效果。教师还要注意进行学法交流，对解一道题，学一段内容，比一比谁的方法好，让学生自学取长补短，形成良好的学习习惯。

数学源于生活，并应用于生活，因此在教学活动中，应紧密联系学生的生活实际，将抽象的数学概念建立在学生生动、丰富的生活背景上，并引导学生在学会"做"中学数学，探究中学数学，合作交流中学数学的方式，将过去的说数学，听数学，黑板上的数学，转变成为做数学、用数学、生活中的数学，这样才能真正促进学生主动学习，进而获得主动发展。

总之，引导学生改进学习方法既是一件不可小看的事，又是一件不容易做好的事。教师只要坚持不懈，在自己的教学实践中勇于探索，不断总结，引导学生改进学习方法的办法总是会有的。基础教育新一轮课程改革还刚刚起步，未来的路还很长，随着课改实验的不断推进，还会出现许多新的情况和新问题。数学课堂教学中适时的运用信息技术能直观形象的揭示数学的本质和内在联系，使学生从感性认识上升到理性认识，从而激发学生的学习兴趣，发展思维能力。

美的教育

走在探索拼音教学的路上

刘玉梅

摘 要：汉语拼音是小学语文教学的重要内容，也是识字、学习普通话和查字典的有效工具。汉语拼音是未来一代步入信息社会必备的基本工具。可是，汉语拼音是枯燥无味的字母符号，比较抽象。字母的识记、音节的拼读，单调、容易厌倦，一年级学生年龄小，自控能力差，思维形象化，注意力不集中，要使刚刚步入校门的一年级学生，在一个月的时间内，掌握汉语拼音不是一件容易的事。教学中认真研究教材，抓住教材特点，用多种教学方法激发学生的学习兴趣，创设拼音化环境，学以致用，提高学生学习拼音的积极性、主动性。

"汉语拼音用处大，一树能开两朵花。一朵讲好普通话，一朵识字学文化。"汉语拼音是小学语文教学的重要内容，也是识字、学习普通话和查字典的有效工具。它被视为一根拐棍，伴随着学生语文学习的各个方面，各个阶段。随着科学技术的飞速发展，我们迈入五彩缤纷的信息时代，最主要的特征就是利用电子计算机等先进工具对语言文字信息进行各种处理，信息离不开语言文字这个载体，而这个载体更离不开汉语拼音这个标音工具。可见，汉语拼音是未来一代步入信息社会必备的基本工具。可是，汉语拼音是枯燥无味的字母符号，比较抽象。字母的识记、音节的拼读，单调、容易厌倦，一年级学生年龄小，自控能力差，思维形象化，注意力不集中，要使刚刚步入校门的一年级学生，在一个月的时间内，掌握汉语拼音不是一件容易的事。怎样进行有效地拼音教学，这个问题摆在我们面前，我便走上了探索拼音教学之路，虽然遇到很多困惑，也曾迷茫，但也收获了很多。

一、研究教材　挖掘兴趣

从儿童心理特征来看，学生的抽象思维较弱，他们对于抽象的字母的学习，往往会出现注意力不集中的现象，需要借助外部的刺激来集中注意力。把抽象的无意义的字母和直观的图像结合起来，引起学生的注意，使学生更容易记住字母的读音和字形，这样会收到事半功倍的教学效果。教材几乎给每个声母韵母都配了插图，这些插图有的是描绘发音方法；有的是描绘字母的外形。这些图画形象、生动，为我们创设有趣的课堂提供了良好的素材。例如：和平鸽的"鸽"提示"g"的音，橄榄枝的形状提示"g"的形；水里的小蝌蚪与水草构成的形状提示"k"的形，蝌蚪的"蝌"提示"k"的音；椅子的形状提示"h"的形．喝水的"喝"提示"h"的音，充分利用课本插图吸引学生注意力，让学生仔细观察，找出字形和图片上相似的地方，把他们的有意记忆和无意记忆结合起来,对学习拼音起着重要的作用。

二、丰富课堂　激发学习兴趣

低年级学生的生理、心理特点决定他们对于富有情趣的教学方式更有兴趣，兴趣永远是最好的老师。我在拼音教学实践中不断探索，本着"童心为本、童趣为先"的原则，在拼音教学中努力追求生活化、游戏化、直观化、操作化，采用插图、儿歌、做游戏、猜谜语、竞赛等方式，把课上得有情、有趣，从而取得较理想的教学实效。

（一）创设情境，喜学拼音

美好的情景，能激发学生浓厚的学习兴趣，积极主动地投身于学习活动中。

上第一节拼音课时，用一张"拼音王国"图导入新课。我运用这样的导语："小朋友，从今天开始，我们一起到拼音王国去旅游。拼音王国里有许多许多的朋友，有单韵母、声母、复韵母，还有房子、动物、山水，可有意思了。今天旅游的第一站是去单韵母的家，它们家有 6 个小朋友。我们就到它们家做客吧！"孩子们一听可高兴了，一双双好奇的眼睛在看着我，他们对拼音王国产生了极大的兴趣。

美的教育

教学单韵母 a、o、e 时，我创设拼音王国里有一个美丽的村庄，绿草如茵，小溪清澈。有一天，太阳公公还没爬上山坡，一位小姑娘就站在小溪边唱起了 a 字歌，一只大公鸡听到歌声也跟着 o-o-o 地唱起来。他们的歌声引来了大白鹅，大白鹅伴随着优美的歌声在水中翩翩起舞，它低头看见了自己在小溪中的倒影，欣喜地 e、e、e 地唱起歌来。孩子们仿佛真的走进了美丽的村庄，在轻松愉快的气氛中掌握了 a、o、e 的音和形，又在这童话般的情境中受到美的熏陶。

（二）趣味故事，爱学拼音

小学生最容易接受一些生动具体又有趣的知识。在教学中，教师讲一些与课文内容紧密相关的趣味故事，吸引他们的注意力，培养学生的想象力、创造力。如教学整体认读音节 yi wu yu 时，先讲一个故事：有一天，i u ü 三个小孩要到公园去玩，可是他们三个年纪太小了又不认识路，怎么办呢？它们就请大 y 和大 w 带路，大 y 带着小 i 一块走了，就成音节 yi，（领读）大 w 带着小 u 走了就成了音节 wu，（领读）只有小 ü 没人带他，急得哭了，两滴眼泪直往下流，怎么办呢？大 y 听到哭声转过身来，见小 ü 哭得好伤心，于是来到他身边，摸摸他的头说："好吧，我再带一个，可是你得把眼泪擦干净，记住不许哭。"小 ü 高兴极了，边走边唱着歌："i u 单独走，大 y 大 w 来带路，小 ü 眼泪擦干净，大家齐步向前走。"这样把知识化为有趣的故事使学生对整体认读音节 yi wu yu 接受快，理解深，记忆牢，还能使学生对 ü 跟大 y 后面去掉两点引起注意。故事听完了，同学们也把整体认读音节"yi、wu、yu"记住了。

（三）创编儿歌，乐学拼音

儿歌生动、形象、押韵、有节奏感，朗朗上口，深受儿童的喜爱。利用儿歌进行拼音教学，学生不仅可以记住拼音字母的音和形，而且创造了一种充满节奏韵律的课堂，学生读熟了这些儿歌，拼读、书写规则也就掌握了。在教学中，我们紧紧抓住一特点，把大量的儿歌引入课堂，使儿歌成为提高汉语拼音教学效果的一条有效途径。例如，在学习"a o e"时，教学生朗读儿歌："嘴巴张大 a a a，嘴巴圆圆 o o o，嘴巴扁扁 e e e。"学生边唱边记住了 a o e 的发音。在学习"ch"时，教师教读儿歌："小猴子，嘴儿馋，吃了杏子吃李子，吃了李子吃柿子，吃了柿子闹肚子。"在反复吟诵中，学生熟悉了"ch"的发音。ü 上两点的省写规则可以编成："小 ü 真骄傲，两眼往上翘，j、q、x，来帮助，摘掉了骄傲帽"；或者："小 ü 见到 j、q、x，擦掉眼泪笑嘻嘻"。再如："b b b 听广播，p p p 把水泼，小马快跑 d d d，气球上升 q q q，拐棍加横 f f f，伞把撑开 t t t，小鸽子 g g g，小草蝌蚪 k k k，像把椅子 h h h"等。这些儿歌突出了字母形体的特点，形象生动，学生便于记忆。

以下是在教学实践中创编的儿歌：

1. 单韵母

单韵母，很重要，发音口形要摆好。

嘴巴张大 a a a，嘴巴圆圆 o o o，嘴巴扁扁 e e e，牙齿对齐 i i i，嘴巴突出。

u u u，嘴吹口哨 ü ü ü。

2. 声母

读声母要留心，堵住气儿再发音。

像个 6 字 b b b，6 字向下 p p p，

两个门洞 m m m，一根拐棍 f f f，（拐棍 f）

左下半圆 d d d，模特表演 t t t，（伞把 t）

一个门洞 n n n，一根小棍 l l l，

9 字加钩 g g g，

机枪向上 k k k，

一把椅子 h h h，

i 下加钩 j j j，

像个 9 字 q q q，

一个叉子 x x x，

像个 2 字 z z z，半个圆圈 c c c，半个 8 字 s s s，

z 加椅子 zh zh zh，c 加椅子 ch ch ch，s 加椅子 sh sh sh，大树杈儿 r r r。

211

3. 复韵母

复韵母，真有趣。

单韵母在一起。

看前音摆口形，

口形变化要注意。

快速向后滑过去，

合成一个音莫忘记。

4. 声调

一声高高平又平，二声就像上山坡，三声下坡又上坡，四声就像下山坡。

5. 标调规则

先标ɑoe，再标iuü。i、u并列标在后，i上标调把点抹，轻声不标就空着。

有a在给a戴，a不在顺次排，要是i、u一起来，谁在后面给谁戴。

6. 拼写规律

小ü见了jqx，摘下墨镜行个礼。

7. 两拼法

前音轻短后音重，两音相连猛一碰。

8. 三拼法

声轻介快韵母响，三音连读很顺当。

（四）**快乐游戏， 趣学拼音。**

游戏可以使汉语拼音知识的趣味性增强，促使学生的学习兴趣提高。通过学生参与游戏活动，在游戏中获取知识，发展思维，培养能力，达到寓教于乐。在教学中经常采用游戏学习法，让学生在玩中思，玩中学，使认知与情感融为一体。

如：在学习整体认读音节后，我设计了如下练习。（出示图：图上画的是一棵大树，树上结满苹果，苹果上写着整体认读音节）师：秋天到了，果园丰收了，我们一起去果园帮农民伯伯摘苹果，好吗？（生：好极了）

农民伯伯还说,如果你能带领全班同学读一读苹果上的音节,他就把这个大苹果送给你,你们想不想要?学生很兴奋,有的同学甚至说:"老师,我最爱吃苹果了,叫我去吧,我肯定能读对。"这样紧密结合课文,针对儿童年龄特征安排一些游戏,使学生在轻松愉快的气氛中,体会到学中有趣、趣中有知,使认知活动与师生情感交织在一起。

教学中还采用"采蘑菇、摘桃子、降落伞、踩地雷、找朋友、小邮递员传信、开火车"等一系列的游戏,寓学于乐。

(五)巧用多媒体,活学拼音。

运用电教媒体进行拼音教学,更能创设生动活泼的教学氛围,使学生"爱学"、"乐学",有效地提高学习效率,促进拼音教学。

如《j q x》一课,为了让学生清楚地知道ü碰到j q x时会去掉两点,教师自制了一幅动画片,一群小伙伴在草地上快乐地做游戏,这时,小熊来了,一碰到j q x,赶紧把眼镜摘了分别和小伙伴手拉手跳起了舞。这样的画面再现在学生眼前,他们印象深刻,永远记住ü和j q x相拼时要去两点。在教学声母与韵母拼读时,我设计了"小猴推字母"的动画,设计中注意了推声母的速度要快,推韵母的速度要慢,然后揭示"前音轻短后音重,两音相连猛一碰"的拼读规则。学生将动画的感性认识转化为理性认识,通过练习、内化形成熟练的技能。多媒体教学给拼音教学注入了生机和活力,使学生在学习过程中兴趣盎然,积极主动地投入到学习中去。

四、学以致用　提升兴趣

当学生尝试着用已经学过的知识去解决一些问题时,他们往往能够体验到成功的喜悦,增强学习的信心。在教完音节后,让学生拼一拼同学的姓名,家庭成员的称呼;在教室里给具体的事物贴上写有音节的卡片,让学生试拼;把学生喜欢的零食名称、动物名称写成音节让学生比赛拼读;把班纪班规写成拼音,让学生独立读懂。我还要求学生自己动手,把本小组学生的姓名做成卡片,一面写汉字,一面写拼音,让学生在拼拼读读中认识全班同学的姓名。这个办法既可增进同学间的友谊,又提高了拼读能力和口语交际能力。创设拼音化环境,让学生和拼音天天见,天天用,大大提高了学生学习拼音的积极性、主动性。

　　拼音教学的路遥远而漫长，我一步一个脚印，行进在拼音教学的科研之路上。我愿在这条研究的路上不断地探索，执着前行，走出一条独具风格，快乐高效的拼音教学之路。

科学课导入环节的研究

刘玉姝

摘　要：结合自身教学实际，在具体的教学情景、教学条件和学生经验的基础上创设新型的教学模式。导入环节对于一节课的重要性不言而喻，正所谓"良好的开端是成功的一半"。那么如何设计导入环节，我认为根据教学内容的不同大致分为以下形式：单刀直入式，故事引导式，复习巩固式，问题探究式，事实分析式等。不同的导入方式都是为课堂中学生进行学习服务，是共同探究新知识的关键开端。

俗话说："良好的开端是成功的一半"，我认为教师应根据不同的内容采用不同的导入方法，做到"课伊始，趣亦生"，因此导入环节也就成为教学环节中重要的环节。科学知识是一个动态的、发展的知识体系，随着科学的不断深入研究，虽说小学使用的北京市义务教育课程改革的实验教材内容变化不大，但随着时代的进步和发展，需要教师掌握更多的科学知识为教学服务，设计好每一节课都至关重要，导入环节是重中之重。

在设计和实施中，各种不同的导入类型，导入时的目的性与针对性要强，帮助学生明确学什么？怎样学？为什么要学？树立目的意识。导入要有关联性，善于以旧拓新，温故知新，与新课重点紧密相关，能揭示新旧知识的连接点。导入要有直观性，尽量以生动、具体的事例为基础，引入新知识、新观念。导入要有趣味性，能引人注目、颇有风趣、造成悬念、引人入胜。

课堂的导入，犹如乐曲中的引子，戏剧的序幕，起着酝酿情绪，集中注意，渗入主题和带入情景的作用。精心设计的导入，能抓住学生的心弦，立疑激趣，促使学生快速进入学习状态，有助于学生对所学知识进一步的理解。其目的是：激发学习兴趣，引起学习动机；引起对所学课题的关注，

美的教育

引导进入学习情境；为学习新知识、新概念、新原理和新技能做鼓动、引子和铺垫。

一、尝试一——单刀直入导入

单刀直入式导入即直接阐明本节课的学习目的及所要达到的目标，直接引起学生的有意注意和诱发探求新知识的兴趣。你知道世界上最大的种子有多重吗？"上海春季花展"揭开了这个谜底。一个重近10公斤、长约50厘米的"巨型"种子复椰子抵达上海植物园，在春季花展亮相。世界最小的开花植物种子也能"诞生"世界上最小的种子：这两项纪录皆由无根萍（开花浮萍）保持。无根萍的果实长约0.2毫米，重约70毫克，比一粒食盐还小。尽管这些种子的大小、形状、颜色各不相同，把它们种在适宜的环境里，都能长出一棵新的植物体。这是为什么呢？是因为它们的结构基本上是相同的。今天我们就通过观察常见的菜豆种子和玉米籽粒来学习种子结构研究。这样学生对于种子的结构就更加关注，实验时也会就更加用心观察，充分了解种子的结构，这样学生更易接受，单刀直入式导入比较直接，通过举例直接引导出新知识。

二、尝试二——讲故事导入

故事导入的方式主要与本节课的教学内容而定，通过故事发人深省。在讲到脑的保健这节课时，老师引出有一位科学家研究脑，便做了一个实验，将狗的小脑切除会怎样？让同学们讨论，再阅读书上内容，加深了对小脑的认识。故事导入的方式，可以通过生动的故事使同学们形象地掌握课程内容的背景知识，视野更加开阔，知识更加延伸。

三、尝试三——问题探究导入

首先，要善于创设科学的探究教学情景，引导学生在探究过程中研究、质疑、讨论、反思。在学习"蒸腾作用"时，可以引导学生思考体验在打伞和在树荫下哪个更凉快，还可让学生用温度计进行测量。学生带着问题去学习，有目标更容易理解蒸腾作用。

通过问题引导着学生进一步的探究，解决问题。

四、尝试四——事实分析导入

通过事实来分析学习本节课的内容。比如《人类进化》的教学，教师首先让同学们分析比较猫、狗、黑猩猩和人在形态上的异同点。和我们人类更为接近的动物是什么，学生们会说黑猩猩。让同学们探讨与人类形态、结构相似的哺乳类动物有哪些？给出观察猩猩、大猩猩、黑猩猩和长臂猿图片，让学生进一步了解人类与这些动物有共同的祖先。达尔文在《人类的由来》一书中提出，人类也是进化的产物，人类与类人猿有着共同的祖先。通过现在的科学研究证明，人类和类人猿有着共同的原始祖先——南方古猿。那么，南方古猿又是怎样的生物呢？地质学家告诉我们，1000万~2000万年前，地壳运动剧烈，相继出现了喜马拉雅山、阿尔卑斯山等山脉，在东非则形成了世界上最大的裂谷，南起莫桑比克，北达西亚的约旦河谷，全长6000多千米。当时地球上气候也发生剧烈变化，在地形和气候巨大变化的影响下，东非大裂谷地区原先的热带丛林，有一部分变成了稀树草原。想一想，大量的森林变成稀树草原，对那里的南方古猿会产生什么影响？在距今1200多万年前，南方古猿最初生活在茂密森林的树上，后来由于部分地区气候发生变化，森林逐渐减少，食物来源逐渐困难，生活在这些地区的南方古猿被迫下地，后来经过漫长的年代，一部分南方古猿就逐渐进化为人类，而其他一部分南方森林古猿，有的绝灭了，有的逐渐进化成猩猩、大猩猩、黑猩猩和长臂猿。请你分析为什么"经过漫长的年代，一部分南方古猿是如何进化成人类的？他们经历了哪些过程？"

五、尝试五——复习巩固导入

复习巩固式导入针对本节课内容相关的知识进行复习，为本节课的教学奠定基础。在学习从地面到高空气温逐渐降低，上升空气中的水蒸气有时会凝结成小水滴或小冰晶，漂浮在高空，这就是云。在云的基础上理解气温降低时，地面附近中的水蒸气有时会凝结成许许多多的小水珠，漂浮在低空，这就是雾。复习巩固式导入可以促进知识的衔接，起到承上启下的作用。

六、尝试六——实验导入

实验导入时尽量挖掘富有启发性、趣味性的实验，设置悬念，就会使学生学习明确目标、增强动机。起到"激其情、引其疑"的作用。《身边的运动》在观察过程中，他们的心理活动是好奇，急于想了解实验中出现各种现象变化的原因，要求解惑的心情特别迫切。第一部分是关于植物的运动，从问题开始"植物会运动吗？"观察蚕豆发芽后，根和茎生长怎样的，你认为这是怎么回事，请你设计一个实验，证明你的观点。交流：植物的根总是向地生长，茎总是负向地生长这种现象叫做向重力性。了解植物的向光性，观察向日葵还没有成熟的花盘怎样随着太阳转动？没有成熟的向日葵的花盘，在白天的阳光下，随着太阳位置的改变　向日葵的茎也会随着转动，从而使花盘总是朝着太阳方向转动。植物的枝叶和花总是向着光照的方向伸展生长，这种现象称为向光性。观察课本中猪笼草、葡萄和牵牛花这三幅图，猪笼草叶子基部宽大，中部呈细长的卷须状，可以攀援在别的物体上，猪笼草的端部为捕虫囊，上面有一个半开的盖子，当虫子落入囊内盖子就关闭。葡萄等有卷须的植物，当卷须触到竹竿、绳索等物体时就能很快的攀援上去。牵牛花没有卷须，茎柔软不能直立，当茎遇到竹竿、篱笆等物体时就会将茎缠绕在这些物体上。这些现象说明：植物的某一部分碰到外界的物体时能发生向性反应运动，称为向触性。植物因受外界环境因素的影响所产生的向重力性、向光性、向触性等定向的反应运动叫做向性运动。向重力性是植物的根和茎对重力刺激发生的定向运动。向触性是植物的某一部分碰到外界物体时产生的定向运动。

科学课的导入法很多，但只有有效的导入才是好的导入。各种不同的导入类型，在设计和实施中，导入的目的性与针对性要强，要有关联性，善于以旧拓新，温故知新，导入的内容与新课重点紧密相关，能揭示新旧知识的支点，要有直观性和启发性，要有趣味性，能够激起学生的学习兴趣，才能使学生的课堂注意力回到本节课的教学，充分调动学生内在的积极因素，进一步吸引学生迅速进入课堂情境之中，从而更好地完成课堂教学的任务。

培养空间观念从动手实践开始

王志永

摘　要：《小学数学新标准》对"空间观念"的具体表现作了这样的阐述："能由实物的形状想象出几何图形，由几何图形想象出实物的形状，进行几何体与其三视图、展开图之间的转化；能根据条件作出立体模型或画出图形；能从较复杂的图形中分解出基本的图形，并能分析其中的基本元素及其关系；能描述实物或几何图形的运动和变化；能采用适当的方式描述物体间的位置关系；能运用图形形象地描述问题，利用直观来进行思考。"可见，培养学生的空间观念首先让学生接触实物，还有一个关键点就是在动手实践。动手实践分为再现型动手实践、应用型动手实践、体验型动手实践、探索型动手实践、创新型动手实践。我认为动手实践的时间不同，起到的效果也不一样。

在三年级学习探索规律《观察物体》时，6个正方体从前后左右上下观察，会有不同的图形，这节课中有一个摆一摆的动手操作，已知从一个方向观察出的图形，你可以有几种摆放方法？学生先小组内动手摆一摆，在汇报时，我们一共摆出了6种方法，"还有吗？"我问道，许多学生摇摇头，这时，陈成举起手来，到前面摆出了一种，"可以吗？"我问，"可以"学生们答道。"还可以这么摆，"陈成一边说一边又摆出了一种，就这样他摆出10种方法，全班的学生不禁为他鼓掌，投来了赞许的目光。

这件事让我对陈成有了新的了解，他的数学成绩并不是很好，但是在学习空间与图形这部分内容时，学习的非常快，而且成绩很好，他的空间观念怎么那么好？通过了解，知道他在科技这方面非常突出，经常要制作一些模型，他在"鸡蛋撞地球""火箭升空""单片机"这些比赛中都取得了非常好的成绩。就是在制作这些科技材料时，逐渐增强了他的空间观念。

可见，培养学生的空间观念首先要让学生接触实物，正如《小学数学新标准》对"空间观念"的具体表现作了这样的阐述："能由实物的形状想象出几何图形，由几何图形想象出实物的形状，进行几何体与其三视图、展开图之间的转化；能根据条件作出立体模型或画出图形；能从较复杂的图形中分解出基本的图形，并能分析其中的基本元素及其关系；能描述实物或几何图形的运动和变化；能采用适当的方式描述物体间的位置关系；能运用图形形象地描述问题，利用直观来进行思考。"

从中我们不难看出培养空间观念首先要经历"实物→几何图形、几何体→实物"的过程，可见在空间与图形的教学时，实物是非常关键的。

一、在现实情景中培养空间观念

正如陈成同学所表现出来的现象，在学习几何知识时，他利用科技制作方面的经验，帮助他理解几何图形的特征。所以学生在学习几何知识时，要从具体事物的感知出发，获得清晰、深刻的表象，再逐步抽象出几何形体的特征，以形成正确的概念。图形的形状，大小，变换等性质，除了观察与动手操作以外，还可以联系现实的生活情景让学生感知。例如，在引导学生认识长方体每组相对的棱有几条相等时，除了让学生感知书上的材料外，还可引导学生进一步观察教室里相对的各组棱各有几条。在认识长方体的过程中，可以组织学生观察自备的长方体物品（如牙膏盒、文具盒等），让学生找一找这些物体有哪些共同的特征，学生在观察、交流中逐步认识了长方体的面、棱、顶点……建立起"长方体"的概念。可以请学生观察手头的长方体最多可以同时看到几个面。在学习逆时针与顺时针时，可以引导学生观察生活中的钟表走的方向是顺时针，与之相反的即是逆时针。这样进一步巩固了学生的感知内容，丰富了空间表象。以此为学生进行各种方向的旋转做好了充分的前提。

实物很关键，但是我们还是要把它提炼成数学模型，小学阶段就是几种基础平面图形、立体图形，怎样让学生更好地认识、理解这些图形的特征，这就需要老师安排活动，引导学生学习。

二、动手实践活动

在空间与图形这部分知识的教授中，还有一个关键点就是在动手实践。动手实践分为再现型动手实践、应用型动手实践、体验型动手实践、探索型动手实践、创新型动手实践。我认为动手实践的时间不同，起到的效果也不一样。

（一）在课前自己动手操作，学习新知前所做的准备性实践，培养学生观察探索的能力。

学习圆柱的认识时，由于在一年级他们已经认识到什么样的立体图形是圆柱，这是知识视觉上的认知，六年级是对圆柱的更深一层的认识，我课前先让学生自己做了一个圆柱，通过学生亲手制作的过程，许多圆柱的基本知识、难点都一一突破：提到圆柱的侧面积时，大家一下子就能够说出就是长方形或正方形的面积，因为他们自己把长方形或正方形围成一个圆柱的侧面；组成圆柱的底面和侧面的有什么联系？学生在制作时，需要给圆柱加上盖，要想加上合适的底面，只能是圆的周长与侧面的一边相等。在课上这个联系很快就被学生总结出来，问道怎样得出的时候，有些同学在加盖之前，通过观察得出；有些学生开始不知道，是一次一次的试，渐渐地发现这个联系的。

我认为结论重要，但是发现的过程更为珍贵，在课上只有40分钟的时间，动手操作的时间安排有时会不充裕，经常遇到有些组完成任务了，有些组没有完成，老师在原来设计的活动时间上喊停，使得有些学生没有经历动手实践的过程，体会其价值。所以我觉得体验型和探索型的动手实践可以安排在课前，我认为高年级的学生有一定的动手、观察、发现、总结的能力，所以把一些操作复杂，需要学生真正踏踏实实的动手及观察发现的内容安排在课下，更能够让学生对图形感兴趣，从而培养学生的空间观念。

（二）在课上动手实践，这是数学教学中最常见的也是用得最多的动手实践形式，操作在课堂教学中对新知的学习起着很大的作用，学生在操作的过程中，从中感悟并理解知识的形成和发展，发现规律、概括特征、掌握方法。

学习正方形及长方形的周长时，我从他们的学具盒中拿了 8 根一样长的小棒，先让孩子摆出一个正方形，他们很快能摆出来，四条边，每边 2 根，再问正方形的周长时，学生的回答是："四个 2 根小棒的长相加。"在二年级的时候，他们已经学过了正方形的四条边的长度是相等的，而且也学过乘法的意义，在这个基础上，学生很快能将正方形周长的公式总结出来："正方形的周长=边长×4"。然后，我再让他们用 8 根小棒摆出一个长方形，学生在其中两条对边上各摆了 1 根，另两条对边上各摆了 3 根，再问长方形的周长时，他们的回答是："长×2+宽×2"，我及时给予表扬。并说："如果将其中的一条宽上的小棒移到一条长的旁边，形成一条直线段；另一条宽上的小棒移到另一条长的旁边，形成另一条直线段。那你能不能得出长方形的周长公式呢"他移完之后，很快告诉我："长方形的周长=（长+宽）×2"。在课上通过这种简便而又形象的操作，把抽象知识变为一种生动有趣的活动过程，是充分调动孩子各种感官参与，从中感悟并理解了知识的形成和发展。

（三）课后动手操作，加深对知识的理解，实现二次学习。

在学习完对称图形时，课后我给学生留的作业就是：画出几个轴对称图形，画出其对称轴。学生们非常喜欢做这项作业，画什么的都有，有的把对称轴设计成图形的一部分，看似学生在画画，在画的过程中，学生对轴对称图形有了更深刻的认识，激发了学习数学的兴趣。

再如学习了长方体的体积后，课后练习中有这样一题："一张长方形纸板长 30 厘米，宽 20 厘米，在它的四周各剪去一个边长为 5 厘米的小正方形，然后做成一个无盖长方体纸盒，求这个长方体纸盒的体积。"部分学生通过观察配图即能得知长方体纸盒的长、宽、高与长方形纸板的长宽之间的联系，即长方体的长=30－5×2=20 厘米、宽=20－5×2=10 厘米、高=小正方形的高 5 厘米，然而对大部分学生来说，这种联系的发现是有困难的，因为这局限于学生的空间想象能力，因此可把这题作为课后实践题，让学生亲自动手制作这样一个纸盒，在做的过程中感知它们之间的联系，从而顺利求出纸盒的体积。在这个例子中找到长方体纸盒的长、宽、高与长方形纸板的长宽之间的联系是对长方体体积应用的拓展，要求长方体的体积，需要知道它的长、宽、高，而此题中长、宽、高并未已知，要找到，必须经历从平面到立体的过程，学生的动手做一做，使这种联系自然而得，也使长方体体积的拓展应用显得更有价值。

综上所述，空间观念是学生应具备的数学素养的重要方面，而动手操作是探索空间与图形这个领域的重要手段与重要方式，因此教师要在几何教学中精心设计教学环节，在使学生扎实地学到图形基本知识和技能的同时，真正地发展其空间观念，为他们进一步的学习开辟更广阔的天地。

新课程中学生自主学习能力的培养

吴 兵

摘 要：新课程实施过程中，学生是学习的主体，已成为我们的共识，如何及时的做好转变是课程改革的关键，教师如何尽快培养学生的自主学习能力，使之真正成为学习的主体也是教师的任务。如何培养学生自主学习的能力呢？1. 营造自主学习的教学过程；2. 抓住教材,培养学生自主学习。实施新课程的今天，我们必须转变教学思想，以学生为本用好教材、搞好实验、组织好课堂教学，要尊重学生的兴趣爱好，尊重学生的个性思维，采用学生喜欢的学习方法，让学生主动探求、主动合作、主动获取知识，形成技能。

《小学科学课程标准》指出，教师在教学过程中应与学生积极互动，共同发展。要处理好传授知识与培养能力的关系，注重培养学生的独立性和自主性，引导学生质疑、调查、探究，在实践中学习，促进学生在教师指导下主动地、富有个性地学习。新课程实施过程中，学生是学习的主体，已成为我们的共识，但教师和学生受传统教学的影响都具有一定的惯性，如何及时的做好转变是课程改革的关键，在这一点上教师起着很重要的作用。教师除了自身在教学理念、教学方法等方面需要改变外，如何尽快培养学生的自主学习能力，使之真正成为学习的主体也是教师的任务。如何培养学生自主学习的能力呢？

一、营造自主学习的教学过程

传统教学是教师讲授为主，学生被动接受的教学方式。虽然教学中也强调师生的交流，但都是在教师控制下的"一问一答"。依靠学生查找资料，集体讨论为主的学习活动很少，教师布置作业多是书面习题与阅读教科书，而很少布置如观察、制作、实验、读课外书、社会调查等实践性作业，学生很少有根据自己的理解发表看法与意见的机会。这种教学方式使学生感到枯燥、乏味、学习负担重，压制了学生自主性学习的发展，所以培养学生的自主学习能力首先要从课堂教学过程抓起，主要做到以下几个方面：

（一）课堂气氛融洽，师生感情和谐。融洽的课堂气氛，和谐的师生感情，使学生能放松地学习，放心地思考，不用担心老师的责骂，也不用担心同学的讥讽。这种状态学习效率最高，最易产生灵感，见解最易独到。有了这样的氛围，学生学习科学的兴趣就会大大提高，也能建立良好的师生关系，使学生热爱教师，听从教师的教诲，为学生自主学习打下坚实的基础。

（二）引导学生去认识和发现。学生由于受应试教育的影响，在大脑中"听教师讲、被动学"的思维习惯还蒂固根深。以教师为中心设计问题、提出问题，学生被动地指向性地回答问题，学生的学习能力得不到锻炼，心理始终处于消极的等待中。也就是教师没有提问时等待教师提问，回答了提问还要等待教师鉴别回答正确与否，致使学生的思维缺乏自主性和创造性。因此教师在教学中要帮助学生去构建知识体系，而不是复制知识。前人留给我们的知识，对学生来说是未知的，教师要引导学生自己去认识和发现。在教学中，教师要合理组织教学过程，充分相信学生，把时间和空间留给学生，让其自己在学习中发现问题，当学生提出有价值的问题时，教师应该因势利导，让学生知道什么样的问题有价值，这对培养学生发现问题的兴趣，养成提出问题的习惯都有好处。学生在活动过程中写错了或说错了，也不要大惊小怪，而应由师生共同来分析为什么错了，原因在哪里。教师要充分肯定学生的积极表现，鼓励其继续努力。这是帮助学生尽快步入自主性学习轨道的极好途径。

（三）承认学生差异，因材施教。教师要全面了解学生，承认并关注学生的个体差异，发现每个学生的独特性。例如，有些学生对实验特别感兴趣，尤其喜欢动手操作，教师可多安排他们进行实验；有些学生对科学与生活问题的联系感兴趣，教师应鼓励他们带着问题去做调查研究；有些学生对概念和规律感兴趣，教师应引导他们进行一些理性的思考和探索。

这样可以让学生更多地体会学习的乐趣，更加主动地去学。

二、抓住教材 培养学生自主学习

教材中，设置了为学生自主学习的栏目和内容，如"观察思考""实验探究""活动""小制作"等，从教材的基本结构和基本内容上为学生的自主学习创造条件。

（一）创设情景引导学生自主学习。教科书十分注重情景创设，比如在学习《太阳系》一课时，开头设置的情景就让学生去思考一个问题："在太阳的周围有哪些天体"这时可以让学生通过观察图片，自主去进行思考、讨论、交流，从而自信地进入关于太阳系的学习。对于太阳系的其他行星，教材中没有作具体介绍，可留做课后作业，学生通过查找资料和上网等方式自己去寻找有关资料。这些内容教师完全没有必要再像以前一样全部讲给学生，完全可以让学生自主学习。

（二）从学生熟悉的事实出发，让学生自觉地走进自主学习的境界。教科书中常常从学生熟悉的事实出发来引入问题，比如在《找找身边的力》中，先设置了一个情景，给出了八张图，都是同学们在生活中熟知的事情，让学生结合身边的实际找有那些力。学生看这些图片，进行思考，回答问题。因为图中的情况来自他们的生活，结合他们以学的知识和自身的经验，回答这些问题应当没有困难。而且，学生通过回答这些问题对力的概念有了一个初步的认识，很容易地进入角色，走进自主学习的境界。

（三）从设计学生活动出发，让学生在经历活动过程中激发自主学习的动力，进入自主学习的境界。教科书中设计了许多学生的活动，比如《陶瓷的性质》，这一部分内容学生学起来会觉得枯燥、乏味，也较难理解和掌握，是教学中的一个难点。所以利用教材中设计的学生研究活动，让每个学生都参与，活动的目的容易达到，学生通过思考和相互讨论，对于陶瓷的耐火性和耐水性易于理解，通过这个活动使同学产生自信，产生自主学习的动力，也为达到这一节的教学目标扫除了障碍，为下面有关的学习打下了基础。

（四）从设计实验探究出发培养学生学习兴趣，促进学生自主学习。

激发兴趣是促进自主学习的动力,利用教科书中引入了许多中学生感兴趣的材料,以趣味吸引学生进入自主学习的境界。比如在探究在"水中下沉的物体是否受到浮力"时,请学生动脑动手设计和操作实验,学生通过自己的探究活动,发现并解决了问题,获得了成功的体验,自然进入了自主学习的境界。

　　课改能否成功,教师是关键,但起决定因素的还是学生。实施新课程的今天,我们必须转变教学思想,以学生为本用好教材、搞好实验、组织好课堂教学,要尊重学生的兴趣爱好,尊重学生的个性思维,采用学生喜欢的学习方法,让学生主动探求、主动合作、主动获取知识,形成技能。在这样一个过程中,学生体验了知识的形成过程,自然也能培养学生的积极情感与态度,进而形成正确的价值观。也只有这样才能培养出具有创新精神和实践能力的学生,才能促进学生的全面发展。

努力创设情境，优化信息技术课堂教学

贾光敏

摘 要：建构主义学习理论强调学习情境的创设，认为学习情境是教学设计中最重要的内容之一。本文从讲故事、猜谜语、唱儿歌、游戏、竞赛、多媒体等五个方面创设情境阐述了学习情境的创设策略，旨在小学信息技术课堂教学活动中起到提高教学效率、优化课堂教学的目的。

新《课程标准》带来了全新的教学理念。面对新课程、新理念、新教材，如何有效地组织和开展信息技术教学，提高小学信息技术课堂教学的实效性，是摆在广大信息技术教师面前必须思考、研究和解决的紧迫问题。教学设计是连接教学理念和教学实践的桥梁，它既是教学理念的载体又是教学实践的依据。在建构主义学习环境下，教学设计不仅要考虑教学目标分析，还要考虑有利于学生建构意义的情境的创设问题，并把情境创设看做是教学设计的最重要内容之一。下面我结合自己的教学实践，谈一谈情境创设在课堂教学中的应用。

一、讲故事创设情境

（一）以故事导入新课，抛出任务

爱听故事是每个人儿童时期最大的爱好，针对小学生的年龄和心理特点，结合课堂教学内容和教学目标，尽可能多的设计富有儿童情趣的故事内容，通过情境的创设，利用多媒体手段使学生产生身临其境的感觉，增加课堂教学的趣味性，从而有效地调动学生学习的积极性，激发儿童主动探究的欲望。

在学习"认识和使用鼠标"的内容时，我根据一个鼠标练习的游戏情境创编了一个小故事来引出新课、出示任务的：同学们，你们喜欢听故事吗？我先给大家讲一个故事，名字叫《救救小兔》。在一片美丽的大森林里，生活着几只无忧无虑的小兔，它们快活地在森林里跑来跑去。一天，来了一只大灰狼，想吃掉小兔。（播放"救救小兔"游戏的相关画面）小兔们看到大灰狼，赶快跑。跑呀跑，跑到了一条小河边，这时候小兔子需要跳过小河，才能不被后边的大灰狼吃掉。可这几只小兔要想过河，需要同学们的帮助。它们必须用鼠标双击才能跳到对岸。怎么样，同学们，你们想帮助小兔吗？想一想，要想帮助小兔，需要有哪些本领才行？学生回答：要学会操作鼠标、学会鼠标的双击。这样，通过学生感兴趣的故事来创设情境，激发同学们的学习兴趣，抛出任务，把学生们带入了最佳的学习氛围，让孩子们带着任务来学习，增强其学习的动力，自然而然也收到了良好的学习效果。

（二）充当故事"角色"，完成学习任务

教师要善于利用信息技术多媒体技术，要善于利用教学内容、教学目标、学生原有认知水平和学生无意识的心理特征，营造一定的"故事情境"，让学生在故事充当"角色"，在真实的情感体验中掌握知识，完成任务。

在教学三年级的"图形的翻转和旋转"这一内容时，我以孙悟空为主线来设计任务，因此我就采用了这样的一个故事情境：孙悟空真的是神通广大，他也听说了我们北京在2008年将要举办奥运会，于是就想来凡间走上一趟，想看看现在的中国到底变成了什么样子。可是他刚一下来，就遇到了一件事。孙悟空到底遇到了什么事呢？请看屏幕（播放图片"打招呼"，让学生观看）。孙悟空下来后，被眼前的景色深深吸引着，正看得入神。就在这时，突然听到身后一位小朋友非常有礼貌地和他打招呼。请你仔细看一看图片中的情景，想一想，如果你是图中的孙悟空，你觉得他这时应该怎么做呢？为什么？学生观察后回答："应该转过身来，面对小朋友来回答。因为不转身是不礼貌的行为。"我继续问道："那你想不想帮助图中的孙悟空转过身来，让他也成为一个懂礼貌的人呢？"从而引出了学习任务——水平翻转。同学们极有兴致地开始自主探究，新知识很快就被同学们掌握了。这样，让学生亲自充当故事中的"角色"，同学们不仅学习了知识，掌握了操作技能，还当起了故事里的主人公，体验了一把助人为乐的快乐。

通过"角色"扮演，让学生完全融入"故事"中，不仅有助于营造良好的学习环境，更有利于提高学生对新知识的探究兴趣，提高学习能力。

（三）创编故事、延伸任务

在相应的"故事"中完成任务后，教师也可根据学习主题和学习内容，利用学习结果来编故事。

如在学习"图形的翻转和旋转"一课的内容时，当同学们学习了水平翻转、垂直翻转等操作后，开始进行综合练习——利用所给图形创编图画。当大家按照要求完成了图画创编后，我又对同学们提出了更高层次的要求——根据自己创编的图画来讲一个精彩的小故事。比比看，谁创作的作品最美，谁编的故事最有创意。通过编故事的方法，不仅让同学们以愉快的心情完成了任务，还延伸了任务，对于他们的语言组织和表达能力也有很大的帮助。

二、猜谜语、唱儿歌创设情境

猜谜语、唱儿歌是学生喜爱的方式，能吸引学生的注意力，使浅显平淡、枯燥无味的教学内容转为妙趣横生的学习活动，融知识教学于情趣之中，把课上得有声有色，饶有趣味，使学生百上不厌。在课堂教学中，根据教材内容，编一些谜语或儿歌，有利于概括知识，揭示规律，也有利于激发学生的兴趣。

学习"图形的翻转和旋转"一课，我以同学们所喜闻乐见的动画人物孙悟空为主线来展开教学，在课的起始，我编了一个谜语让同学们猜："同学们，你们喜欢猜谜语吗？老师这儿有个谜语，看谁能猜出来：小石猴，人人夸，72变本领大，保护师傅去取经，路上妖魔个个怕。"没等我的谜语说完，同学们就迫不及待地说出了答案，那种兴奋的神情洋溢在每个人的脸上，一下子就把孩子们的注意力吸引到课堂中来了。

再如三年级同学学习"认识键盘"一课，我用儿歌帮助学生理解记忆键盘的正确操作姿势和正确的打字方法：手腕要平直，手臂贴身旁；手指稍弯曲，指头键中央；输入才击键，按后往回放；拇指按空格，千万不能忘；眼不看键盘，忘记想一想；速度要均匀，不可大力量。

三、利用游戏创设情境

心理学家弗洛伊德说:"游戏是由愉快促动的,它是满足的源泉。"游戏是儿童的天堂。在课堂教学中,教师根据学生心理特点和教材内容,设计各种游戏、创设教学情境,以满足学生爱动好玩的心理,产生一种愉快的学习氛围。这种氛围不但能增长学生的知识,还能发展学生的语言表达能力,提高他们的观察、记忆、注意和独立思考能力,不断挖掘学生的学习潜力。

如在学习认识键盘这一部分内容时,在教学中我就采取游戏引入的方法,首先我提问:同学们,你们喜欢玩游戏吗?老师也非常喜欢玩游戏,其中有几个我特别喜欢的,我想现在给同学们表演一下,你们愿意看吗?这时我演示金山打字2010中的"太空大战"、"激流勇进"和"拯救苹果"等打字游戏。这些游戏设计得非常有意思,一下子就把学生们的积极性调动了起来,使他们跃跃欲试。演示完毕我提问:这几个游戏你们觉得有意思吗?想不想玩? 那要先回答一个问题: 谁能说一说打游戏的时候最难过的也是最有意思的是哪一关?学生答(关底) 怎样才能打到关底?能直接到达吗?"不能,要闯过很多关卡才能到这关底。"那我告诉你们,我刚才玩的几个游戏就是关底,你们要想玩这几个游戏,也要先闯过几个关卡才行。这几个关卡是……这样导入,不但引出本节课的学习内容,还使学生明确学习任务并且极大地调动了学生的学习积极性,会大大提高学生的学习效率。还有在练习鼠标操作时,我给孩子们准备了"打地鼠"、"保护牙齿"、拼图"搬运工"等小游戏让孩子们练习。在学习中英文输入时,我让学生用"牛牛打字高手"、"金山打字通"等有趣的打字软件进行练习。学生在乐此不疲地"玩"游戏的过程中,"移动"、"单击"、"双击"、"拖动"等鼠标的基本操作方法就掌握了,中英文输入的速度也越来越快了……在轻松愉快的游戏中,加深了对所学知识的理解,在学中玩,玩中学,学得有劲,玩得开心,枯燥的练习变成了有意思的"玩",学生的学习兴趣也更浓了。

四、利用竞赛创设情境

当今社会是一个竞争的社会，也是一个合作的社会。现代人要以积极的姿态，主动迎接各类挑战，参与各类竞争，适应时代发展的需要。作为现代人，能善于与他人合作，也是取得成功的重要因素。在教学中，老师把学生当成了认识的主人——参赛选手，充分发挥他们在认识过程中主体作用。把认识的对象和任务从学生的间接需要变成了直接需要，形成了强烈的内部动机。这种从心灵深处涌现出的强烈的探求欲望和自我成就感，是激发兴趣的最根本的源泉。有了浓厚的学习兴趣，学生的精神生活才会丰富，思维才会灵活多变，为学好信息技术打下坚实的基础。

结合教学内容，我组织小竞赛活动，巩固学习计算机的兴趣。如组织学生进行打字比赛、绘画比赛和制作电子报刊比赛等，使学生随着知识和能力的发展，始终保持高度兴趣。通过实践证明了竞赛的过程也是很好的学习和提高的过程。

五、利用多媒体创设情境

利用多媒体辅助教学的课件不仅用来传递教学内容，而且还会改变传统的教学方法和学习方式，有利于调节课堂气氛，创设学习情境，使课堂教学丰富多彩，还可以加快课堂节奏，加大课堂密度。

四年级在刚开始学习用"金山电子幻灯"软件制作演示文稿时，我把自己精心制作的演示文稿课件，利用计算机网络的广播功能播放给同学们看。刚播出第一张演示页，我就听到了惊叹声，接下来我看到全班同学无不睁大眼睛，生怕错过了似的紧盯屏幕。那美丽的背景、漂亮的字体、栩栩如生的动画和优美动听的背景音乐使同学们深深陶醉了，不由自主地发出了惊叹声。演示结束后，我适时发言："刚才的演示文稿好看吗？你们想不想也来亲手制作一个？""想！"，我听到了非常响亮的、坚决的回答声，这声音使我震撼，因为这是我第一次从平时上课气氛不是特别活跃的四〈2〉班同学的口中听到如此响亮的声音。我知道我这堂课的导入成功了，它成功地调动起了学生的学习兴趣。

再如在学习"争做电脑小画家"这一单元的第一课时时，我先给学生展示课前制作好的电子画册，其中都是用画图软件创作出来的优秀作品。在课件中还加上了背景音乐。在欣赏时，那美丽的画面和优美动听的音乐一下子就把孩子们的注意力吸引过来了。当老师说出这些就是用"画图"软件画出来的，今天我们就开始学习用"画图"软件来画画时，孩子们激动不已，跃跃欲试。可以说，这又是一个非常成功的导入。这样导入，为孩子们创设了一个浓厚的学习氛围和情境，真正调动了学生的激情，为下一步自主探究奠定了扎实的情感基础。

  总之，创设情境，能将直观教学、启发式教学、寓教于乐式教学进一步形象化、生动化、具体化。创设课堂教学情境的方法多种多样，教师要根据学生实际，教材的不同内容等具体情况和条件灵活运用。在信息技术教学中，只要我们留心找情、精心设境，做到情景交融，浑然一体，就会在教学中取得事半功倍的效果，以真正做到优化我们的信息技术课堂教学。

采撷·感悟篇

每一位教师都有数不尽的故事，说不尽的师生情缘。因为教师都以教好学生为信念，用自己的生命为学生传授，用灵魂感悟每一个学生。品读每一位老师的教学案例，我们看到的不仅仅是记叙教学点滴的文字，还可以看到老师辛勤的付出、历练与跋涉，成功与失败、反思与实践……每一篇案例都传递给我们很深的蕴意。

为了让教师更好的交流情感、总结经验，在此部分老师分享了他们的教学案例。案例记录着帮扶学生的喜悦、意外的收获、劳动的成果、巧设的游戏等非富多彩的瞬间。

让我们细细品读教师们在教学工作的耐心与勇气、执着与智慧，同他们共同体味甘与苦，相信大家会在案例中得到一些启示，从而不断完善自身，把对学生的责任和教学的追求书写在我们生命的历程中。

中小衔接课程:《学生意志的培养》

王允志

活动时间:40 分钟

活动地点:教室

一、活动目标

(一)了解意志的含义和良好的意志品质的表现

(二)在体育运动中培养优良的意志品质

(三)小学生进行意志品质锻炼

二、活动内容

(一)了解什么是意志

(二)理解意志品质

(三)知道意志品质的重要作用

三、活动准备

多媒体课件

四、活动过程

(一)了解意志的含义

人的一生总会遇到这样和那样的困难,一个意志坚强的人就会鼓足勇气战胜困难,直至达到胜利的彼岸。卧薪尝胆,春秋时期,吴国和越国发生了战争。越国被吴国打败,越国勾践被夫差俘虏。后来,吴国夫差释放了勾践,让他回到了越国国都会稽。勾践在坐卧的地方吊了个苦胆,夜里躺在柴草上,面对苦胆。每天吃饭时都尝尝苦胆。总扪心自责:"你忘了会稽大败之辱吗?"就这样勾践经过十年发展生产,积聚力量,又经过十年练兵,终于在公元前 473 年打败夫差,灭掉了吴国。

《卧薪尝胆》的故事给我们带来了怎样的启示?

坚强意志是克服困难的必要条件。

什么是意志？

意志是人为了实现一定的目的而支配自己的行动，并在行动中自觉地克服各种困难的心理过程。讲解时教师可以强调指出：意志是一种心理品质，总是与行为联系在一起，它体现在行动中，所以，我们经常通过行为表现来分析意志。而受意志支配的行动就叫意志行动，引导学生认识到在体育锻炼中培养意志的可能性和必要性。

（二）理解意志品质

六年级学生即将升入中学，应具备的良好意志品质：

1. 自觉性。
2. 果断性。
3. 坚韧性。
4. 自制力。

意志的自觉性含义：

1. 独立支配自己的行动，不受外界影响，独立完成任务。
2. 有自知之明，虚心听取别人的意见，敢于坚持真理。
3. 不避艰险，在挫折、失败面前不灰心，信心百倍，积极奋斗。

意志的果断性的含义：

1. 在紧急情况下善于立即采取坚决的措施，当断则断，绝不犹豫。
2. 善于抓时机，待时机成熟时才作决定。

意志的坚韧性的含义：

1. 作出决定后，就坚持不懈的坚持到最后。
2. 在挫折、困难面前不气馁，勇往直前。

意志的自制力的含义：

1. 善于控制自己的情绪，保持清醒的头脑。
2. 能节制自己的行动

（三）如何在体育运动中发展良好的意志品质？

意志品质是在与困难作斗争的过程中得到锻炼的，体育活动中选定的目标应略高于自己当前水平，并坚持锻炼，达到锻炼意志的效果，坚强意志是取得成绩、事业成功的保证。

1. 教师应教育学生树立强健身心报效祖国的崇高的理想，并把理想同眼前具体的体育项目学习紧密结合起来，帮助学生把崇高的理想融于体育学习的行动中，使之成为发展良好意志品质的动力源泉。

2. 良好的意志品质是在克服困难的实践中形成和发展起来的。教师要在体育项目练习中，有意识的设置适宜的困难情景，培养学生的良好的意志品质。例如，耐久跑教学中，通过适当的增加跑距、缩短跑步时间、增加技术动作难度等手段，给学生设置困难、挫折的情境，提高学生应付困难的能力。教师要根据学生的能力，帮助他们设置既有挑战性又有可实现性的目标。

3. 当学生在体育运动中遇到困难时，要给予鼓励和方法上的指导。例如，当学生在耐久跑中出现极点现象时，教师既要通过激励性的语言增强学生克服困难的信心和勇气，还应在练习后及时指导学生掌握极点和二次呼吸的体育知识。再如跳高时，学生经常会产生畏惧心理，除用语言鼓励外，还应该运用合理的方法消除学生的心理恐惧，并敢于跳跃，这样使学生克服了困难，增强了自信。

4. 充分发挥集体和榜样的教育作用。例如，篮球教学中，体育教师可以将学生分为多组进行比赛，成为不同小组成员的学生会更多的感受到集体的责任感和荣誉感，这将有助于培养学生的自制力、坚忍性、果敢性等良好的意志品质。从他们的同龄人中选取先进典型，为他们树立坚强意志的榜样。

5. 在整个体育实践教学课中，教师应根据不同教学内容注意学生良好意志品质的培养，并引导学生在各项体育实践中有意识、有针对性地培养自己良好的意志品质。

（四）名人成功事例

居里夫人曾说："我从来不曾有过幸运，将来也永远不指望幸运我激励自己，我用尽了所有的力量应付一切，我的毅力终于占了上风。"

人物	主要成就	所用时间
曹雪芹	《红楼梦》	10年
司马光	《史记》	19年
司马光	《资治通鉴》	19年
达尔文	《物种起源》	28年
哥白尼	《天体运行论》	30年
李时珍	《本草纲目》	27年
徐霞客	《徐霞客游记》	27年
马克思	《资本论》	40年

五、活动评价

（一）通过衔接课程：学生意志的培养，培养意志应从养成克服较小的困难的习惯开始，而随着时间的推移再去克服较大的困难。克服困难和障碍是为了达到一定的目的。目的越重大，意志动机的水平就越高，人也越能克服更大的困难。因此意志培养的一个必备条件是形成高尚的活动动机。

（二）经常用榜样、名言、格言对照自己，检查自己

（三）已做出的决定应严格贯彻执行。无论遇到什么困难都逼着自己去完成。教育学生加强自我锻炼，使他们养成自我检查、自我监督、自我鼓励的习惯，同时还要自觉地培养言行一致的作风。目标既定，就要落实到行动上，"言必信，行必果"这样才能积极创造条件，磨炼自己，而不要做口头上的巨人，行动上的矮子。只有言行一致，才能使人们乐观进取、知难而进。

在实施中反思，在改进中提升
——三年级劳动技术《剪纸》教学案例

王秀娥

每次上完课，总习惯回味一下课堂带给我的不同感受，有时候一气呵成令人舒畅，有时候却出现一些未预料到的状况影响效果，挖掘种种表象下面的深层次原因，这些课堂现象的发生都是有因可寻的，多问几次为什么，就会距离劳动技术教学的本质更加"近一些"。

在教学三年级第二学期《纸工——剪纸》一课时，教学目标是"学习剪纸中的线描法，能够设计单色剪纸样稿，比较熟练地应用技法完成剪刻作品。"上课后，首先出示一幅"荷叶"为题的剪纸作品，其中混合使用了阳刻、阴刻两种技法，让学生进行区分，并且说出判断的依据。这个环节的安排，让学生巩固了两种技法的不同特点，即"阳刻要留住图案纹样，阴刻要去掉图案纹样"。然后利用提前准备的PPT课件向学生们介绍剪纸几种基本纹样，如月牙纹、柳叶纹、瓜子纹、云纹、鱼鳞纹等，不仅有文字说明，还有具体的图示，让学生开阔视野丰富生活积累。接下来出示两幅更加复杂的阳刻与阴刻作品，让学生观察阳刻线线相连和阴刻线线相断的特点，感受到剪纸技艺的奇妙。

在教学"指导学生设计并完成剪刻作品"这一教学重点时，我安排了以下几个教学步骤，首先借用图示展示剪刻作品的五步：即准备工具材料、用单线起稿画草图、图稿剪纸化、用深颜色把剪去的部分标示出来、完成剪刻；然后给出作业提示，让学生书中的实践步骤，选择一种喜欢的表现形式对下发的样稿进行加工并完成剪刻；接下来提示操作纪律，学生开始动手实践；教师巡视指导，展示学生的成果；课堂结束之前，带领学生欣赏"剪纸在生活中的应用"，一张张精美的图片带给学生"美的感受"。

美的教育

看到很多学生完成作品后的笑脸，我的内心也很满足，但是发现仍有一些孩子在剪刻过程中出现了问题，我反思自己的课堂，感觉有些地方的设计还应该"更精准"些，如面对三年级的孩子，关于技术上的指导还不够，强调安全多，但是指导握刀姿势以及剪刀运行方向关注不足；在学生探究实践过程中，学生加工完画稿就迫不及待地开始"动刀"了，对"审视画稿"这个环节重视不够，应该及时展示几幅学生的画稿，让同学找出有问题的部分并阐明理由，在集体的共同修正中使得每个人的认识不断清晰，进而完善个人画稿，增加修改画稿的环节非常关键，既可以确保剪刻作品的顺利完成，同时也能让学生认识到"设计"的重要性，把握不同刻法的本质特点，提高剪刻的技能。

下课后，几个小组长留在劳技教室，有的在清理桌面，有的拿着笤帚试图将地面的纸屑堆在一起，看来这也是一个疏忽点，在劳技课上，"安全"和"卫生"这两条评价标准都很重要，我们每堂课都有教学评价，如果在上课开始我就把评价指标告诉学生，将"卫生"列入其中，并且在桌面摆放上一个盛放纸屑的"手工叠纸小船"，那么效果肯定会有不同。

每一堂课，对于师生来讲都是再经历一次新的学习历程。我知道，"预设、实施、反思、改进、提升"是我教学成长的必经之路。

在基础教育阶段，劳动技术课通过独立活动或与他人合作，在一系列实际探究活动过程中学习技术知识，掌握技术操作，增强技术意识，提高技术素养。特别是在"万众创新"的今天，人们对于"技术"有了全新的解读，我也想通过自己的课堂，让学生在掌握"技术"的同时，不断唤醒、激发他们的内在潜能，让他们逐渐热爱"技术"，热爱"劳动"。

巧设导入环节，激发学习兴趣

刘建伟

在《认识键盘》一课，我设计了如下几个环节：（一）谜语激趣，引出新知；（二）多法并用，认识键盘；（三）主动参与，掌握重点；（四）强化练习，巩固所学；（五）操作评价，奖励优胜；（六）课堂小结，拓展延伸。这些环节的设计主要从体现和落实信息技术课堂几个主要环节入手,分别是课堂导入、课堂新授、课堂练习、展示评价和课堂小结等环节。下面我重点说一下课堂导入环节我的做法和体会：

课堂导入，是课堂教学的一个重要组成部分，而这部分必须成为其他部分最自然、最恰当和最精彩的开端。常言道：好的开始是成功的一半，必须声声击到学生的心扉上，让学生的思维在碰撞中产生智慧的火花，消除其他课程的延续思维或心理杂念的干扰，把学生的注意力迅速集中起来，使他们饶有兴趣地投入到新的学习情境中去，提高学习效率。本节课的学习内容是"认识键盘"，在学习之前，学生或多或少地都接触过键盘，如果我上课就直接说"这节课我们来认识键盘"，我想，一定会让学生觉得非常平淡，激发不起他们的学习兴趣。怎样才能一下子抓住学生的心，让他们的注意力一下子就集中到课堂上来呢？我认真思考后，决定采用猜谜语的形式导入新课，激发学生学习兴趣：

师谈话：今天我们要认识一位新朋友，这位新朋友是谁呢，我想通过一个谜语来告诉大家，看你能不能猜出来。话刚说到这里，我看到孩子们的眼里都放着光，精神马上就来了，演示文稿演示着谜语的内容，我通过广播系统转给大家："有户人家真奇怪，房子区域分几块，面积大小不相同，成员多少也不同。它的作用真不小，打起字来离不了。"让学生看着屏幕跟老师一起读，边读边猜。于是出现了下面的情景：还没等谜语说完，有两个男生就抢着说出了答案，其他同学也几乎同时说出了答案，课堂气氛一

美的教育

下子被调动了起来，同学们的注意力马上集中到了课堂上……

我觉得这就是我巧妙设计，通过谜语导入而达到的效果。这种导入方法，切合了三年级学生的好奇心强，活泼好动的心理，激发了学生的学习兴趣，真正达到了课堂导入环节对课堂应起的作用。

冲破自负的阴霾，扬起自信的风帆

聂精通

　　四月的校园春意盎然，窗外的海棠花开得正艳，窗内的楼道内却有一串滴滴答答的墨点儿直通卫生间，一向干净的楼道里顿时引来其他老师的不满，"这是谁干的？是谁这么讨厌？"我闻声走出教室，看到这一幕，也是气不打一处来，心想："是谁这么大胆，刚下课就给我惹祸，我在课堂上三令五申，上完美术课到卫生间洗调色盘时，一定要保持楼道内的卫生。"由于美术教室没有涮笔的水池，所以课上的用水都是我用水桶提前打好的，课下同学们都要到卫生间去刷洗调色盘，这样一来，楼道的卫生就成了大问题，三年级的孩子自律性还不强，肯定会出问题。"老师，是孙祎辰干的，我去帮您把他找来"。有同学已经开始向卫生间跑去，听到是孙祎辰这个名字我心里顿时就不感到意外了，这个小孩儿个头不高，一对小眼睛透着机灵，尤其是他的两颗大板牙很有特色，他可是这个班上的"活跃分子"，上课时他的嘴总是闲不住，还经常给这个同学画两笔，给那个同学指点指点，俨然一个小老师，做起事来大大咧咧，毛手毛脚，这不刚刚学习了《彩墨游戏》这一课，他就把墨点甩到了同组同学的身上，惹得大家都来我这儿告他的状。过了一会儿，孙祎辰和几名同学气喘吁吁地跑了过来，他的手上、脸上还有没洗干净的墨迹，"老师，真对不起，我不是故意的，没看见墨汁洒到地上"。看到他脸红脖子粗的狼狈相，我并没有过多的责备他，而是让同组的孩子帮他一起把楼道的墨迹擦干净。干完之后，我让他向同组同学表达了谢意。

　　还有一次，我们上《画民间玩具》这一课的时候，孙祎辰首先用铅笔画了一个泥人和一个拨浪鼓，画面安排比较合理，线条比较流畅，我当着全班同学的面前展示了他的作品，并且表扬了他。听到我的表扬和夸奖，他显得洋洋得意，眉飞色舞，屁股好像长了钉子，又开始翘尾巴了。时间

245

美的教育

一分钟一分钟过去了，到最后展示作品的时候了，同学们把自己的作品贴到黑板上进行评价，我却发现孙祎辰的画并没有我想象的那样好，画面的颜色特别灰暗，死气沉沉，泥人的眼睛的色彩画得特别脏，原来他在调颜色时，把很多颜色混在一起，还反复涂了几遍，这样一来便造成了现在的效果。孩子们在评价的时候，都选了自己喜欢的作品进行评价，没有一个人选他的。还有几个同学给他的画提出了意见。当时，孙祎辰就像霜打的茄子一样，头都不敢抬起来，情绪由刚才的趾高气扬一下跌到了万丈深渊。看到他难过的样子，我急忙转移了话题，让同学们帮帮孙祎辰来解决问题，孩子们都说了自己的看法，有的说在用水粉调色时尽量用纯色，颜色和颜色之间不宜过多的混在一起。还有的说色彩搭配要有对比，背景和主体之间冷暖反差大一些，画面效果会更好。通过大家的帮助，孙祎辰开始抬起了头，我趁机鼓励他，不要泄气，要从哪跌倒就从哪爬起来，渐渐地我看到他的脸上露出一丝羞涩的笑容，仿佛看到了一缕灿烂的阳光。

在美术课外小组活动时，孙祎辰的老毛病又犯了，刚刚过了5分钟，别人都在认真地画铅笔稿，他就拿着自己画完的稿子给我看，"老师我画完了，您看行吗"我看完之后，给他提出了修改意见，没过2分钟他又过来让我看，反复好几次，但效果一直不佳。我感觉他的心是浮躁的，还没有沉下来，据我了解，孙祎辰平时在校外报了绘画课外班，总觉得自己了不起，水平高，还喜欢给别的同学指指点点，总是一副胸有成竹，好为人师的样子，其他同学都对他有看法，说他太骄傲，总想压人一头。"老师、老师、孙祎辰哭了"，我赶紧抬起头，看见他正在座位上抽泣，我走到他面前问道"孩子，为什么哭呀？""老师，别人都画完铅笔稿涂颜色了，我的铅笔稿还没画完，我画的怎么这么慢呀？"哎！当自负遇到挫折时就会产生极大的心理落差，一旦失败就会产生自卑的心理，面对孩子的自卑，老师需要耐心的引导，而不是指责他，要让他建立起充分的自信。于是我耐心地对他说："孩子，画的好坏，不是谁画得越快就越好，而是要用心投入，把自己心中的创意和效果表现出来，需要胆大细心。"接下来我帮他指出了他的画中存在的问题，给他演示了当中人物动态的画法，启发他可以看看别人的作品，激发灵感和创意，渐渐地孙祎辰的心情平静了下来，不再胡思乱想，不再互相攀比，而是全身心地投入到创作之中。

每个学生的自负都会有一定的原因，有的是他人过度的夸奖；有的是过于优越的家庭条件；有的是自尊心过度敏感；还有的是缺少挫折与磨炼。过度自负会使学生故步自封、停步不前、做事马马虎虎不求精细，当遇到困难与挫折时极易产生自卑心理，面对孩子的自负，教师首先要帮孩子找到产生的原因，并通过合适的方法教育学生回归理性，正确地评价自己和他人。要教会孩子学会换位思考问题，勇于承认自己的缺点，乐于接受别人的批评，学会与他人平等相处，养成谦虚的良好习惯。帮他们克服自负与自卑的心理，扬起人生自信的风帆。

美的教育

小游戏引发了大效应

贾光敏

这节课开始,该让孩子们学习键盘指法了。对小学生进行基础的键盘指法教学是信息技术教学的一项重要内容,它对学生的发展起着重要的作用。与直观易学的鼠标操作相比,键盘指法的学习显得那么枯燥无味。众所周知,枯燥乏味的学习容易使学生失去学习兴趣,而强迫其练习必然会挫伤其学习的积极性。小学生的心理处在萌芽状态,他们对各种新生事物都充满好奇心,有极强的求知欲。尤其是对信息技术课,大部分小学生对计算机都有很强的新鲜感和好奇感。作为一名信息技术教师,怎样才能保护好学生的好奇心和求知欲呢?我冥思苦想,忽然想起了一个小游戏,于是灵机一动,对,就这样办……

一上课,我没有宣布学习任务,而是兴致勃勃地说道:"同学们,这节课我们先来玩一个游戏,你们想不想玩?"同学们的兴致立刻被调动起来了,异口同声地大声答道:"想!""我们玩的游戏名字叫'保护小羊'……"我的话音还未落,很多同学就半信半疑地"咦"出了声,互相对视着。难怪他们不相信,这可是计算机课呀!我继续说道"你们要认真听好游戏规则……"游戏开始了。我请一个同学玩,并运用计算机网络的转播功能让其他同学可以看到。其实这是一个打字练习的游戏,屏幕上边有字母带着气球落下来,这些字母是随机出现的,屏幕右下角有三只小羊。玩游戏的人要把见到的字母打掉,如果打不准让它飘落下来,就会变成一只大灰狼。大灰狼多了以后,小羊就没地方躲了,就会被大灰狼吃掉。同学们看着屏幕,几乎紧张得屏住了呼吸,终于因看到那个同学打字速度慢致使小羊眼睁睁被吃掉难过地低下了头。又有几名同学自告奋勇来玩,结果还是一样。看着同学们难过的表情,我认为时机已到,"同学们,我也想来玩一次,行吗?""行,但是您一定要把小羊保护好,不要让它们被大灰狼吃掉!""我会尽力!"最后三只小羊都很安全。看着同学们脸上露出了笑容,我说道:"同学们,你们想不想也像老师那样把可爱的小羊保护好?"我听到了热烈的回应:"想!""那你们知道老师为什么能把字母打得那么准那么快吗?那是因为老师是按照正确的指法打的。你们要想保护小羊,就要练好基本功,学会正确指法。你们有没有信心学会,来保护好可爱的小羊?""有!"从洪亮的声音和坚定的眼神中,我知道这个小游戏的引入,起到了应有的作用。

对于较枯燥的学习内容,小学生学习的坚持力是有限的。要保证课堂教学的效益,课堂教学形式就要多样化。实践证明,学生如果对所学的内容有浓厚的兴趣,便会由被动变为主动,由强迫学变为自觉学,心情会变得愉快,进而使注意力变得集中和持久,观察力变得敏锐,想象力变得丰富,创造性思维更加活跃,从而保持昂奋的学习劲头。课堂上采用游戏的方式,寓教于乐,不乏为我们信息技术教师一个不错的选择。

美的教育

描述多彩秋天，提高口语表达能力

杨媛元

现在的孩子都缺少社会实践，不愿意亲身体会世间万物的变换，不主动发现身边多彩的事物。他们缺少了观察能力，自然也少了描述万物的语句！所以我捕捉现实生活中的精彩画面，创设口语交际的情境，利用一切机会，对学生进行口语交际训练。而生活是口语交际的内容，口语交际是生活中必不可少的一种交际工具，丰富多彩的生活给口语交际提供了源头活水。

这节课是一节活动课，恰好在秋高气爽的秋天。秋天是一个美丽的、丰收的季节，这是学生容易直接体验和感受到的。但如何让他们通过这一课的学习，使自己的知识有所增长，对秋天的特点了解得更多，所以我精心设计描述多彩的秋天的教学环节了。

上课铃响起后，我微笑着看向孩子们，然后问他们："孩子们，你们喜欢秋天吗？"他们异口同声地回答："喜欢。"我紧接着说："那好，咱们今天就观察秋天，然后说说为什么喜欢它，好不好？"孩子们听到我的话后，立刻欢呼雀跃起来。所以，在这个多彩的秋天里，我带孩子们走出教室去观察秋天。首先，我们寻找多彩的秋天。我与学生们一起在校园中寻找秋天，并把找到的"秋天"带到教室里。然后，我们描述这多彩的秋天。我问："孩子们，你们在学校里发现秋天的美景了吗？"心怡说："我找到了秋姑娘。我看到树叶黄了，有的落到了地上，我把它带回来了。"延延说："我看到小花园里的菊花开了，我知道秋天到了。"浩楠说："我发现草坪里的草黄了。"杨洋说："老师，我不仅找到了很多关于秋天的颜色，还发现了秋天里的果实！我发现校园的山楂都红了，可美了！"我高兴地说："哇！看来你不仅喜欢秋天的美景，而且还喜欢秋天的美食啊！既然秋天这么美，这么讨人喜欢，那么把你想对秋天说的话大声地说出来吧！"晨晨笑着说：

"秋天，我想对你说，你给我们带来丰收的喜悦，我们喜欢你。"承旭笑呵呵地说着："秋天，我想对你说，你的颜色最美。金黄的果实，火红的枫叶，你把世界打扮得这么美丽，我要谢谢你！"我紧接着说："哎呀，这么美、这么香甜的秋天，我真想把它留在咱们教室里。快开动脑筋，帮老师想想办法，怎样才能把秋天留下来呢？"小坤说："我们可以画一幅秋天的图画贴在墙上吧。"梦飞说："那我们可以用树叶贴一幅画，也可以用秋天的种子黏一幅画啊。"我微笑着说："你们的创意真不错，那就请你们动手画一画、做一做，和老师一起把秋天留下来，好吗？"于是我和孩子们动手画画、贴画、做饰品。孩子们看到别出心裁的作品开心地笑了。当我看到孩子们那灿烂的笑容时，我很高兴，也很欣慰。

孩子们认真观察多彩的秋天，然后描述秋天的美景和美食，最后把"美丽的秋天"留在教室里。生活体验让学生真诚地说话，真诚地表达感情，积极地参与课堂教学。孩子们在观察秋天时积累了素材，所以他们能滔滔不绝的描述美丽的秋天，不知不觉中提高了他们的口语表达能力。

美的教育

培养学生问题解决能力的数学课堂教学设计

孙 玉

数学学科的核心素养包括抽象能力、推理能力和问题解决能力。培养小学生的数学核心素养，在小学阶段"空间与图形"的学习中，应全程贯穿问题解决，让学生在问题解决过程中，感受有关"空间与图形"的概念以及实际问题到数学问题的抽象，经历问题的提出、算理的探究等活动，形成较为丰富的抽象和推理活动经验，发展抽象能力和推理能力，进而形成基于抽象与推理的问题解决能力。

一、课前活动

（一）师：准备新建一所幼儿园，体现了党和政府对教育工作的重视和对我们下一代的关怀。新建的幼儿园将新建三幢教学大楼（出示教学大楼效果图），在大楼之间的空地上准备种上各种花卉树木，其中的两块地准备铺设草坪给小朋友提供良好的学习活动场所。如果知道了每平方米草皮的价格，请你帮学校里造一个预算，预测一下大约需要多少费用行吗？

生1 不能，还需要知道草坪的面积。

生2 要知道草坪的面积，先要知道两块草坪的形状，还要测量必要的数据。

（二）带领学生到幼儿园建设工地，用测绳把两块地围起来，让学生确认一块是长方形，另一块是平行四边形，然后学生开始测量，测出了长方形的长与宽，学生问："平行四边形面积怎么求？要测量什么呢？"经过讨论，大家一致认为：平行四边形我们认识过，知道它有两组对边且相等，还有两条不同的高，我们干脆把平行四边形的两条邻边和对应的高都测出来，然后带回去研究。

二、课堂教学片断

（一）提出问题

师：观察录像，要求铺设草坪需要多少费用，必须要求出它们的什么来？有困难吗？

生：有，平行四边形面积不会求。

师：是呀，平行四边形面积该怎样求呢？学生为了解决问题，产生了探求平行四边形面积计算方法的欲望。

（二）自主探究

师：你觉得平行四边形的面积与它的什么有关系？你能想什么办法自己去发现平行四边形面积的计算公式呢？在你们桌子上放着各种长方形与平行四边形的学具与透明方格纸（每一格表示1平方厘米），你可以借助这些学具进行思考。

学生们认真地思考着，摆弄着长方形与平行四边形的学具，有的在纸上画着。

师：下面请同学们先在小组内交流自己的想法。这时，同学们开始议论纷纷，有的在说自己的想法，有的比划着，有的相互争论着……之后，学生们争先恐后地要求发表自己的看法。

生1 我认为：长方形面积等于长乘以宽，长方形是特殊的平行四边形，所以平行四边形面积应该等于它的两条邻边的乘积。

生2 我觉得平行四边形面积应该等于底乘以高，我是这样想的：长方形的长与宽是互相垂直的，平行四边形的底与高也是互相垂直的。

生3 我也想到了这两种方法，但我通过比较发现第一种方法实际上是用底乘以它的一条邻边，后一种方法是用底乘以高，但我发现这条高一定比它的那条邻边短，所以两种算法的结果一定不相等，我不敢肯定哪一种方法是正确的，但我敢肯定至少有一种方法是错误的。

师：同学们，你觉得他这样思考怎么样？

生1 我觉得他这样思考是正确的，因为从底以外的一点到这条底所画的线段中以垂直线段最短。

生2 我觉得他观察得很仔细，思考非常有序。

师：是呀，猜想的结果不一定正确，那么你能用什么办法来验证哪种猜想是错误的，哪种猜想有可能是正确的呢？

生：（思考片刻后）我觉得可以用这两种方法分别去计算一下同一个平行四边形的面积，然后用透明方格片放在平行四边形上摆一摆、数一数，用数方格的方法来求出平行四边形的面积，从而验证哪种方法是正确的。

师：用这种方法去验证，行得通吗？请同学们试试看。学生开始测量、计算。然后进行交流。

生1 根据第一种方法我算出平行四边形的面积是24平方厘米，根据第二种方法我算出的平行四边形的面积是18平方厘米，然后我用数方格的方法得出平行四边形的面积是18平方厘米，用第二种猜想算出的结果与数方格数出的结果完全相同，所以我认为平行四边形面积等于底乘以高。

生2 你是怎么用数方格的方法数出平行四边形的面积的？

生1 我先数整格的，有15平方厘米，几个不满一格的拼起来正好是3平方厘米，所以平行四边形面积是18平方厘米（一边讲一边在视频转视仪上演示）。

师：你们认为，他的观点有说服力吗？（许多学生说：有）我觉得就凭一个例子就下结论，为时尚早。这一个猜想能运用于所有的平行四边形吗？我们能不能都用数方格的方法去验证形状、大小各异的平行四边形的面积是不是等于底乘以高呢？

生1 太麻烦了。

生2 有时还行不通。

师；那该怎么办呢？

有一位同学自言自语说：把平行四边形转化成一个我们已经学过的图形（如长方形或正方形），然后算出这个图形的面积不就是平行四边形的面积吗？

师：请你大声一点再讲一遍好吗？你们觉得他的这种想法可行吗？四人一组试试看。

学生都跃跃欲试，一位同学有了新的发现，同组同学马上进行交流，共同探究，试着操作，争相有新的突破。然后请同学以小组为单位进行汇报交流。

生 1 我们小组是听了刚才那位同学的发言受到了启发，我们索性沿着高把平行四边形左边割下一个三角形，补到右边就得到一个长方形，面积大小相等。因为我们认为：要转化成长方形，它的四个角必须是直角。

师：很好！把平行四边形转化成大小相等的长方形是个好办法。还有其他的办法吗？

结合学生的操作汇报，电脑演示各种剪拼方法。你们有没有发现有什么规律吗？

生：都是沿着平行四边形的一条高剪开，平移转化为长方形。

师：平行四边形转化为长方形后，它的什么变了？什么没有变？转化后的长方形的长与平行四边形的底有什么关系？宽与高呢？请学生小组观察讨论。

通过操作、观察和讨论，学生很快发现：因为长方形的面积等于长乘以宽，所以平行四边形面积等于底乘以高。

师：这个面积公式能适用于所有平行四边形吗？为什么？

生：能适用于任何平行四边形，因为任何平行四边形都可以转化成长方形。

同学们真不简单，经过努力你们终于发现并验证了平行四边形面积计算公式，老师为你们感到骄傲，师生一齐鼓掌欢庆"伟大的发现"，同学们个个神采飞扬，高兴地笑了。

师：我们在高兴之余，应当感谢几位同学的大胆猜想。其实，科学家在做研究的时候通常也是先有假设，再去验证，学生正是经历了这一历程。因此我们不仅要感谢后两位同学，同时也要感谢第一位同学，正是由于这些问题的存在，才给了我们这次讨论的机会，才使今天的讨论更富有趣味性和挑战性。

（三）应用与反思

联系实际，解决课前提出问题，反思、小结，拓展练习略。

三、反思

上述教学片断中,学生兴趣盎然,始终以积极的态度、主人翁的姿态投入到每一个环节的学习中。我认为教学成功的关键在于学生是通过自主探究得到了知识,获得了发展。主要体现在以下几个方面:

(一)创设生活情境,激发探究欲望

小学数学内容来源于生活实际,它应当是现实的、有意义的、富有挑战性的。创设与学生的生活环境和知识背景密切相关的又是学生感兴趣的学习情境有利于让学生积极主动地投入到数学活动中去。上述教学片断中,教师带领学生进行实地考察幼儿园建筑工地,看到了平行四边形来源于生活实际,也体会到了计算它的面积的用处,这就使学生对学习的内容产生了浓厚的兴趣和亲切感,激发起他们强烈的求知欲望,使学生能以饱满的热情投身于新知识的探究之中。

(二)重视学生的自主探索和合作学习

动手实践,自主探索与合作交流是学生学习数学的重要方式。苏霍姆林斯基说过:"在人的心灵深处都有一种根深蒂固的需要,就是希望感到自己是一个发现者、研究者、探索者,而在儿童的精神世界中,这种需要特别强烈。"上述这个教学片断中,对传统的平行四边形面积的教学方法作了大胆改进。为学生解决关键性问题——把平行四边形转化为长方形奠定了数学思想方法的基础。这一设计意图在教学中得到了较好的体现,课后调查发现全班有近一半的同学想到了把平行四边形转化成已经学过的图形这一方法。接着教师鼓励学生用自己的思维方式大胆地提出猜想,由于受长方形面积公式的干扰,大多数同学认为:平行四边形面积等于两条相邻边的乘积。对于学生的猜想,教师均给予鼓励。因为虽然第一个猜想的结果是错误的,但就猜想本身而言却是合理的,而创新思维的火花往往在猜想的瞬间被点燃,不同的猜想结果又激发起学生进行验证的需要,需要同学们作进一步的探索。令人惊喜的是,有的同学竟能发现两种猜想有矛盾之处,这是我所始料不及的,仔细想想,这虽出乎意料,却又在情理之中。因为老师为学生创设了一种民主、宽松、和谐的学习氛围,给了学生充分

的思考问题的时间与空间，在这样的课堂教学中教师始终是学生学习活动的组织者、指导者、合作者，在这样的课堂学习中学生乐想、善思、敢说，他们可以自由地思考、猜想、实践、验证……

在学生独立思考、自主探索的基础上组织学生进行合作交流这是本节课的重点环节，教师在放手让学生从自己的思维实际出发，给学生以独立思考时间的基础上让学生进行交流是十分必要的。由于学生的学习活动是独立自主的，因此面对同样的问题学生会出现不同的思维方式，让学生在独立思考的基础上进行合作交流能满足学生展示自我的心理需要，同时通过师生互动、生生互动，能够使学生从不同的角度去思考问题，能够对自己和他人的观点进行反思与批判，在合作交流中互相启发、互相激励、共同发展。上面的教学片断中，学生之所以能想到用割补法将平行四边形转化为长方形，正是通过学生之间的相互交流、相互启发才得到"灵感"的，而平行四边形转化成长方形的各种方法正是集体智慧的结晶。学生只有在相互讨论，各种不同观点相互碰撞的过程中才能迸发出创造性思维的火花，发现问题、提出问题、解决问题的能力才能不断得到增强。

（三）培养学生的问题意识

问题是数学的心脏，能给学生的思维以方向和动力，不善于发现、提出和解决问题的学生是不可能具有创新精神的。首先，要培养学生的问题意识，教师的提问切忌太多、太小、太直，那种答案显而易见的一问一答式的问题要尽量减少。上述教学片断中，为了引导学生进行自主探究，我设计了这样一个问题："你能想什么办法自己去发现平行四边形面积的计算公式呢？"这一问题的指向不在于公式本身，而在于发现公式的方法，这样学生的思维方向自然聚焦在探究的方法上，于是学生就开始思索、实践、猜想，并积极探求猜想的依据。当学生初步用数方格的方法验证自己的猜想后，我又提出了这样一个问题："这个公式能运用于所有的平行四边形吗？"这个问题把学生引向了深入，这不仅使学生再次激发起探究的欲望，使学生对知识理解得更深刻，同时更是一种科学态度的教育。其次，要积极鼓励学生敢于提出问题。教师对学生产生的问题意识要倍加呵护与尊重，师生之间应保持平等、和谐、民主的人际关系，消除学生的紧张感，让学生充分披露灵性，展示个性。在上述教学片断中，我积极的鼓励学生进行大胆的猜想，提出自己的问题。于是，"平行四边形面积该怎样求？是等于两条邻边乘积还是等于底乘高？""该怎样来验证自己的猜想呢？""怎样用数方格来数出平行四边形的面积？""怎样用转化的方法把平行四边形转化成长方形呢？"……这些问题在学生的头脑中自然产生，学生在独立思考、相互交流、相互评价的过程中感受到自己是学习的主人，满足了学生自尊、交流和成功的心理需求，从而以积极的姿态投入到数学学习之中。

（四）初步体验科学探究的方法

科学探究的方法是创新能力的必要基础，是每个公民必须具备的基本素质。纵观这个片断的教学过程，初步体现了"提出问题——大胆猜测——反复验证——总结规律——灵活运用"这一科学探究的方法，让学生通过自身的实践活动对科学探究的方法有了初步的了解，体验到知识的产生都经历了曲折艰苦的创新过程。而现有的教材较多地呈现了知识的结论，很少反映知识的产生过程。因此，我在进行教学时对教材进行了重组，在把握教材内涵的基础上，把教材的知识结论变成学生主动参与、探究问题、发现规律的创新过程，培养了学生科学探究的精神，不仅使学生的智慧、能力得到发展，而且获得了深层次的情感体验。

精彩的课堂源于精选和巧设

贾光敏

今天这节课是学习《使用变形工具》，教学对象是三年级学生。主要知识点是学习画图软件中的对图形的"翻转"和"旋转"。对于"翻转"操作学生学习起来比较容易，而旋转则是本课学生学习中的难点。如果老师正常按顺序提出并呈现几项学习内容，学生也会跟着学，但是会很平淡，积极性不会太高。于是我结合新授知识点精心设计了几个学生感兴趣的实例作为任务让学生学习：

实例一：利用图片"打招呼"来创设情境。图中的孙悟空背对着与他打招呼的小朋友。这就引出了"水平翻转"的操作学习。

师：孙悟空真的是神通广大，他听说了我们现在的北京发展迅速，于是就想来凡间走上一趟，想看看现在的中国到底变成了什么样子。可是他刚一下来，就遇到了一件事。孙悟空到底遇到了什么事呢？请看屏幕：（播放演示文稿演示图片"打招呼"）

师继续讲解：孙悟空下来后，被眼前的景色深深吸引着，正看得入神。就在这时，突然听到身后一位小朋友非常有礼貌地和他打招呼。请你仔细看一看图片中的情景，想一想，如果你是图中的孙悟空，你觉得他这时应该怎么做呢？为什么？

生观察后回答：孙悟空应该转过身来，面对与他打招呼的同学，这样背对人家太不礼貌了。

师谈话：那你想不想帮助图中的孙悟空转过身来，让他也成为一个懂礼貌的人呢？

短短几句的问答，既引出了本课的新知识点，即对图形进行"水平翻转"，又对学生进行了懂礼貌，尊重他人的教育。

实例二：学习垂直翻转

美的教育

这个知识点的学习，我设计了一个故事情境：孙悟空由于粗心，把航天飞船弄倒了，要求同学们帮助他改正错误。下面是教学片断：

师谈话：同学们帮助孙悟空解决困难后，孙悟空心中非常感动，边走边自言自语：现在的小朋友真懂礼貌，而且还能热情地帮助别人。走着走着，突然想起曾听说中国的航天飞船都能载人飞上太空了，心里也觉得痒痒的，想开个航天飞船玩一玩，于是就施展他的七十二变的本领做了个"孙行者号"航天飞船，但这个粗心的孙悟空，当他把航天飞船运到发射场的时候，才发现居然给弄错了，（用演示文稿出示图片）请你仔细观察画面，问题出在哪呢？

生：航天飞船放倒了，上下颠倒了。

师：你能把颠倒的航天飞船给正过来，并安装到发射架上去吗？有了刚才的经验，我相信同学们一定能很快帮孙悟空解决难题，这张图片在"三年级"的文件夹中，名字叫"孙行者号航天飞船"，我们看谁能最快找到帮孙悟空解决问题的办法。

两个实例之后，学生已经对翻转图形的操作跃跃欲试了。于是我索性满足学生的愿望，让他们进行练习操作，内容是根据所给素材进行图画创作和故事创编。学生看到了自己感兴趣的练习内容，迫不及待地开始动手操作。至此，看似课堂教学进入了练习环节，其实新授环节也暗藏其中，并没有结束，我是在这里预设了知识障碍，就是其中有的图片素材只利用图形的"翻转"操作是不行的，学生做到那一步就必须用到新的知识"旋转"图形来解决。学生们操作，我也进行巡视，并注意观察哪些同学遇到了这个涉及新知识点的问题，终于，有部分同学遇到问题了，我看到他们有的开始小声商量，有的试着翻书了，有的眉头紧皱在尝试，也有的向我举起了手求助……我看到时机成熟，就打断了同学："同学们，有一个同学在操作中遇到困难了，你们愿意先停下来帮助这个同学解决困难吗？"三年级的孩子是非常热情的，异口同声地回答"愿意！""那请何嘉成同学把你遇到的问题说出来，看看大家能不能帮你解决。"我利用计算机网络教室的演示功能，把何嘉成的电脑屏幕转播给了大家。何嘉成疑惑地说出了自

260

己的问题:"我把这个小兔子移到画面中来以后,水平翻转和垂直翻转我都试了,怎么也让小兔子站不起来,都不行,谁能帮帮我。""我能!""我也能!"此时,课堂气氛进入了高潮,新授环节得以继续……其实,何嘉成提出的问题就是我预设的知识障碍,这就引出了新的知识点——旋转图形的操作。

教师给学生预设知识障碍,即设置学生认知过程中的"障碍"因素,它可以引起学生解决问题的动机,促使学生寻找协调的途径,征服困惑,让学生在"山重水复疑无路"之时,经过探索,架设知识的桥梁,进而出现"柳暗花明又一村"的局面。

新课程要求教师要更新教育理念,不能为了完成教学任务而牵着学生学教材。教师要尽可能由教材的"复制者"转变为教材的"创造者",要根据自己学生的实际情况,对使用的教材做出相宜的"裁剪",从"教教材"转向"用教材教",加深、拓展课程的内涵和外延,从而达到最佳的教学效果。这就是说要创造性使用教材。而我在了解了教材中每一课的编写意图和教学目标后,总是精心去选择能吸引学生兴趣的教学实例,并巧妙设计这些蕴含知识点的实例的呈现时机,使学生在愉悦中求知,在困惑中解疑,不但使学生的能力得到了充分的培养,也使课堂教学得到了优化。

美的教育

浅谈形象法在小学音乐教学中运用

王月增

小学音乐教学作为美育重要组成部分，对于心灵的塑造，能力的培养，道德的教化有着独特功能。怎样让学生自由自在地遨游于音乐海洋中，让音乐教学充分发挥作用？这是一个令人深思的问题，纵观小学音乐教育的发展，发现音乐教育看似简单，其实学生对于音乐的理解、对于音乐的欣赏、对于音乐的表现却远远不够，怎样让学生对音乐感兴趣，使学生的音乐能力得以发展呢？反思十几年小学音乐教学，我认为，巧妙地运用形象法让我们的音乐课变得生动形象，丰富多彩，深深地吸引学生，使他们积极主动地学习音乐。

一、形象法是突破音准问题的有效手段

在唱歌教学时，我们不难发现许多旋律是音阶的跑动。音阶是大二度与小二度音程排列。下面的音阶中每个音上都标注了一个箭头，显示其音高的倾向性，在练习时要求学生按箭头的方向去寻找准确的音高。

1 = c 4/4

→ ↑ ↑ ↓ → ↑ ↑ → → ↑ ↓ → ↓ ↑ ↓ →
1 2 3 4 | 5 6 7 i | i 7 6 5 | 4 3 2 1 ‖

小学生的思维以形象思维为主。为了把这种抽象的概念变得形象些，能让学生们容易地接受，我用生活中熟悉的事物来引导。比如："汽车匀速前进"、"走路"、"擦黑板的动作"等。我的启发如一个石子激起千层浪，学生的创造性思维充分的显现出来，如："自行车匀速前进"、"擦玻璃"、"擦桌子"等。师生运用自己创造的方法进行练习，各个兴致盎然，学习效果特别好。我在带领大家进行音阶练习时，边唱边画，唱完后发现以下一幅图形

（颁奖台）

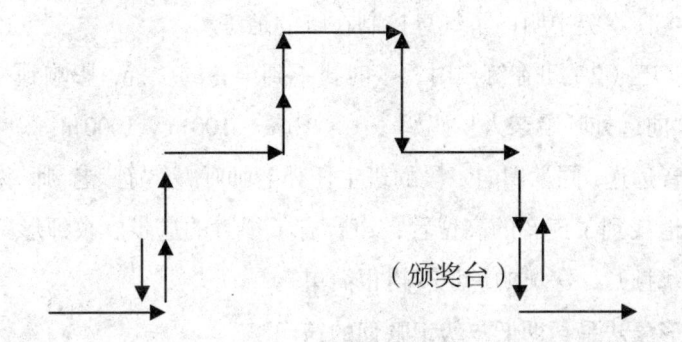

"看，多像城墙的垛口呀！""像！""老师我觉得像运动员领奖的颁奖台！"一个学生兴奋地说。我称赞道："颁奖台，好名字！"于是我们就在"颁奖台"上练唱音阶，学生的音准取得了一定的进展。以后的教学中我们师生共同研究，又创造了另外几种形象的音阶训练法，如："爬梯子"、"栽树"、和"走格子"等。重复枯燥的音准练习不复存在，被有趣而形象地练习代替，学生在快乐的情境中进行着音乐训练。形象法的运用使音准问题得到解决，为歌唱教学扫清了障碍，而且学生的创造能力同时得到了充分的开发。

1 2 3 4 5 6 7 i （格子图）

二、形象法是解决唱歌难点的有效途径

唱歌教学在小学音乐教学中占有重要的地位。唱歌是学生喜爱的艺术形式，优美的旋律和通俗易懂的歌词，容易使孩子们产生共鸣，从而产生浓厚兴趣，得到审美能力的提高。我们不难发现学生的声乐技巧的学习是教学的一个难点，如果没有基本的歌唱技能，学生的声音不会有质的飞跃的。在教学中，如果过多使用专业语言，如：声音的位置、打开喉咙等，学生会丈二和尚摸不着头脑。通过教学实践我总结出形象法，就是运用生动、幽默、准确、形象的教学语言，运用学生熟悉的生活事物进行启发，把深刻的道理转变成孩子能听懂又能操作。例如：在练习气息声音结合时，学生气息控制不好，我就蹲下身子，双手在腰围处向外画圈，用手势引导

263

学生，学生在欢笑中明白了气息控制在腰的道理。

一次，五（2）班在练声时，一时找不到声音的位置，影响到声音。我启发道："向远处呼唤亲人！妈妈…… 10m、100m、1000m。" "把口腔打开声音远送，同学们向一段的班主任孙老师呼喊：'孙老师你好！'"学生渐渐地找到了声音的高位置，声音有了很大的进步。教师形象的语言是学生茅塞顿开，深奥的理论变得很简单。

三、形象法是帮助低年级记歌词的窍门

艺术都是通过形象来反映现实生活，反映人们的思想情感的，音乐也是如此。然而，因为音乐的物质媒介是声音（音响），它不可能像绘画、雕塑、舞蹈、戏剧、影视那样，给观众一个具体可感的形象。比较而言，音乐是一个更为抽象的艺术。别林斯基说过"艺术是寓于形象的思维。"

低年级学生的思维特点是以形象思维为主要思维形式，随着年龄的增长，逐步向抽象思维转变。低年级儿童必须有具体、形象的感性认识的积累，才能有抽象的思维能力。我在《猫咪别淘气》教学中，发现对于一年级的学生记忆歌词是本课的一个难点。他们还认不了多少字，如果读词再学词，一节课是无法完成教学任务。在引导学生聆听歌曲录音产生学习歌曲的兴趣后，我一边读词一边做动作，学生的模仿力极强，一会儿就学会了。然后教师在进行边范唱边做动作，形象的肢体动作与音乐的完美结合使学生对歌曲有进一步的了解。在不知不觉中记忆歌词的难点解决了，同时师生共同的创编了动作，随音乐师生一起律动其乐融融。

总之，小学生对周围世界事物认知是以形象思维为主的，教师只有将形象法自然地运用于教学活动之中，学生的积极性才能得到激发，学习的动力才能不断强化。只有这样，学生才能在音乐的殿堂里展开想象的翅膀，感受到音乐的魅力，感受到学习音乐的快乐，感受到音乐创造的快乐。教师也只有深入的研究教材、学生、教法，不断的学习教育教学理论，提高自己的科研意识，才能使我们小学音乐教育事业得到蓬勃的发展。

以爱为媒，润物无声

张改芹

[案例背景]

为了落实"党的群众路线教育实践活动"精神，充分发挥党员教师的带动作用，我校党支部开展了一名党员教师结对帮扶一名贫困或学困学生的"1+1"爱心结对帮扶活动。

新学期开学后，学校对所有学生进行摸底，列出贫困、学困学生名单，再通过学校考察和集体研究的方式，拟定结对帮扶名单。党员教师自愿与贫困或学困学生结成帮扶对子，一帮到底，直到学生完成小学学业。

[案例描述]

教学工作中，我们常常会遇到一些上课不遵守纪律的学生。有时单纯的批评并不起作用，如果我们在惩罚中稍微讲一点儿策略，就会收到事半功倍的效果。

我曾遇到这样一位学生，上课时，我在上面讲，他在下面玩弄卡片，而且非常入神。我不动声色，一连观察几日，发现那是小浣熊方便面里赠送的水浒中的人物卡片，看得出他很喜欢收藏。我在课下了解到他有几款还没收齐。经过深思熟虑，我把他请到办公室，并把从儿子那里找来的几款卡片送给他。"老师，你怎么知道……" 我从他眼神里看到了欣喜与激动。"我注意你好几天了，你很喜欢水浒人物？""嗯！"他使劲点了点头。"那好，我把这本《水浒传》借给你，你要特别注意里面的人物描写，就罚你写一篇感想吧。另外，你能把时间安排好吗？""能！"我看到他眼睛里的决心和闪过的一丝歉意。两星期后，他还书时，交上篇《有感梁山英雄》的作文。文章写得很精彩，我把它推荐给我校的校报，并发表了。此后，他上课格外专心。

我很庆幸，在我看到这位同学在课上有小动作时，我没有冲动，没有

美的教育

一味地批评，更没有一味的迁就，而是运用自己的智慧，理性地处理了这件事。实践证明，我的做法是有效的。因为我深信惩罚的根本宗旨在于"治病救人"，惩罚的出发点和终结点都是出于爱，一切都是为了爱护学生——当然不是溺爱，也不是那种残酷的爱，那种职业心态扭曲下的对"差生"的苛责。

刚接五（5）班数学时，我发现这班有个男同学上课不注意听讲，还不停地和同学说话，同学不理他就在后面拿手捅同学。我提醒他注意听讲效果也不大。课堂上，我没有过多批评他。下课后，我抽空找他聊天，了解到他由于数学基础太差，上课也听不懂，对自己也失去了信心。用他自己的话说，就是上课跟听天书一样，傻坐着也烦，就想和同学打闹。有一个偶然的机会，我加了这位同学家长的微信，他家长说："在学习上，我对这孩子早没指望了，老师，您说我家孩子能学好吗？"我说："肯定能，你家孩子其实挺聪明的，想学的话一定能学好。你在家多关注孩子学习，不会做的题的可以用微信和我联系。"记得那次我们留了因数和倍数那部分知识的作业，晚上，我的手机微信响了，孩子的爸爸发来图片说，老师孩子有道题不会。我和孩子接通了语音通话，我没有直接告诉孩子答案，而是给他讲了相关的知识点，让他自己试着自己去解决，他做一次，把答案发过来，我针对他题中出现的问题进行引导，直到他说出正确答案。我又给他出了几道类似的题，由于弄明白了知识点，这几道题他做得尤其顺利，当他知道自己都答对时，显得异常兴奋。我教他怎样用所学知识点去解题，然后让他用所学知识去检查他晚上已做过的作业，他很快找出错题并进行了改正，他用手机拍下并给我发过来，当听到我说他都自己改对了时，我听到电话那头他高兴地大喊大叫的声音。

第二天上课时，由于前面知识学透的缘故，他听课很认真，回答问题也很积极。下课后，我把他上课的积极表现用微信告诉他家长，他家长连声说谢谢。后来，他对我说："老师，我以前觉得数学挺难的，现在学起来感觉挺简单的。"

一次习题检测中，他得了满分。他们班主任说他在语文课堂上变化也很大，不再那么闹腾了，学习越来越踏实。

用爱心去关注学生，找出问题学生的症结所在，然后有针对性地去帮助他们，这样就既能达到教育的目的，又有利于学生的健康发展。

[案例分析]

"1+1"爱心结对帮扶活动着眼于学生的健康成长，作为一名党员教师，我从学习上关注学生，利用课间、休息时间，与结对学生进行一对一帮扶，了解学生学习中的困难，帮助学生补习功课，解答难题，缓解压力，提高学习成绩。

通过开展帮扶活动，我们党员教师的先锋模范作用得到了充分发挥，增强了党员教师的责任意识和奉献精神，提升了党在广大师生心目中的形象；形成了敬业奉献的浓厚氛围，提高了教育教学质量；增强了党员教师责任心，促进了学生健康成长。

美的教育

课堂上的"意料之外"

韩金环

资源，在词典中的解释是生产资料和生活资料的天然来源。这当然是它最基本的含义，如今，它的内涵已经被大大地充实和丰富起来，并且被引入到多个领域。例如在学生学习的课堂中，教师是资源，教材也是资源，学生既是接受教育的对象，同时更是一种资源，有效地挖掘、利用好学生资源，有时能收到意想不到的效果。

那是一节数学研究课，听课的除了同组的老师，还有几位学校的领导。我讲授的知识是"比的初步认识"，开始的教学非常顺利，完全是按照我的预期教案在按部就班地进行着，学生学完"比"的基本概念后，我让孩子们尝试着说出几个，他们积极性很高，争先发言，这时平时学习不错的"中队长"也把手高高地举起来，我示意她回答，"在昨天的足球比赛中，我们班和二班踢成了2∶1"。她的答案完全出乎了我的意料，本来在课堂最后，我也安排了类似的习题来检查学生的学习效果，但是它却过早地出现了。再看其他孩子的表现，有些在皱眉思索，有些点头赞同……经过短暂的思考，我决定这样来处理，"同学们，我们先把这个与众不同的'比'写在黑板上，等学完下面的知识后，我相信你们一定能看清楚它的。"孩子们听课更加认真了。进行完相关的学习后，我请同学们再次讨论，汇报时，同学们根据所学的知识对这个特例进行了分析，有的说："比的后项不能是零，可是在比赛时有时能出现零。"有的说："两个数相除又叫两个数的比，可是足球比赛中根本没有相除的关系。""中队长"再次举起手，不好意思地说："足球比赛中只是记录了进球的数量，这不是我们数学课学习的比。""不过你的例子让我们同学有了更多的收获呀。"我的话让她如释重负地笑了。我很庆幸自己把学生的错误回答转变成了课堂的资源，保证了课堂教学任务的顺利完成。

在日常的教学过程中，常常会出现一些教师意料之外的情况，如果教师简单粗暴地进行处理，不仅会伤害孩子们的学习热情，还能失去新的教育契机。如果我们都能把学生看成是课堂的资源，用心地发掘，有效地利用，将会有效的提高课堂教学的效率，并能让我们的课堂变得生动起来。

美的教育

牵 手

李海燕

下雪了,我决定以此为题,上一节口语交际课。

上课了,我提出了这次口语交际课的内容及要求,教室里立刻热闹起来。由于刚下过雪,同学们感受深刻,所以都纷纷踊跃发言。

张立说:"下雪了,我看见大片大片的雪花从天上纷纷扬扬地飘落下来,雪落在树上,树像穿上了雪白的棉衣;雪落在地上,大地像铺上了厚厚的地毯;雪落在人们的头上,所有的人便都成了白发苍苍的老爷爷、老奶奶。"

汪洋说:"下雪了,同学们来到操场上玩耍,他们有的堆雪人,有的打雪仗,还有的滚雪球,他们玩得可开心了。"

这时,李强站起来说:"下雪了,我看到路上的行人在走路的时候都小心翼翼的,恐怕被滑倒,但还是不时地有行人摔倒,那样子真可笑。"

这一话题可以起了众多同学的强烈的反应。

有的同学说:"我看到一个阿姨骑车带一个小孩摔倒了,小孩滑到了很远,妈妈一边追孩子,一边扶车子,结果又摔了一个大跟头。"

"哈哈哈……"哄笑声一片。

"我看到了真正的老头钻被窝:一个老头走着走着突然摔了个仰头跤,哈哈……"

"哇!"教室里又一片哄笑。

我站在他们中间,心中一阵凉意突起,半天说不出话来。

同学们见我不说话,渐渐安静下来。

我长长地出了口气说:"同学们,今天下大雪,你们都见到了许多雪中的情景,你们知道老师看到了什么吗?"

同学们用急切而好奇的目光看着我,有的学生急不可待地说:"老师快说,快说!"停顿了一会儿,我说:"今天早上我上班来的时候,我看到清洁工人在扫雪，他们冒着大雪一铲一铲地除，一下一下地扫，脸冻得红扑扑的，我觉得他们真美。"这时，同学们都睁大惊奇的眼睛看着我，好像在说："老师，您怎么会觉得清洁工人美？"

我接着又说："在路上，我还看到一个小孩滑到了，一位叔叔立刻走上去把她扶了起来，我觉得他真善良；来到学校，我看到了校工伯伯在学校的各个进出口铺上了废纸箱，我们脚底湿，他们怕我们上台阶时滑倒，我觉得他们想得真周到！"

学生们被我充满激情的话语感动了，他们静静地听着，还不时地点头，接着又纷纷述说着自己的感想。

夏雨说："老师我知道了，您是要告诉我们不要笑话别人，要帮助别人。"

张欣说："老师您是要告诉我们对待别人的帮助，要知道感恩。"

多聪明的孩子，我欣慰地点点头。

顿时，教室里又一次热闹起来。这一次，同学们在讨论下雪的时候，如何去帮助别人，如何去感恩他人的帮助。

我深深地感到：学生在人生的道路上正如一位盲人，我们作为教师就如他们的领路人，当他们迷失方向的时候，我们就应该牵起他们的小手，把他们领到正确的方向上来，不容有一点点偏差。

中小衔接课程：心理教育《学会坚持》

孙启龙

活动时间：40分钟

活动地点：教室

一、活动目标

1. 使学生理解坚持的意义，懂得坚持的重要性。
2. 让学生体验、感悟坚持的可贵之处，领悟"坚持就是胜利"的道理。
3. 让学生学会坚持的方法，初步学会养成良好的坚持品质。

二、活动内容

1. 体验、感悟坚持的可贵之处，学会坚持的方法。
2. 养成良好的坚持品质。

三、活动准备

多媒体课件

四、活动过程

同学们，你们好！

今天我们学习中小衔接课程，主题是《学会坚持》，你们准备好了吗？

同学们，我们都知道《龟兔赛跑》的故事，乌龟明明知道跑不过兔子，但还是跑完了全程，并且出乎意料地战胜了兔子。这是什么原因呢？

对，这就是坚持的精神！

出示：

请看漫画《挖井人的故事》

请你说说这幅漫画是什么内容？

出示问题：

漫画中的挖井人为什么没有挖到水？给你的启示是什么？

同学们回答非常正确，漫画中的挖井人因为没有挖到水，所以会说这

采撷·感悟篇

里没有水。他没有挖到水的原因是他没有坚持向下挖到底的缘故。对我们的启示是：许多成功与失败的差异就在于能否坚持一下。

在我们日常生活中、学习中经常碰到这样的情况，在学习一项本领时，入门后进步很快，在达到一定水平后，要前进一步就会感到很困难。（比如学习空竹、练跆拳道、练体操、弹琴、画画等）

如果你没有恒心坚持下去，也就不再发展了，这就是我们讲的坚持性即毅力。

（出示问题）

在我们日常生活中，经常发生这样的情况，把你类似的情况介绍给身边的同学。

你最想做成但又始终没能坚持到底的一件事是什么？

学生甲说，她和爸爸去钓鱼，放好鱼竿，半天也不见鱼上钩，心里烦躁，就去看别人钓鱼，或者帮别人捕鱼。结果一天下来一条鱼也没钓着。

同学乙说，周六写作业，总想着现在有好的电视，作业可以推到周日再写，结果一直推到周日晚上才写完。

同学丙说，每次放暑假，开始都要制定暑假计划，我要几天写完作业，我要学会这个，还要练习那个，结果暑假结束了什么都没有做好。

我想电视机前的同学们，你们是不是也有过类似的经历吧。

从同学们的经历中可知，只有坚持才能把事情做成功。

下面我们就看一段非常感人的视频，他不止一次感动着我，而且，感动了现场的六万五千人，相信他也一定会感动你的！

出示视频：

（看 德里克·雷德蒙德 比赛受伤坚持的视频）

看得出同学们被这段视频深深吸引着，肯定也有很多感触，请同学们谈谈，从这段视频你想到了什么？

有同学这样说：德里克·雷德蒙德很顽强，腿都受伤了，别说跑，就是疼都很难忍受，他还坚持着跳到终点，我很敬佩他。

也有的同学说：我也觉得他非常顽强，腿受伤了，而且其他选手都到

美的教育

终点了，就他一个人还在跑道上坚持，本来可以中途退场的，但他坚持下来了，这是和自己的较量，很多时候，我们就是和自己较量，能够战胜自己，坚持目标，太伟大了。

同学们，你们怎么看？可以说一说。

同学们说的都非常好，我也敬佩他们父子，他不但在这件事上能够坚持，相信他在别的问题上一定也会坚持，会有自己成功的人生。

像德里克这样，有了目标就要坚决执行，面对困难不放弃，不退缩，竭尽全力，最终把事情完成，这就是坚持。坚持到底就是最大的成功！

其实不光在运动赛场上，任何领域、任何人要想成就一件事或一番事业，没有坚持都是不能完成的。

我们还知道哪些中外名人通过坚持取得成功的例子：

（跟随音频）

1. 王羲之刻苦练字

2. 第七次努力

3. 坚定信念的麦哲伦

4. 溴的发现

有同学举了：闻鸡起舞的故事、纪昌学射的故事

同学们见识很广，了解那么多的名人故事。可见，能否坚持是取得胜利的最后一道障碍。在最黑暗的时刻，也就是光明就要到来的时刻，越在这样的时刻，越需要坚持。因为坚持是成功的必经之路，坚持就是胜利。让我们从今天开始就培养我们的坚持精神，我们一定能够创造属于自己的成功与奇迹。

那如何坚持呢？我们来听一听柏拉图成功的例子：

开学第一天，古希腊的大哲学家苏格拉底对学生说："今天咱们只学一件最简单也是最容易做的事。每人把胳膊尽量往前甩。"说着，苏格拉底示范了一遍，"从今天开始，每天做300下，大家能做到吗？"学生们都笑了，这么简单的事，有什么做不到的！过了一个月，苏格拉底问学生们："每天甩手300下，哪些同学坚持了？"有90%的同学骄傲地举起了手。又过了

一个月，苏格拉底又问，这回，坚持下来的学生只剩下八成。一年后，苏格拉底再一次问大家："请告诉我，最简单的甩手运动，还有哪几位同学坚持了？"这时，整个教室里，只有一人举起了手。这个学生就是后来成为古希腊另一位大哲学家的柏拉图。

听了这个故事你有什么想法？

苏格拉底和柏拉图都成功了，但不是因为每天坚持甩手，这只是一个表象，是因为他俩都有坚持的精神，就是靠这种坚持的精神去学习、去做事、去研究才成功的。

这个故事告诉我们即使是最简单最容易的事，如果不能坚持下去，成功的大门也绝不会轻易开启。

可是你知道吗？坚持也是有技巧的。下面我们就来学习坚持的方法。

爱迪生大家都熟悉，这个故事你听过吗？

播放音频：爱迪生的故事

这个故事告诉我们一个什么道理？

萧峰同学说：我知道"失败是成功之母"。王娜同学说：失败是难免的，战胜失败就会成功。

是呀！人生的路上会遇到各种困难，惧怕失败就是最大的敌人，只要你拥有毅力，坚持下去，你就会走向成功。坚持是一个人成功的重要保障。"失败是成功之母"。——这就是我们今天学到的第一种方法在失败面前不放弃。

下面我们再听另一个故事，你能体会到什么方法？

费罗伦斯的故事

听了这个故事，你认为费罗伦斯这次为什么没有成功？

有同学说，她没劲了。也有同学说，她失去信心了。还有同学说，她没有目标了。

有同学说：找一个没有雾的天气，能清楚地看到目标。

一位同学说：我把全程分为几段，每段做个记号，这样我就知道目标有多远。

美的教育

同学们说得都有道理，我们继续来听。

播放音频

我们再来讨论：费罗伦斯第一次没有成功，而第二次成功了的原因是什么？

对，同学们总结出她把大目标分成了若干个小目标。跟刚才那位同学的想法相似，看来，这位同学，你是一个善于规划目标的人。

可见，做事情要想能够坚持，不仅要有目标，而且还要目标明确、清晰，要有一定的挑战性，同时不能太高，要适合自己的能力。这就是让我们能够坚持的第二个方法：

把大目标分成 N 个小目标

回忆一下我们在学习、生活中有什么好的方法能够坚持成功的例子。

赵旭同学说：我学习游泳就是先学会蛙泳，再学会自由泳，然后又学会仰泳，我现在基本上所有的泳姿都学会了。

张博说：老师我们在运动会上，4×100 米接力，就是由 4 个同学分段完成的，由于我们共同努力，这次运动会还得了冠军呢！

同学们说得很好，下面我们再学习另一种坚持的方法：

我们做一个体验活动，也许你会感悟到一种新的坚持的方法。

（所有同学一起做。）

出示规则。

请看规则：

1. 一腿直立，另一腿抬起，双手平伸。

2. 保持姿势不变形，坚持不住可以坐下不要影响他人。

出示图片

看屏幕，像这位同学一样，单腿站立 3 分钟。

"同学们，你们准备好了吗？

老师计时，开始——

（胳膊伸直，腿不要弯曲；坚持不下去的可以放下）……

——停，时间到。"

我们应该为坚持下来的同学鼓掌！

说一说：在你单腿站立时，你的胳膊和腿的感觉是怎么样的？你心里是怎么想的？

刚才同学们体会到了，有的同学胳膊发麻；有的同学腿发酸；坚持下来的同学都在忍受着痛苦，这就是忍耐。痛苦也是一种困难，只有战胜它才能坚持到底。这么一会儿我们都觉得有困难，那么，要想成大事得需要多大的忍耐力呀！，这就是坚持的另一种方法。PPT出示——坚持还要学会忍耐。

刚才我们站了3分钟大家都觉得痛苦，还有同学没有坚持下来，那么，让大家站几个小时，每天都站几个小时，会怎么样呢？

我们看一看天安门前解放军战士的威武英姿一定会给你启示。

（出示图片）

这样漂亮的军姿，不经过常年的坚持、刻苦忍耐，是无法练成的。

这节课我们体验到了，要想坚持，必须要有明确的目标、不惧失败、全力以赴、善于忍耐。这样才能够坚持到底。

心理学家研究指出，一项看似简单的行动，如果你能坚持重复21天以上，你就会形成习惯；如果坚持重复90天以上，就会形成稳定习惯；如果能坚持重复365天以上，你想改变都很困难。同理，一个想法，重复21天，或重复验证21次，就会变成习惯性的想法。——这就是21天法则。

根据"21天养成一个好习惯"的法则，请你自选一个目标。（如：练长跑、练习毛笔字、写日记、举亚铃，或者你已经坚持做的）填写活动记录卡。（出示）

请同学们记住活动卡的内容，自己试着画一画。

同学们，这节课我们有了"坚持到底就是胜利"的体验。相信大家一定会自觉地坚持完成自己所选择的活动。希望"坚持就是胜利"成为我们每一个人的人生格言，时刻鞭策我们从坚持走向成功。

为我们即将成为一个成功人士鼓掌吧！

五、活动评价

1. 通过衔接课程学会坚持，使学生理解坚持的意义，让学生体验、感悟坚持的可贵之处，领悟"坚持就是胜利"的道理，懂得坚持的重要性。

2. 让学生学会坚持的方法，初步学会养成良好的坚持品质。在坚持做事中思考解决问题的方法，遇到困难不放弃、不半途而废。用坚持的意志品质战胜困难，为小学升入中学，迎接更多的学习任务，适应中学的学习生活，做好心理准备。